RING

QUI A TUÉ LE DAHLIA NOIR ?

STÉPHANE BOURGOIN

QUI A TUÉ LE DAHLIA NOIR ?

document

ring.fr

ÉDITIONS RING

Collection

MURDER BALLADS

-

RING

www.ring.fr

-

DU MÊME AUTEUR

SÉRIE B, avec Pascal Mérigeau, Édilig, 1983.

ROGER CORMAN, Filmo, 1983.

TERENCE FISHER, Filmo, 1984.

RICHARD FLEISCHER, Filmo, 1986.

FREDRIC BROWN, LE RÊVEUR LUNATIQUE, Encrage, 1988.

JACK L'ÉVENTREUR, Fleuve Noir, 1992.

LE CANNIBALE DE MILWAUKEE, Fleuve Noir, 1993 & Méréal, 1999.

L'ÉTRANGLEUR DE BOSTON, Fleuve Noir, 1993 & Méréal, 1998.

FEMMES TUEUSES, Fleuve Noir, 1994.

L'ALMANACH DU CRIME ET DES FAITS DIVERS, Méréal, 1997.

LE LIVRE ROUGE DE JACK L'ÉVENTREUR, Grasset, 1998.

LE VAMPIRE DE DÜSSELDORF, Méréal, 1998.

L'OGRE DE SANTA CRUZ, Méréal, 1998.

LE MONSTRE DE ROCHESTER, Méréal, 1999.

LA MAIN DE LA MORT — HENRY LEE LUCAS & OTTIS TOOLE, Méréal, 1999.

100 ANS DE SERIAL KILLERS, Méréal, 1999.

STÉPHANE BOURGOIN PRÉSENTE 12 SERIAL KILLERS, Manitoba/ Les Belles Lettres, 2000.

LE NOUVEL ALMANACH DU CRIME ET DES FAITS DIVERS, Éditions Edite, 2001.

13 NOUVEAUX SERIAL KILLERS, Manitoba/Les Belles Lettres, 2001.

MICKI PISTORIUS, UNE FEMME SUR LA TRACE DES SERIAL KILLERS, Éditions 1, 2001.

LES SERIAL KILLERS SONT PARMI NOUS, Albin Michel, 2003.

LE CINEMA X, ouvrage collectif sous la direction de Jacques Zimmer, La Musardine, 2003.

SERIAL KILLERS — ENQUÊTE SUR LES TUEURS EN SÉRIE (Nouvelle édition revue et augmentée), Grasset, 2003.

CRIMES CANNIBALES (avec Isabelle Longuet, sous le pseudonyme commun d'Étienne Jallieu), Éditions Scènes de crimes, 2004.

LE LIVRE NOIR DES SERIAL KILLERS, Grasset 2004.

SERIAL KILLERS — LES NOUVEAUX MONSTRES (sous le pseudonyme d'Étienne Jallieu), Éditions Scènes de crimes, 2005.

L'ANNÉE DU CRIME (avec Isabelle Longuet, sous le pseudonyme d'Étienne Jallieu), Éditions Scènes de crimes, 2006.

L'ALMANACH DU CRIME & DES FAITS DIVERS — SANG POUR SANG NOUVEAU avec un DVD gratuit : « Paroles de serial killers », Éditions Edite, 2006.

PROFILEUSE — UNE FEMME SUR LA TRACE DES SERIAL KILLERS, Grasset, 2008.

LES CLEFS DE L'AFFAIRE FOURNIRET — COMPRENDRE ET LUTTER CONTRE LE CRIME EN SÉRIE (avec l'association Victimes en Série), Pascal Galodé éditeurs, 2009.

LE LIVRE NOIR DES SERIAL KILLERS, Points Seuil Policier, 2010.

TUEURS, Éditions Grasset, 2010.

UN SERIAL KILLER ROAD MOVIE (« DANS LA TÊTE D'UN TUEUR EN SÉRIE AVEC STÉPHANE BOURGOIN »), Bach Films, 2010.

PROFILEUSE — UNE FEMME SUR LA TRACE DES SERIAL KILLERS, Points, 2011.

SERIAL KILLERS — ENQUÊTE MONDIALE SUR LES TUEURS EN SÉRIE, Grasset, 2011.

TUEURS, Points, 2012.

« LA TOTALE », coffret de trois livres, Edite, 2012.

MES CONVERSATIONS AVEC LES TUEURS, Grasset, 2012 & Points, 2013.

999 ANS DE SERIAL KILLERS, Éditions Ring, 2013.

SERIAL KILLERS — ENQUÊTE MONDIALE SUR LES TUEURS EN SÉRIE : ÉDITION « DÉFINITIVE », Grasset, 2014.

LE LIVRE ROUGE DE JACK L'ÉVENTREUR, Points, 2014.

Ce livre est dédié à la mémoire de Jean-Pierre Deloux
et à Nora Barnacle qui ne le lira jamais.

« LE DAHLIA NOIR EST UN FANTÔME, UNE PAGE BLANCHE QUI EXPRIME NOS PEURS ET NOS DÉSIRS.

UNE MONA LISA DE L'APRÈS-GUERRE, UNE ICÔNE DE LOS ANGELES. »

James Ellroy (CBS, le 27 novembre 2004)

L'assassinat d'Elizabeth Short, le 15 janvier 1947, demeure un cas légendaire dans les annales du crime américain, un peu à l'image de ce qu'a été Jack l'Éventreur en Angleterre ou l'affaire Grégory en France. Comment expliquer cette fascination ? D'abord parce qu'il n'a toujours pas été résolu et qu'il touche à une corde sensible du mythe américain qui est celui de Hollywood. Plus que tout autre crime aux États-Unis, le meurtre du Dahlia Noir engendre plus de quatre cents confessions. Comme à Whitechapel en 1888 avec « Jack the Ripper », un paquet et des lettres sont envoyés par un énigmatique « Black Dahlia Avenger », juste après le crime, et l'on pointe un doigt accusateur vers des médecins — fous, bien sûr — et des bouchers, trancheurs dans le vif. Depuis des décennies, cette énigme captive des cinéastes tels que Brian De Palma, le romancier James Ellroy ou le chanteur Marilyn Manson. Le mystère suscite les hypothèses les plus farfelues quant à la culpabilité de son auteur. Tour à tour, les réalisateurs Orson Welles et John Huston, le surréaliste Man Ray ou le chanteur Woodie Guthrie

Black Dahlia mystery

Elizabeth Short

FOR over a year the police of Los Angeles have been baffled by a mystery which strangely escapes solution. Expert sleuths have been stumped in their attempts to prove the identity of the maddened killer of the slain and dismembered Elizabeth Short, known among the habitues of Los Angeles nightclubs as the Black Dahlia. A succession of acquaintances, friends and lovers, were questioned. Many men were suspected, grilled, and released. Who killed the Black Dahlia? What is your solution?

Three days before murder, Bl
Dahlia and unidentified man ab
registered at hotel as man and w

Harriet Manley, "Red's" wife, who stood by him loyally during the accusations, happily greets him after his complete vindication.

Betty Bersinger notified the police when she discovered the b
whereupon five glamorous acquaintances of Elizabeth were so
for questioning. Miss Short had said she was going to San Di

LINDA ROHR

ANN TOTH

BETTY BERS

LYNN MARTIN

TONI SMITH

DELORES L

Throughout her life, Elizabeth had been a social butterfly, flitting in and out of many night spots and many men's hearts. Here she is on a date at a cabaret with the late Major Matt Gordon.

Robert "Red" Manley, a married man who had been seen in the Black Dahlia's company, submitted to a lie detector to prove innocence.

Startling clue was provided by a package of the Black Dahlia's belongings sent to police. Hiding from the camera is Daniel Vorhees who made a false confession.

Cpl. Joseph Dumais was questioned about his relations with Elizabeth and then released. Who killed the Black Dahlia? The case is still unsolved. What do you think?

? ? ? ? ?

ont été accusés, sans la moindre preuve, d'être l'assassin du « Black Dahlia ». La légende nourrie par la fiction a maintenant totalement occulté les faits, colportant un grand nombre de mythes qu'il est indispensable d'évacuer si nous souhaitons connaître la vérité. Par exemple :

– Elizabeth Short n'est jamais apparue dans le moindre film, qu'il soit X ou non, pendant son séjour à Hollywood ;

– Le Dahlia Noir n'était pas une prostituée ;

– Elle n'est pas enceinte au moment de son décès (on retrouve cette même assertion pour Mary Jane Kelly, la dernière victime de Jack l'Éventreur) ;

– Son corps n'a pas été torturé avec des cigarettes et le meurtrier ne lui a pas tranché un sein ;

– Elizabeth Short ne souffre pas du syndrome de Mayer-Rokitansky-Küster-Hauser (M.R.K.H.) qui se manifeste par une absence totale ou partielle du vagin.

– Les initiales « B.D. », pour Black Dahlia, n'ont pas été gravées dans sa chair ;

– Le rituel du positionnement de son cadavre n'est pas une imitation des œuvres d'artistes surréalistes tels que Man Ray ou Magritte.

– Le Dahlia Noir n'a pas été victime d'un « contrat » de la Mafia hollywoodienne, qu'il s'agisse de Bugsy Siegel ou de Mickey Cohen.

Fan de films de série B (j'ai co-écrit le premier livre français sur le sujet en 1981, chez Édilig), je me souviens avoir été passionné par la vision d'un téléfilm de Joseph Pevney réalisé en 1975, *Who Is the Black Dahlia ?*, que j'ai visionné la même année pendant mon séjour aux États-Unis. Depuis lors, fasciné et je dirai même obsédé par ce « cold case », je visite tous les lieux californiens associés à ce meurtre et je tente de retrouver les protagonistes encore vivants à cette même époque. Dans une brocante aux États-Unis au milieu des années 1980, je tombe sur un exemplaire de 1947 de *Cleveland Murders* qui évoque les meurtres en série du « Tueur aux torses » et qui republie la lettre où le serial killer annonce qu'il est parti se délocaliser à Los Angeles. Dans ma tête, un déclic se produit et j'associe le Boucher de Cleveland à l'affaire du Dahlia Noir. En 1989, je visite le quartier de Kingsbury Run, dans l'Ohio, et tous les autres endroits associés à cette série de crimes. Vingt ans plus tard, j'écris et je présente un documentaire, *Torso*, qui est diffusé sur la chaîne Planète Justice sur les forfaits du Boucher de Cleveland. En 2006, avec mon co-auteur Jean-Pierre Deloux, je signe une encyclopédie sur le Dahlia Noir, publiée par Edite, dont l'éditeur Jean-Christophe Pichon nous « règle » tous les deux avec des traites impayées et des chèques en bois, avant d'enterrer, par la même occasion, l'ouvrage par son incapacité totale à le diffuser. Mais ce livre, contrairement à *Qui a tué le Dahlia Noir ?*, est plutôt centré autour du roman de James Ellroy et de son adaptation cinématographique par Brian De Palma. D'où l'envie, née de cette frustration, de reprendre l'enquête à zéro et de me lancer le défi d'essayer de résoudre l'énigme, tel un « armchair detective » à la Sherlock Holmes. Je savais que beaucoup de documents, tels que le rapport d'autopsie, avaient été gardés secrets jusqu'à présent par le Los Angeles Police Department (L.A.P.D.). Attention, il ne s'agit pas ici de tomber dans le piège d'une quelconque théorie du complot ou de conspirationnistes, mais cette volonté de ne pas diffuser des informations part tout simplement d'un souhait de confondre ces centaines de « confessing Sams », de faux coupables, et, également, de mettre à distance les journalistes qui ont pollué les investigations dès la découverte du cadavre d'Elizabeth Short.

L'affaire du "Dahlia Noir"

Soupçonné du meurtre d'Elizabeth Short

LOS ANGELES, 11 — (PA) — Un garçon d'hôtel qui, d'après la police, connait les détails intimes du meurtre du "Dahlia Noir", Elizabeth Short, commis il y a deux ans, est détenu dans le plus grand secret par les autorités locales.

Ecroué comme suspect de meurtre, il a dit se nommer Leslie Dillon, 27 ans, alias Jack Sands, J.-F. Dillon et autres noms. Il est un ancien marin et a habité à Los-Angeles à diverses reprises.

Le chef de police, C.-B. Horrall, qui a annoncé l'arrestation, a dit que Dillon connaissait maints détails du meurtre et de la mutilation, details qui, dit-il, "ne pourraient être connus que par une personne ayant eu une connaissance directe du meurtre".

DAME EN NOIR

Dillon a nié avoir tué Mlle Short laquelle était serveuse dans un restaurant et était âgée de 22 ans. Elle

Revision du volume sur les estimations

Les autorités municipales ont annoncé, ce matin que l'ancien directeur des services municipaux de la ville de Montréal, Me Honoré Parent, qui a rédigé le volume utilisé par la ville pour l'estimation des biens-fonds, va reviser ce volume précieux. Le comité exécutif vient de lui voter une somme de $2,000 pour faire ce travail.

Pour mettre une (petite) touche d'humour dans un sujet fort glauque, je tiens à préciser que je n'ai pas de compte à régler avec mon père et que je dois être un des rares auteurs qui traite de cette affaire, sans accuser son paternel d'en être l'auteur, à l'image de Steve Hodel ou de Janice Knowlton, par exemple. Sans oublier le problème œdipien de John Gilmore qui a toujours rêvé d'enfiler l'uniforme de son père policier au sein du Los Angeles Police Department. Je vous certifie qu'à aucun moment dans cet ouvrage, je vais affirmer « C'est Papa qui l'a fait ! », après avoir suivi des séances d'hypnose régressive.

Grâce à un réseau personnel de milliers de policiers, de magistrats, de profilers, d'agents du F.B.I., de journalistes, de légistes, d'experts judiciaires et d'avocats, que j'ai thésaurisés depuis 1980, je me suis autorisé à l'activer pour recevoir des documents et informations que personne d'autre n'aurait pu obtenir. Depuis vingt ans, j'ai accumulé, épluché, recoupé, analysé et synthétisé des milliers de « cold cases » aux États-Unis, afin de tenter d'y découvrir des analogies avec l'assassinat d'Elizabeth Short. Avec *Qui a tué le Dahlia Noir ?*, vous avez en main le résultat de cette quête obsessionnelle.

Stéphane Bourgoin.

CHAPITRE PREMIER

15 JANVIER 1947 : LA DÉCOUVERTE

Il fait beau mais un peu frais, aux alentours de cinq degrés au lever du soleil, en ce mercredi 15 janvier 1947, à Los Angeles. Vers dix heures et quart du matin, la température a vite grimpé pour se situer à quatorze degrés environ. Son mari étant parti travailler, Mrs Betty Bersinger quitte la maison pour aller à pied faire des courses avec sa fille dans un petit centre commercial à Leimert Park, situé à environ un kilomètre et demi de son domicile. D'habitude, cela lui prend une vingtaine de minutes pour y arriver. Elle emprunte le trottoir de South Norton Avenue qui borde un terrain vague dénué de toute habitation et qui est couvert d'herbes folles. À dix heures trente-cinq, elle découvre le corps d'Elizabeth Short déposé sur cette étendue, entre Coliseum Street et 39th Street. Elle téléphone de manière anonyme à la police, le commissariat central envoie les officiers W.E. Fitzgerald et F.S. Perkins sur place, où ils trouvent le cadavre dénudé et coupé en deux à hauteur de la taille.

Dans une conversation téléphonique de 1996 avec le réalisateur de documentaires Kyle J. Wood (*Medford*

Girl : The Black Dahlia Murder), Betty Bersinger raconte son expérience traumatisante.

« Je marchais ce matin-là sur Norton Avenue pour faire des courses à Leimert Park. C'est l'heure où les gosses se baladent à vélo. Je longeais ce terrain vague encadré d'un côté par des poteaux électriques et de l'autre par l'avenue. À cette époque, il n'y avait pas de maisons, juste des mauvaises herbes. Mais on y avait construit un trottoir qui était plutôt mal entretenu, avec toutes sortes de débris, même des morceaux de verre. C'est là que j'ai aperçu cette chose étrange. Cela ressemblait à un mannequin coupé en deux, séparé à la taille. Je ne me suis pas approchée car j'étais avec ma petite fille et j'ai eu cette impression bizarre que quelque chose ne collait pas. Comme je voyais plusieurs enfants faire du vélo sur Norton Avenue, ma première réaction a été de me dire qu'ils avaient fait une mauvaise blague. Je n'ai jamais pensé qu'il pouvait s'agir d'un cadavre. Pour moi, c'était un mannequin tant la couleur en était blanche. Mais je me suis dit qu'il fallait quand même prévenir les autorités. J'ai marché jusqu'au pâté de maisons, un peu plus loin au croisement avec 39th Street. Personne n'a répondu à la première maison. Je me suis rendue à la demeure suivante où une femme est venue m'ouvrir. À ce moment-là, je me suis dit qu'il pouvait peut-être s'agir de quelque chose d'autre qu'un mannequin, j'étais tout d'un coup très troublée. La propriétaire m'a autorisée à utiliser le téléphone pour avertir la police. Au standard du commissariat, ils m'ont tout de suite prise au sérieux en m'indiquant qu'ils allaient envoyer une voiture de patrouille. Et voilà comment j'ai découvert le corps d'Elizabeth Short. »

Aujourd'hui, le terrain vague n'existe plus et South Norton Avenue est complètement bordée de petites maisons blanches de la classe moyenne Afro-Américaine, avec leurs petites pelouses et leurs garages qui s'enchaînent à l'infini. Le lieu du crime se situe non loin d'une bouche à incendie qui existe déjà à l'époque, vers le 3825 South Norton Avenue.

UN CRIME QUI FAIT LA UNE

Journaliste au *Los Angeles Examiner*, Will Fowler, vingt-cinq ans, est un des premiers à arriver sur les lieux en compagnie de son partenaire, le photographe Felix Paegel, à qui l'on doit les célèbres clichés de la scène du crime. Dans ses mémoires, *Reporters* (1991), Fowler consacre vingt-deux pages à l'affaire. Il y affirme notamment avoir été le premier à découvrir le cadavre :

« Cette matinée démarra comme une journée classique d'été indien. L'atmosphère était fraîche, mais elle allait bientôt se réchauffer pour devenir moite, explique Will Fowler. Mon photographe partenaire du jour était Felix Paegel. Nous venions de terminer notre première mission de la journée (...) Notre système d'autoroutes n'était pas encore ce qu'il est devenu et Paegel conduisait tranquillement en direction de l'est, le long de Venice Boulevard pour rejoindre les bureaux du journal

(...) Proche de nous, une voiture avec deux agents en uniforme patrouillait à Leimert Park.

« À quelques kilomètres plus à l'ouest, les inspecteurs de la brigade des homicides Harry Hansen et Finis Brown examinaient le corps d'un macchabée en attendant l'arrivée du légiste. Ils ne pouvaient pas entendre les appels radio du central de la police.

« Felix et moi, nous étions proches de Crenshaw Boulevard lorsqu'une voix annonça : « Un 390 W, 415 dans un terrain vague, à un pâté de maisons à l'est de Crenshaw entre la 39ème et Coliseum... Code Deux... » (« Code Deux » signifiait une arrivée rapide sur les lieux, mais sans recourir à la sirène ou au gyrophare.

Un « 390 W » indiquait une femme ivre et un « 415 » de l'exhibitionnisme).

« J'y crois pas. Une bonne femme ivre morte et à poil, dans ce quartier en plus. On y va.

« Au bout de quelques minutes à peine, nous étions sur place. Paegel ralentit pour tourner en direction de l'est sur 39th Street. J'examinai l'enfilade de terrains vagues qui étaient jalonnés de piquets tous les dix mètres environ pour marquer l'emplacement de futures boutiques, face à Crenshaw.

« C'est là que je vis la chose. Une forme d'une blancheur d'ivoire. Pas de doute, c'était bien un corps.

« Impossible de se tromper lorsque vous êtes confronté à un macchabée. En m'approchant, je m'écriai à l'adresse de Felix qui ouvrait le coffre pour s'emparer de son Speed Graphic : « Nom de Dieu, Felix, cette femme est coupée en deux ! »

« Le corps se trouvait à quelques mètres à peine du bord du trottoir en ciment. Il me fallut plusieurs minutes pour m'habituer à la vue de cette gargouille qui reposait telle une marionnette abandonnée, chacune des deux parties sectionnées étant distante d'une trentaine de centimètres l'une de l'autre. Il n'y avait pas de traces de sang sur l'herbe aux alentours et le cadavre était incroyablement propre. Je me suis dit qu'il avait été coupé en deux et nettoyé ailleurs, avant d'être balancé ici pendant la nuit.

« Je disposais d'un peu de temps pour examiner le corps avant l'arrivée de la police.

« Il est difficile d'imaginer ces deux morceaux de cadavre comme n'en faisant qu'un. Les deux parties étaient exposées de face. Les bras étaient étendus au-dessus de la tête. Les yeux bleus transparents étaient à moitié ouverts et je lui refermai les paupières.

« En 1947, cela faisait trois ans que j'étais reporter et j'avais appris beaucoup de choses sur l'anatomie humaine grâce à Ray Pinker, le patron du labo de police technique et scientifique du Los Angeles Police Department. Pinker m'avait montré les subtilités des différentes attitudes corporelles qui pouvaient dévoiler la façon dont une victime était décédée.

Forrestal, Patterson Agree on Plan to Merge Army, Navy

Los Angeles Examiner

GIRL TORTURE SLAYING VICTIM
IDENTIFIED BY EXAMINER, FBI

Political Serfdom

Policewoman Tells Seeing Girl 'Scared' of Boy Friend

« Le bout du sein droit de la jeune femme avait été tranché. Le sein gauche arborait une blessure de douze millimètres de longueur, obliquée vers la gauche. Le tissu musculaire était profondément entamé.

« Viscéralement, le côlon et le foie étaient palpables et encore doux au toucher. Aucun des deux organes n'avait été touché par un scalpel.

« La couleur sombre du sang coagulé sur le front et la bouche déchiquetée m'indiquaient, avant même l'arrivée de Ray Pinker, que les blessures avaient été infligées de son vivant ; pendant que le sang courait encore dans les veines.

« Elle avait des hématomes violacés autour du cou, des bras et des poignets, ce qui prouvait qu'elle avait été solidement attachée, avant d'être torturée.

« Il y avait une incision verticale d'environ treize millimètres qui ressemblait à une cicatrice d'hystérectomie entre son nombril et son mont de Vénus, juste au-dessus de la sortie du canal urinaire. À cet endroit, je remarquais que de nombreux poils pubiens avaient été arrachés, laissant la peau marquée par des éruptions cutanées, comme une surgescence de boutons d'acné. L'autopsie allait dévoiler trois faits cachés à la presse, et qui ne seront jamais rendus publics pour confondre les faux coupables. Il y avait une petite touffe de poils pubiens enfoncée dans le vagin, dont l'entrée du canal était de nature infantile selon le médecin légiste.

« Une partie de sa jambe gauche avait été profondément tranchée entre la hanche et le genou, et on apercevait une petite section de son fémur. Un triangle équilatéral d'environ un centimètre de côté indiquait le morceau de peau et de tissu musculaire manquant. La deuxième découverte gardée secrète par les enquêteurs concernait ce morceau de peau découpé dans la jambe gauche qui se trouvait dans l'anus. On distinguait un tatouage en forme de rose sur ce bout de peau.

« Ses ongles n'étaient pas soignés. D'après la racine des cheveux, je vis qu'ils avaient été teints en noir. Et en y regardant de plus près, il me semble qu'il lui manquait un lobe d'oreille. Mais, après toutes ces années, je suis incapable de dire de quelle oreille il s'agit. Le lobe d'oreille, la touffe de poils pubiens et le morceau de peau de la jambe gauche étaient des faits connus de la rédaction du *Los Angeles Examiner*, mais il avait été décidé de ne pas les publier pour permettre aux policiers de se servir de ces informations secrètes pour faire le tri parmi les suspects. Au bout de quarante-trois ans, c'est la première fois que ces faits sont rendus publics (en 1991).

« Pendant que je m'agenouillais près du corps, Paegel prit un cliché prouvant qu'il n'y avait personne d'autre alentour. Ses deux photos les plus connues montrent le cadavre allongé sur le terrain vague et moi-même penché au-dessus du corps. Avant que ce cliché ne fasse la une, il fallait, bien sûr, qu'un illustrateur de notre labo le retouche pour y ajouter un drap qui recouvre le tout, à l'exception des bras et des jambes. Il a aussi gommé les profondes blessures des deux côtés du visage.

« En poursuivant mon examen, je remarquais que la vertèbre thoracique avait été coupée avec soin (et non pas sciée car je n'ai pas trouvé de traces de granules d'os). C'est à ce moment-là que deux agents en uniforme se pointent sur les lieux. L'un d'eux commence même à dégainer son arme en m'apercevant près du corps.

– Du calme, dis-je.

Il sort son flingue.

– Je suis reporter à l'*Examiner*. Je lui tends ma carte professionnelle. Fowler. Will Fowler.

« Son partenaire examina mon identité. Il parut satisfait et son collègue rengaina son arme.

« Tandis qu'ils effectuaient leurs premières constatations, je pointai du doigt en direction de Crenshaw. Il y avait un gosse qui tenait son vélo à un pâté de maisons de là.

– Vous devriez l'interroger. Peut-être sait-il quelque chose ?

« J'étais pressé de passer un coup de fil. Ils me donnèrent la permission de le faire. Dès que le standard me passa la rédaction et que je prononçais les mots « coupée en deux », Richardson m'ordonna de revenir au plus vite avec les négatifs. »

Un autre témoin arrivé parmi les premiers sur les lieux est Bill Nash, trente-huit ans, pompier au Los Angeles Fire Department, qui, curieusement, ne sera jamais interrogé par les enquêteurs. Il est en compagnie d'un voisin, Roy Preston, lorsqu'il gare sa Plymouth devant le corps de cette femme coupée en deux. Pendant que Preston vomit son petit-déjeuner, Nash, qui est habitué à la vue des cadavres par son métier de soldat du feu, s'approche et constate qu'une touffe de brins d'herbe déborde du vagin de la victime, comme si l'assassin l'avait enfoncée en guise de rituel. Ce fait ne figure pas dans le rapport d'autopsie officiel des professeurs Newbarr et Cefalu, et il a peut-être été volontairement caché — comme d'autres indices le seront ensuite — par les enquêteurs pour confondre les faux coupables. Dans une interview en date du 4 novembre 1992 avec l'auteur Michael Newton, Bill Nash, qui a alors quatre-vingt-quatre ans, confirme de manière certaine ce qu'il a pu voir ce jour-là. Sa mémoire paraît tout à fait intacte et son témoignage crédible, d'autant plus qu'il est recoupé par d'autres sources.

Pendant ce temps, le journaliste Will Fowler retourne au siège de l'*Examiner* en compagnie du photographe Felix Paegel : « La salle bruissait déjà de rumeurs concernant l'affaire lorsque Paegel disparut dans le labo pour développer les négatifs. Quand il en sortit, il tenait un cliché encore dégoulinant entre les mains. C'était un gros plan du cadavre et plusieurs personnes se réunirent pour le regarder. « Regardez-le bien, » déclara Richardson. « C'est sur ça qu'on va bosser aujourd'hui. » Puis, il partit rejoindre le bureau du big boss Van Ettish. Il fut de retour au bout de quelques minutes pour nous annoncer qu'une édition spéciale allait être imprimée pour concurrencer tous les autres canards qui sortaient l'après-midi. Il m'ordonna de retourner sur place avec Felix.

« Une fois de retour, c'était le bazar sur Crenshaw. Il y avait foule : des agents en uniforme, des reporters et des photographes grouillaient partout. Je reconnus Agness Underwood de notre édition de l'après-midi qui était assise en tailleur près du corps. Elle leva la tête : « Dis donc Fowler, comment ça se fait que tu aies laissé le *Times* te doubler sur ce coup-là ? » En voyant la sortie de notre édition spéciale, elle comprendrait vite qu'il s'agissait de ma deuxième visite sur place.

« Le détective Harry Hansen et son porte-flingue Finis Brown venaient d'arriver. Hansen comparait ses notes avec celles de Ray Pinker lorsque je les rejoignis.

« C'était la première heure de Hansen sur cette affaire. Il allait officiellement y consacrer les trente-cinq années suivantes, bien après sa retraite et jusqu'à sa mort.

« Hansen était un grand rouquin au crâne dégarni. D'origine danoise, il s'était engagé au L.A.P.D. en 1926 pour monter rapidement en grade et travailler à la brigade des homicides au bout de quelques années. Il était méticuleux et ses manières calmes poussaient souvent les suspects aux aveux.

« Hansen m'indiqua qu'ils avaient été avertis par une femme qui baladait son chien. « Un gosse m'a dit qu'il y avait un type avec un appareil photo. »

« « C'était Paegel », expliquai-je. « Mais j'aimerais que tu gardes ça pour toi ».

« L'ambulance du légiste se pointa et un des assistants me demanda de lui donner un coup de main pour transporter la partie inférieure du cadavre. Je la pris par les talons en m'apprêtant à faire un effort pour la soulever. Mais c'était une moitié de corps et elle me parut légère comme une plume.

« L'entrée de service du City Hall (le palais de justice — NdA) ressemblait à la plate-forme de chargement d'un grossiste qui réceptionnait des marchandises. J'y croisai notre reporter maison Howard Hertel pendant que Paegel photographiait le déchargement du corps qui était pesé sur une balance. « L'autopsie va se faire tout de suite, » m'indiqua Hertel.

« Notre édition spéciale sortit avec deux heures d'avance sur tous les journaux de la concurrence. Ce fut la deuxième meilleure vente de toute l'histoire de l'*Examiner*, tout de suite après l'annonce de la fin de la Seconde Guerre mondiale. »

Comme on pourra le constater dans le chapitre suivant, certaines des déclarations de Will Fowler sont en complète contradiction avec le rapport d'autopsie officiel.

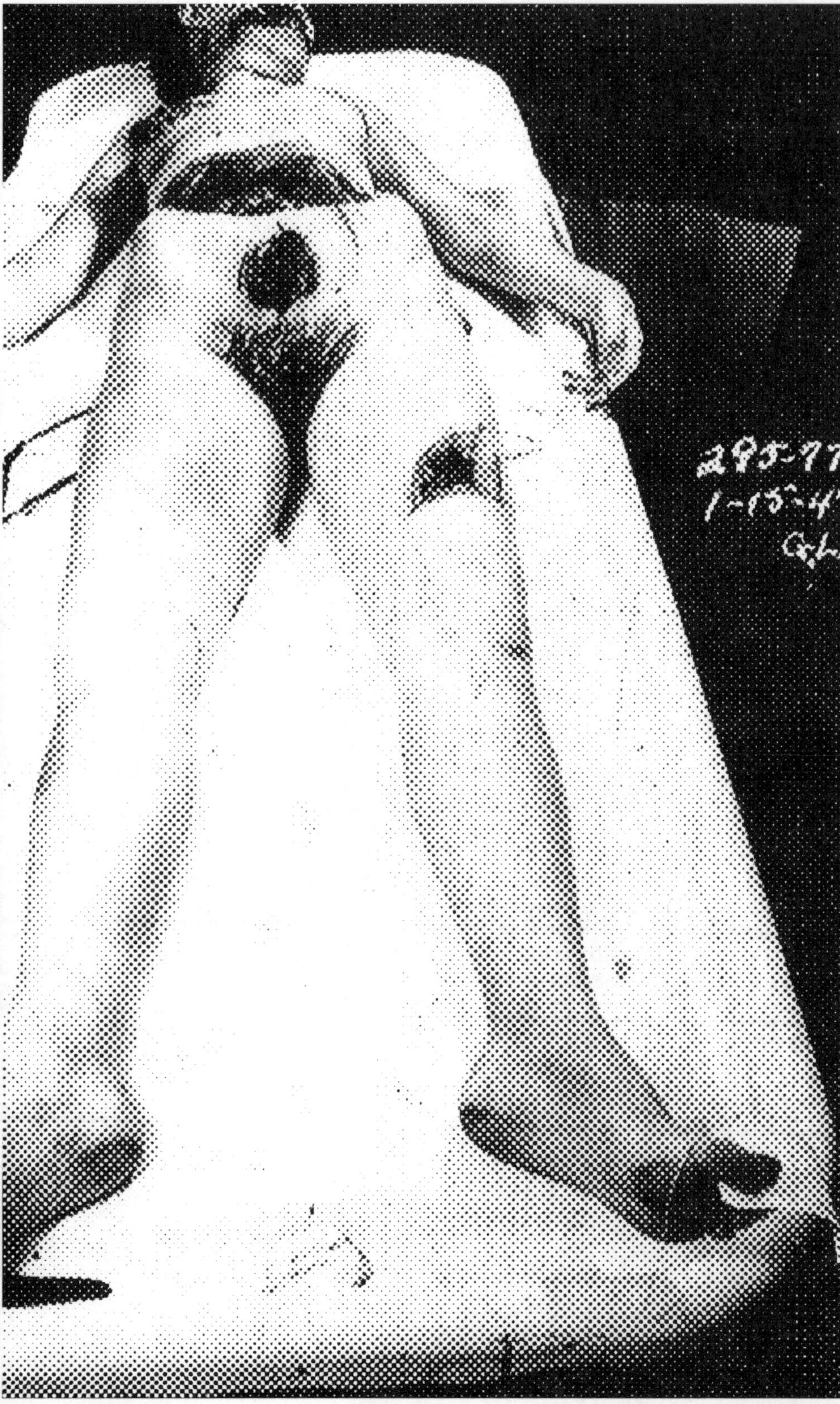

CHAPITRE

LES SECRETS DE L'AUTOPSIE

II

Dès le départ de l'enquête, ce rapport d'autopsie est un document classé top secret et les journalistes n'y ont pas accès, contrairement à la coutume. Quelques années plus tard, il ne figure d'ailleurs même plus dans les archives du L.A.P.D.. Pourquoi un tel blackout ? Le jour même de la découverte du cadavre du Dahlia Noir, les enquêteurs savent que ce meurtre va avoir une résonnance médiatique à nulle autre pareille, puisqu'une édition spéciale du *Los Angeles Herald-Examiner* sort dans l'après-midi. Ce journal, qui se spécialise dans les faits divers à sensation, est un des fleurons du groupe de Randolph Hearst, dirigé d'une main de fer par ce magnat omnipotent. Orson Welles en dresse un éloquent portrait dans son *Citizen Kane* en 1941. Or une telle exposition médiatique d'un crime entraîne fatalement un grand nombre d'aveux de faux coupables. On en a encore un exemple récent, en août 2006, avec la confession inventée d'un pédophile mythomane John Mark Karr qui s'accuse de l'assassinat de la mini-miss JonBenét Ramsey, dans le Colorado ; un allumé qui rêvait de publier un manuscrit sur l'affaire et de voir Johnny Depp jouer son rôle au cinéma ! Au fil des ans, le L.A.P.D. enregistre plusieurs centaines d'aveux. Pour les confondre, il est indispensable de garder secrets un certain nombre de faits. Vu l'emprise de la presse sur l'enquête, et plus particulièrement du *Los Angeles Herald-Express*, qui découvre des indices, retrouve des témoins et les interroge bien avant la police, il n'y a que l'autopsie qui leur permet de garder des atouts en réserve. Et, si l'on en croit certaines sources, plusieurs traits du rituel de l'assassin, de sa signature psychologique, ne sont même pas consignés par écrit dans le rapport d'autopsie des professeurs Newbarr et Cefalu. Peut-être y-a-t-il aussi une certaine forme de revanche de la police par rapport à ces reporters qui leur mettent en permanence des bâtons dans les roues et qui polluent tout simplement l'enquête ?

Intéressé par cette affaire depuis la fin des années 1970, j'avais demandé par écrit au bureau des relations publiques du L.A.P.D. une copie de ce rapport d'autopsie et l'on m'avait répondu par la négative, en me redirigeant vers le Los Angeles County Coroner's Office qui me conseilla de m'adresser au L.A.P.D. ! Quelques mois plus tard, grâce à l'intervention d'un agent du F.B.I. à la retraite et qui avait ses entrées dans les arcanes judiciaires de Los Angeles, je pus obtenir une copie du fameux document.

DANS L'ANTRE DE LA MORGUE DU COMTÉ

Il est environ dix heures du matin, ce jeudi 16 janvier 1947, lorsque les docteurs Frederick Newbarr et Victor Cefalu débutent leur besogne macabre dans les vétustes locaux de la morgue du Comté de Los Angeles. L'odeur est pestilentielle en raison du manque de ventilation. L'étroitesse des lieux oblige parfois les employés à stocker les cadavres sur des brancards, en dehors des chambres froides. Certaines des autopsies se pratiquent même dans les couloirs, sur des chariots. Mais ce n'est pas le cas pour la victime inconnue du terrain vague, car il s'agit d'une priorité absolue.

Voici le rapport d'autopsie des médecins légistes :

« J'ai effectué une autopsie de « Jane Doe #1 » ce 16 janvier 1947 à la morgue du Comté de Los Angeles. La cause immédiate du décès provient d'une hémorragie et du choc causé par une commotion cérébrale et des lacérations sur le visage.

« Le corps est celui d'une femme de race blanche entre quinze et vingt ans, elle mesure un mètre soixante-cinq pour cinquante-deux kilos.

« On distingue de nombreuses lacérations sur la partie centrale et droite du front, ainsi que sur le sommet du crâne. Il y a de multiples éraflures de petite taille et de forme linéaire sur la partie droite du visage et du front. On remarque deux petites lacérations de soixante-quatre centimètres de longueur des deux côtés de l'arête nasale. Une profonde lacération de sept centimètres six de longueur s'étend latéralement à partir de la commissure droite de la bouche. Les tissus environnants sont ecchymosés et de couleur bleu violacé. Il y a une profonde lacération de six centimètres trente de longueur qui s'étend latéralement à partir de la commissure gauche de la bouche. Les tissus environnants sont ecchymosés et de couleur bleu violacé. Il y a cinq lacérations linéaires du côté droit de la lèvre supérieure qui s'enfoncent sur une profondeur de trois millimètres deux. La dentition est cariée et en très mauvais état. Les deux incisives centrales supérieures sont descellées, il en est de même pour une incisive du bas. Le reste de la dentition présente des cavités.

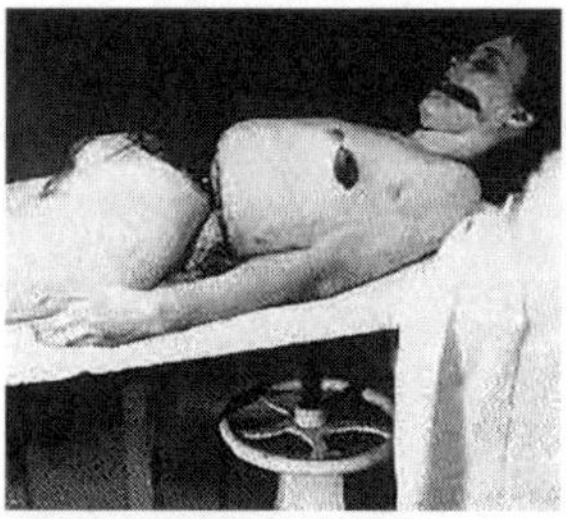
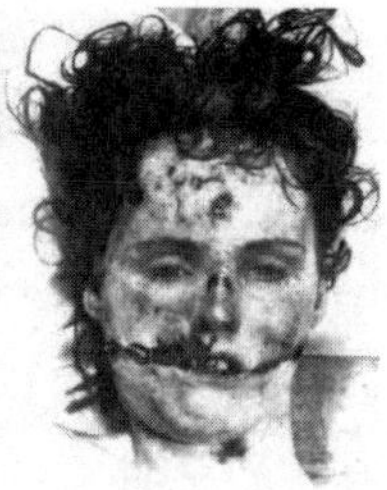

« Concernant le cuir chevelu, il y a des ecchymoses sur la partie droite et le haut du lobe frontal. On remarque des surfaces localisées d'hémorragie sub-arachnoïdienne du côté droit et de petites hémorragies dans le corps calleux. Aucune fracture de la boîte crânienne n'est apparente.

« Il y a des marques irrégulières d'abrasion dans la partie antérieure centrale du cou et deux abrasions linéaires dans la partie antérieure gauche du cou. Le pharynx et le larynx sont intacts. Il n'y a aucune marque apparente de trauma sur l'os hyoïde, la thyroïde, les cartilages cricoïdes ou trachéaux. Pas d'obstruction du sillon laryngotrachéal.

« On distingue une lacération irrégulière avec perte superficielle de tissu de la peau du sein droit. Cette perte de tissu est de forme presque carrée : elle mesure huit centimètres vingt en diagonale et six centimètres trente-cinq de longueur. Plusieurs lacérations superficielles de la peau s'étendent du sein droit vers la ceinture abdominale. Un trou en forme d'ellipse se situe à un centimètre neuf à gauche du mamelon du sein gauche. Elle mesure sept centimètres sur trois centimètres deux. Les bords de ces blessures ne présentent pas de décoloration notoire. Il y a de nombreuses traces de griffures superficielles du côté du sein gauche. On note une cicatrice du côté droit de la poitrine à hauteur de la neuvième côte qui s'étend diagonalement vers la droite sur une longueur de huit centimètres vingt-cinq. Trois autres cicatrices, qui semblent être des sutures cicatrisées, la croisent. Il y a quatre déchirures superficielles et linéaires du côté gauche à hauteur de la ceinture abdominale. Les bords ne sont pas décolorés. Il y a des lacérations superficielles et des traces de griffures sur les avant-bras. Les poignets des deux mains présentent deux marques circulaires et profondes. Les ongles sont coupés court.

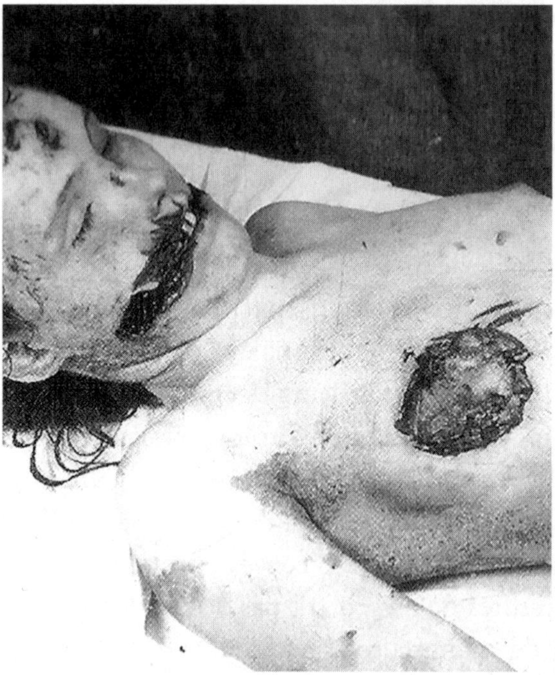

« Les organes internes de la cavité thoracique sont en place (...) Le tronc est entièrement découpé par une incision linéaire de l'abdomen, l'intestin est tranché à hauteur du duodénum, qui passe entre les deuxième et troisième vertèbres lombaires. Il y a très peu d'ecchymoses le long de cette découpe des voies digestives. On distingue une blessure béante de dix centimètres huit de long qui s'étend du nombril jusqu'à la partie supérieure du pubis. Des deux côtés de cette lacération, il y a de nombreuses lacérations superficielles. On note de nombreuses blessures entrecroisées dans la région du pubis qui traversent la peau et le tissu musculaire. Pas de traces ecchymotiques.

« On remarque toute une série de lacérations superficielles à hauteur de la hanche droite. Les organes de l'abdomen sont complètement exposés. Il y a des blessures à l'intestin et sur les deux reins. L'utérus est de petite taille et il n'y a pas de grossesse apparente. La trompe, les ovaires et les grandes lèvres sont intacts. On distingue une abrasion qui s'étend à travers la partie inférieure des petites lèvres et les bords ont une décoloration bleutée. Enfoncé dans le vagin, il y a un morceau de peau qui comporte des lacérations entrecroisées. Des frottis ont été effectués pour une analyse qui dénoterait la présence éventuelle de spermatozoïdes.

« Le rectum est fortement dilaté, sur un diamètre de trois centimètres dix-sept. La membrane muqueuse est de couleur brune. On remarque de multiples abrasions et un petit nombre d'ecchymoses sur les bords. La lacération de la muqueuse s'étend sur une hauteur d'un centimètre vingt-cinq. À deux centimètres et demi à l'intérieur de l'anus, il y a une touffe de cheveux châtains bouclés. Cette touffe ressemble à des poils pubiens. Des frottis ont été effectués pour une analyse qui dénoterait la présence éventuelle de spermatozoïdes.

« Sur la surface interne de la cuisse gauche, du tissu a été prélevé. Le morceau de peau retiré mesure huit centimètres quatre-vingt-dix sur dix centimètres vingt. Pas de traces d'ecchymoses. Il y a une marque de liens sur la cuisse droite à environ douze centimètres soixante-dix au-dessus du genou. D'autres traces de liens se situent sur les deux jambes. La voûte plantaire est tâchée de brun.

« L'estomac est rempli de substances granuleuses d'un marron verdâtre, pour la plupart des matières fécales et d'autres particules qui n'ont pu être identifiées. Tous les frottis dénotent une absence de spermatozoïdes. »

Frederick D. Newbarr, M.D.
Responsable du service médico-légal
en association avec Victor Cefalu, M.D.
Adjoint du responsable médico-légal.

Au-delà de ce langage technique qui rend la lecture parfois fastidieuse, le rapport nous apprend des choses essentielles, et il met un terme à un certain nombre de légendes qui sont encore colportées dans de nombreux ouvrages sur l'affaire. Le corps d'Elizabeth Short ne porte pas de traces de brûlures de cigarette, elle n'est pas enceinte et l'assassin n'a pas gravé les initiales « BD » (pour Black Dahlia) sur l'une de ses jambes, pas plus qu'il ne lui a défoncé les dents (la dentition d'Elizabeth Short est en très mauvais état, mais cela est la conséquence d'un manque d'hygiène buccale). Contrairement à ce qu'avance le reporter Will Fowler dans le chapitre précédent, le bout du sein droit n'a pas été tranché et il ne lui manque aucun lobe d'oreille.

L'absence d'ecchymoses (les fameux bleus) est significative. Pour que des coups provoquent des ecchymoses ou des hématomes (quand une certaine quantité de sang s'est collectée dans les tissus), il faut que le sang ait gardé la faculté de se coaguler. Après la mort, cette faculté disparaît, le sang reste fluide et l'assassin peut toujours frapper autant de fois qu'il le désire, la peau de la victime reste indemne de tout bleu. Une femme qui présente des ecchymoses et des hématomes sur le crâne, a reçu des coups avant de mourir. C'est ce que l'on constate sur le front et le cuir chevelu d'Elizabeth Short qui était toujours vivante lorsqu'elle a été frappée à ces endroits. Ce sont ces coups et les terribles lacérations autour de la bouche qui ont entraîné son décès. Par contre, le reste des blessures, des tortures et des mutilations ont été infligées après la mort du Dahlia Noir, car il n'y a pas ces fameuses traces d'ecchymoses, comme le souligne le rapport d'autopsie.

La forte dilatation de l'anus implique une sodomie post-mortem ou une pénétration forcée à l'aide d'un objet, puisque le muscle mort du sphincter ne peut plus retrouver sa taille d'origine. Peut-être cette sodomie est-elle la conséquence de l'impossibilité pour le meurtrier de pénétrer vaginalement Elizabeth Short, si son vagin est réellement d'une taille infantile comme l'indique Will Fowler qui cite une confidence (hors rapport officiel) d'un légiste ? Ce vagin non développé du Dahlia Noir lui aurait rendu impossible toute pénétration par cet orifice. Cette malformation ne fait l'objet d'aucune trace écrite dans un quelconque rapport officiel, mais c'est une rumeur qui court depuis des décennies au sein du L.A.P.D. qui est accréditée par l'écrivain John Gilmore dans son livre *Severed* sur le meurtre d'Elizabeth Short. Ce qui pourrait aussi expliquer la « blessure béante de dix centimètres huit de long qui s'étend du nombril jusqu'à la partie supérieure du pubis », une manière pour le criminel de « créer » un vagin artificiel pour la violer par cet orifice ?

Le corps d'Elizabeth Short a été complètement vidé de son sang et lavé avec soin avec de l'eau par l'assassin. Les enquêteurs ne trouvent pas la moindre trace de sang sur la scène de crime, mis à part une minuscule goutte de sang et l'empreinte partielle d'une chaussure. Mais ces indices ont été littéralement foulés au pied par les dizaines de journalistes et de badauds qui polluent le terrain vague en ce matin du 15 janvier 1947. Des traces de pneus apparentes près de la bordure du trottoir où l'on a positionné le corps ont aussi été effacées ; le meurtrier ne s'est pas contenté de jeter le cadavre hors du véhicule, il l'a transporté dans un sac de ciment que l'on retrouve sur le terrain vague. Il l'a d'abord placé face contre terre, avant de changer d'avis. Les jambes de la victime ont été écartées de manière à l'humilier encore davantage, dans une posture visiblement dégradante. Les premiers agents du L.A.P.D. arrivés sur place n'ont jamais pensé à sécuriser la scène de crime, peut-être parce qu'ils ont été traumatisés par la vision de cette macabre découverte.

Cette confusion ne présage rien de bon pour le démarrage de l'enquête qui continue à multiplier les ratés, non seulement au niveau de la police, mais aussi de l'information qui est véhiculée par les reporters et les écrivains. À titre d'exemple, l'appel de Betty Bersinger au standard du L.A.P.D. pour signaler la découverte du cadavre d'Elizabeth Short a été passé à dix heures quarante-cinq selon l'auteur de romans policiers Craig Rice, il est neuf heures cinq pour le journaliste Will Fowler dans son livre *Reporters*; quant à Kenneth Anger (*Hollywood Babylon*) et John Austin (*Hollywood's Unsolved Mysteries*), ils estiment qu'il est sept heures et demi du matin ! En fait, l'heure exacte est dix heures trente-cinq. Il suffit tout simplement de le vérifier à la source, les rapports de police.
Avec ce crime, on assiste à un phénomène que l'on a déjà connu dans le cas de Jack l'Éventreur, à Londres, en 1888. Des légendes, des rumeurs, les mythes qui entourent un ou des assassinats non résolus et très médiatisés prennent le pas sur la vérité qui est enfouie sous une telle couche de contre-vérités qu'il faut creuser très profond pour la retrouver. Les auteurs de « true crime », qui ont élaboré une théorie définitive pour identifier l'assassin, prennent des faits qui les arrangent et mentent par omission lorsque d'autres preuves contredisent leurs affirmations, quand ils ne déforment tout simplement pas ces mêmes faits.

Des exemples ? La culpabilité de la Mafia et de son tueur Bugsy Siegel dans l'ouvrage de Donald Wolfe reposent pour une grande part sur la grossesse

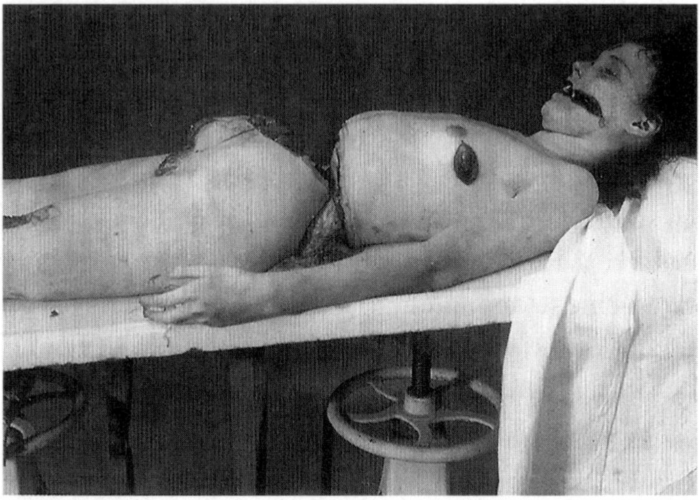

d'Elizabeth Short, ce qui est en contradiction totale avec le rapport d'autopsie ; de la même façon, des dizaines d'auteurs ont affirmé que la dernière victime de Jack the Ripper, Mary Jane Kelly, était enceinte et que son géniteur était le petit-fils de la reine Victoria ; manque de chance pour eux, elle n'était pas enceinte. Steve Hodel, qui tient coûte que coûte à ce que son père, le médecin George Hodel, soit le meurtrier du Dahlia Noir, compare ainsi une lettre manuscrite de 1947 — dont rien ne prouve qu'elle a été envoyée par l'assassin — avec l'écriture de son père. Patricia Cornwell a fait de même dans son *Jack l'Éventreur — Affaire classée* en comparant une pseudo-lettre de Jack the Ripper avec l'écriture du peintre Walter Sickert, qu'elle accuse d'être l'éventreur de Whitechapel. Admettons l'hypothèse de l'authenticité de ce courrier de 1947 qui aurait bien été l'œuvre du mystérieux tueur. Une émission de la chaîne CBS, *48 Hours Mystery*, a commissionné un expert en graphologie qui travaille régulièrement pour le F.B.I., afin d'analyser ces deux sources d'écriture et ses conclusions sont à l'opposé de celles avancées par Hodel et son spécialiste ! Hodel affirme que son père possède un album photos où deux portraits d'une même femme sont, à ses yeux, ceux du Dahlia Noir. J'ai montré ces clichés et plusieurs portraits d'Elizabeth Short à deux spécialistes de l'identité judiciaire, qui les ont fait agrandir à la même taille, à des fins de comparaison, pour des mesures techniques très précises (écartement des yeux, taille du menton, du nez, du front, largeur et hauteur du visage) et leurs conclusions se rejoignent totalement : la femme de l'album de George Hodel n'est en aucun cas le Dahlia Noir.

Dans ses mémoires écrits en 1991, le reporter Will Fowler déclare avoir été le premier à découvrir le corps mutilé d'Elizabeth Short en compagnie du photographe Felix Paegel. Ce fait est contredit par le livre de son ancien rédacteur en chef du *Los Angeles Herald-Examiner,* James Richardson dans *For the Life of Me* (1953), qui indique que c'est le reporter Bill Zelinsky qui lui signale l'appel du L.A.P.D.. Richardson envoie tous les journalistes disponibles sur place, et c'est Sid Hughes qui est crédité comme étant le premier à lui donner des détails des mutilations. Par contre, Will Fowler figure bien sur les clichés publiés de la scène de crime, mais on l'aperçoit en compagnie de nombreux policiers, et notamment des inspecteurs Harry Hansen et Finis Brown.

Comme pour tous les autres aspects de cette affaire, la confusion règne quant aux causes et à l'heure du décès du Dahlia Noir, et il en est de même pour la nature des blessures. D'après le reporter Will Fowler, le corps est encore chaud et la peau souple lorsqu'il touche certains organes. Dans un article du *Long Beach Independent*, daté du 16 janvier 1947, deux détectives anonymes affirment que la mort de la victime remonte à quelques heures (cinq à neuf) car « la partie supérieure est encore chaude. » Le 20 janvier 1947, lors d'une conférence de presse, le L.A.P.D. déclare que Beth Short a été assassinée un peu après minuit, dans les premières heures du mercredi 15 janvier. Le 4 février, le *Daily News* cite une source anonyme, « un vétéran qui travaille sur l'affaire depuis le début » et pour qui « il existe des indices qui prouvent que les restes ont été placés dans une chambre froide pendant un certain temps. »

Concernant les blessures, les versions rapportées par la presse divergent de façon encore plus incroyable. Interrogé sur la scène de crime par le journaliste Lee Jones, le chef du bureau de la police scientifique du L.A.P.D., Ray Pinker déclare avoir prélevé « quelques poils » sur le corps. Le lendemain, plusieurs articles en tirent la conclusion qu'il s'agit de fibres en provenance d'un tapis de voiture. Le 1er février 1947, le *Los Angeles Herald-Examiner* a transformé ce maigre indice en « brosse épaisse à crins de noix de coco » qui a servie à nettoyer le cadavre.

Le 16 janvier 1947, le *Hollywood Citizen News* affirme de manière erronée que la jambe droite a été brisée en dessous du genou. Dix jours plus tard, le *Daily News* annonce que les sourcils de Beth Short sont décolorés au peroxyde et que du henné a été utilisé pour éclaircir sa « chevelure d'un noir de jais. ». Pour le *Long Beach Independent*, le torse est découpé à l'aide « d'au moins trois instruments, dont un couteau de boucher. » Le *Culver City Evening Star* et le *Orange County Community News* citent comme sources des légistes indiquant que « le corps a été scié en deux ». Pour ces deux journaux, la certitude est totale : la découpe est l'œuvre d'un médecin, d'une personne ayant des connaissances médicales ou anatomiques. Parmi toutes ces rumeurs et cette désinformation permanente, on trouve — parfois — une hypothèse intéressante comme dans l'édition du *Daily News* du 25 janvier 1947 : « Les enquêteurs sont persuadés de la découpe utilitaire du corps, Elizabeth Short n'a pas été coupée en deux à des fins de torture, mais pour se débarrasser plus facilement des restes. Il pouvait ainsi être transporté dans un sac de marin ou une malle. Les enquêteurs estiment que seule une femme aurait pu agir ainsi. Un homme se serait contenté de plier le corps dans une malle ou de l'emballer dans un tapis, sans se préoccuper de la bonne exécution de ce travail. »

Encore une fois, le parallèle est saisissant entre les cas du Dahlia Noir et de Jack l'Éventreur. En 1888, comme en 1947, on accuse des bouchers, des employés de pompes funèbres ou des chirurgiens fous d'être les auteurs de ces crimes sanglants.

BLACK DAHLIA
CONFESSION
Missing
Cohenite

CHAPITRE

UNE ENQUÊTE CONFISQUÉE PAR LES MÉDIAS

III

Pendant l'autopsie de « Jane Doe #1 », Ray Pinker examine le fichier des empreintes digitales de la police de Los Angeles, mais la victime du « loup-garou » (« Werewolf »), un surnom employé par plusieurs tabloïds pour qualifier l'assassin, n'a jamais fait l'objet d'une arrestation dans les limites du Comté de Los Angeles. Les empreintes sont alors transférées sur une carte papier, qui est adressée par courrier express, au F.B.I., à Washington. Leur fichier central comporte à cette époque cent quatre millions d'empreintes. Cela prend d'habitude quelques jours pour une identification, si elles figurent dans le fichier.

Dès la découverte du cadavre, l'enquête démarre sur de mauvaises bases, avec une interférence permanente des médias, et plus particulièrement des journalistes du *Los Angeles Herald-Examiner* qui polluent la scène de crime, investissent le bureau des homicides et passent des accords avec le patron de la brigade des homicides, Jack Donahoe. Le reporter Will Fowler ferme les yeux de Beth, touche ses organes internes, tandis qu'un de ses collègues téléphone à la mère de la victime avant même les policiers. Plus tard, ce sont ces mêmes journalistes du *Los Angeles Herald-Examiner* qui fouillent le courrier et les affaires personnelles du Dahlia Noir qu'ils ont retrouvées dans une consigne. C'est encore eux qui, par l'entremise du rédacteur en chef de l'*Examiner* Jim Richardson, parlent au supposé tueur et qui manipulent sans aucune précaution ses deux lettres, avant de les transmettre aux enquêteurs.

« C'est un illustrateur du journal, Howard Burke, qui dessine un portrait retouché de la victime d'après les photos de Felix Paegel », explique Will Fowler dans son livre de souvenirs *Reporters*. « Pendant que Burke s'affaire, le capitaine Jack Donahoe — qui vient d'être transféré pour diriger le bureau des homicides — rappelle Richardson. Jim lui indique que son assistant Warden Woolard peut leur faire gagner beaucoup de temps dans l'identification des empreintes, si le quotidien en obtient un exemplaire.

« Donahoe déclare à Woolard que la carte des empreintes est déjà en route pour le F.B.I. à Washington. « Eh bien, tant que vous n'aurez pas d'identification, l'enquête restera au point mort. »

« Comme une tempête hivernale empêche les avions d'atterrir sur la Côte Est, Woolard estime qu'il leur faudra en fait près de dix jours pour obtenir l'info. « Nous avons cette nouvelle machine, un « Soundphoto ». Et si on envoyait les empreintes par ce moyen ? Cela n'a jamais été tenté auparavant, mais je ne vois pas pourquoi ça ne fonctionnerait pas. » Donahoe accepte et il nous les fait parvenir.

« Lorsque *International News Photo* ouvre ses portes le lendemain matin à quatre heures, les empreintes sont le premier document à être transmis.

« À Washington, Ray Richards, ancien rédacteur en chef de l'*Examiner* et maintenant patron du bureau des publications Hearst à Washington, était prêt à les réceptionner.

« Mais il y eut un accroc. Les experts du F.B.I. sont incapables de déchiffrer les empreintes qui sont floues.

« Sur place, l'un de nos photographes, Russ Lapp, suggère d'inverser la gravure du labo photo, en utilisant les originaux comme négatifs. Ensuite, il agrandit les empreintes avec une Minicam. À présent, les empreintes sont assez grandes pour être déchiffrées à Washington. L'*Examiner* loue un circuit spécial pour le lent processus de transmission jusqu'à Washington. Cette fois, c'est un succès. En l'espace de quelques minutes, les experts du F.B.I. identifient « Jane Doe #1 » comme étant Elizabeth Short, dernier domicile connu à Santa Barbara, Californie.

« Ce scoop nous donne tellement d'avance sur les autres journaux qu'ils ne furent jamais en mesure de rattraper leur retard initial. Des heures avant que la concurrence ne sache que le corps a été identifié, nos reporters et photographes creusent déjà à la recherche de la moindre info sur la vie d'Elizabeth Short. Les autres journalistes sont même obligés de lire nos articles pour savoir comment orienter leurs recherches. Les équipes de Richardson trouvent tellement d'indices que nous avons pu commencer à passer des accords avec le L.A.P.D.. Cela rend Donahoe fou furieux, mais il est obligé d'en passer par là.

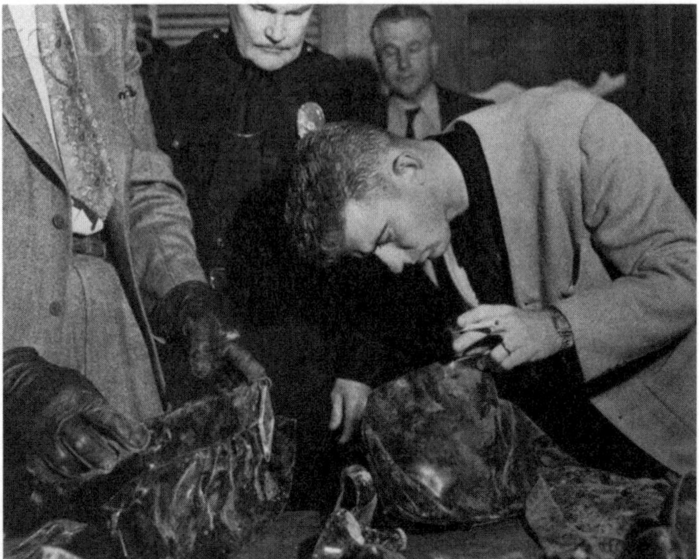

LE SUSPECT "RED" MANLEY EXAMINE LE CONTENU DU SAC DU DAHLIA NOIR

« Un reporter de notre édition de l'après-midi, le "*Her-Ex*", rencontre les habitués d'un bar de Long Beach qui connaissent Elizabeth Short. C'est le journaliste, Beverly "Bevo" Means, qui donne à ce meurtre son titre de gloire définitif. En téléphonant de son quartier général — un bar — Bevo déclare : "Là-bas, ils la surnomment le Dahlia Noir parce qu'elle est toujours en noir, que ce soient ses cheveux ou ses vêtements. Et elle a toujours une fleur, un dahlia noir, fichée sur le sommet de la tête. Il y a aussi ce film avec Alan Ladd, *The Blue Dahlia* (*Le dahlia bleu* est un film en noir et blanc de 1946 avec Alan Ladd et Veronica Lake qui bénéficie d'un scénario original de Raymond Chandler-NDA) qui vient de sortir et qui passe toujours dans une salle de Long Beach."

« Quand je vois pour la première fois la fiche anthropométrique d'Elizabeth Short, prise le jour de son arrestation, parce qu'elle se trouve dans un bar en tant que mineure, je suis frappé par l'expression de son regard. Ses yeux reflètent une sorte d'innocence curieuse. Sa peau ressemble à de l'albâtre. Sa chevelure sombre et bouclée, qui drape ce regard à nul autre pareil, amplifie encore plus la beauté de cette femme.

« Le journal apprend aussi par le Santa Barbara Police Department qu'Elizabeth Short a reçu de l'argent pour retourner chez elle en 1943, à Medford, dans le Massachusetts. Elle possède maintenant un casier judiciaire. Jim Richardson ordonne à un de nos « rewriters » de localiser sa mère, Mme Phoebe Short.

« Et c'est moi, bien sûr, qui vais lui annoncer la nouvelle de la mort de sa fille ? » s'enquit Sutton.

« Ne lui dis pas tout de suite, répondit Richardson. Dis-lui d'abord qu'Elizabeth a gagné un concours de beauté... à Santa Barbara... Tu lui tires les vers du nez... et je te fais signe quand tu lui parles de sa mort. »

« Le service des renseignements de l'État du Massachusetts nous fournit le numéro du domicile de Mme Short et Jo Wise, qui gère notre standard, met le rédacteur en chef en écoute sur la ligne de Sutton, avant d'appeler Mme Short.

« Allo ? Mme Phoebe Short ? Mme Short, je suis Wayne Sutton du *Los Angeles Examiner*... Je veux être le premier à vous annoncer que votre fille... Elizabeth... a remporté un concours de beauté... à Santa Barbara. »

« Au bout de quelques minutes, Sutton épuise sa série de questions et il jette un coup d'œil à Richardson.

« Jim Richardson se redresse sur son fauteuil et se contente d'un « maintenant ».

« Sutton place une main sur le combiné : « Espèce de salopard. »

« Il lui transmet la véritable info qui est suivie de plusieurs pauses plus ou moins longues.

« Mme Short reste en ligne malgré tout, peut-être parce qu'elle veut très certainement savoir ce qui s'est réellement passé. Sutton obtient sa collaboration et lui promet même de payer son billet d'avion si elle souhaite venir à Los Angeles. De cette manière, l'*Examiner* peut tenir Mme Short suffisamment longtemps à l'écart de la police, au cas où elle pourrait fournir de nouvelles pistes.

« Avant de raccrocher, Mme Short trouve une lettre qu'Elizabeth lui a récemment envoyée. Elle indique à Sutton l'adresse de San Diego qui figure au dos de l'enveloppe.

« Cette information nous permet de publier un autre scoop : Elizabeth a quitté San Diego en compagnie d'un homme connu sous le seul nom de « Red ». Richardson se garde bien de divulguer cette nouvelle à Donahoe. Pas avant que les reporters de l'*Examiner* ne s'emploient à retrouver ce « Red ».

« Dans les minutes qui suivent l'appel de Sutton, deux tandems de reporters-photographes quittent le siège du journal pour arpenter la Pacific Coast Highway dans les deux sens, la seule route existante le long de la côte californienne, avant l'avènement des autoroutes.

Ils s'arrêtent à chaque motel pour y feuilleter les registres des clients. »

LES DERNIERS JOURS D'ELIZABETH SHORT

Le capitaine Jack A. Donahoe de la brigade des homicides de Los Angeles confie l'affaire aux bons soins de deux de ses meilleurs hommes, les sergents Harry « Red » Hansen et Finis Arthur Brown, qui s'adjoignent l'aide des légistes Ray Pinker et Lee Jones du Laboratoire de la police scientifique. Petit à petit, les hommes de la brigade des homicides reconstituent l'emploi du temps des derniers jours d'Elizabeth Short grâce à de nombreux témoignages :

– Le 8 janvier (1947), Elizabeth quitte la maison de Mrs Elvera French, une femme qui l'a recueillie chez elle, à San Diego, l'espace d'un mois. Mrs French la voit partir à bord d'une voiture conduite par un homme aux cheveux roux. Destination supposée : Los Angeles.

– Le 9 janvier au soir, une danseuse aperçoit Elizabeth assise seule au comptoir d'un bar de lesbiennes, le Gay Way, sur South Main Street. Un peu plus tard, ou le soir suivant, quelqu'un d'autre la reconnaît dans le hall du Chancellor Apartments en train d'embrasser un homme « habillé comme un employé de station-service. »

– Le 10 janvier, vers vingt-deux heures, le barman du Four Star Grill, sur Hollywood Boulevard, voit

Elizabeth en compagnie de deux femmes « de réputation douteuse ». Son témoignage est ainsi consigné dans le *Los Angeles Examiner* : « Quand elle est arrivée la nuit dernière, elle avait l'air mal en point. On aurait dit qu'elle avait dormi dans ses vêtements. Sa robe noire était tachée et froissée. Je la connaissais bien et elle portait toujours des bas nylons impeccables. Mais là, elle n'avait pas de bas. Ses cheveux n'étaient pas coiffés et son rouge à lèvres avait été appliqué à la hâte. Son maquillage était desséché. Elle qui était toujours gaie et optimiste donnait l'impression d'un chien battu. »

– Le 11 janvier, en fin d'après-midi, Mr C.G. Williams, barman au Dugout, au 634 South Main Street, la voit se disputer avec un marin et une jeune femme blonde. Un chauffeur de taxi raconte que le Dahlia Noir et une « grande blonde » ont pris son taxi un peu plus tard.

– Le 12 janvier, au matin, le propriétaire d'un hôtel au 300 East Washington Boulevard affirme avoir loué une chambre à un couple. La femme ressemble à Elizabeth Short et il ne devait plus jamais la revoir. Le client s'absente quelques jours pour revenir le 15 janvier (jour de la découverte du corps) et lorsque le propriétaire lui fait la remarque suivante : « On pensait que vous étiez mort », l'homme prend peur et quitte l'hôtel. Le même jour, en soirée, on l'aperçoit à nouveau au Gay Way, puis dans un autre bar, au 6818 Hollywood Boulevard, en compagnie de deux jeunes femmes blondes.

– Le 13 janvier, le même chauffeur de taxi aperçoit à nouveau Elizabeth Short et la « grande blonde » dans une Ford de 1937, au coin de Hollywood Boulevard et de Highland Avenue. Il leur parle brièvement, mais la blonde semble furieuse que le Dahlia Noir discute avec lui.

– Le 14 janvier, vers dix heures du matin, Jack Fleming, un épicier, la voit passer plusieurs coups de fil, tandis qu'un homme semble l'épier en tentant de se cacher. Fleming pense que l'inconnu a les cheveux roux. Vers dix-huit heures, plusieurs serveuses du Pacific Highway, à San Diego, reconnaissent Elizabeth Short. Elle se trouve accompagnée d'un rouquin d'un mètre quatre-vingt environ.

Cet homme aux cheveux roux commence à prendre de l'importance, et cela d'autant plus qu'un coiffeur et ami du Dahlia Noir, Alex Constance, ajoute une note sinistre au mystérieux personnage. Elizabeth lui confie qu'elle a peur de cet homme et qu'elle n'accepte de sortir avec lui que parce qu'elle craint de lui dire non. Le 20 janvier 1947, le mystérieux rouquin est finalement identifié en la personne de Robert « Red » Manley, un ex-saxophoniste de l'armée de l'Air qui demeure au 8010 Mountain View Avenue, South Gate. Agé de vingt-cinq ans, Manley a passé quelque temps dans un hôpital psychiatrique militaire, avant de retourner à la vie civile. Marié à une jeune femme de vingt-deux ans, son union bat de l'aile depuis quelque temps.

Encore une fois, ce sont les reporters de l'*Examiner* qui trouvent Red avant la police, par l'entremise de Tom Devlin et du photographe George O'Day. « Devlin a découvert le motel où le rouquin a passé une nuit en compagnie d'Elizabeth en décembre 1946, » raconte

Will Fowler. « Il a même signé le registre de son vrai nom et de celui d'Elizabeth Short au lieu de l'habituel Mr & Mme Smith. En plus, il y a fait figurer son adresse à Huntington Park. »

Pendant ce temps, le rédacteur en chef Jim Richardson reçoit un appel anonyme qui l'informe que le Dahlia Noir possède plusieurs albums souvenirs remplis de photos d'elle et de ses amis. La même source ajoute que ces objets sont dans une malle qui a été égarée lors de son envoi à Los Angeles.

« "Trouvez cette malle", ordonna Richardson à deux reporters.

« Nous avons fouillé toutes les gares ferroviaires et routières, les dépôts de fret et les consignes de Los Angeles et de ses environs. Et je peux vous dire que ce n'est pas rien, » explique Will Fowler dans ses mémoires. « C'est Baker Conrad qui met la main sur le bagage, au bureau de la Greyhound Express du sud de Los Angeles. À partir de cet instant, le Dahlia Noir devient l'affaire criminelle la plus importante de l'histoire des faits divers. Et tout cela grâce à l'*Examiner*.

« Le jour même où le canard publie l'info, Richardson passe un coup de fil à Donahoe. « On vous donne libre accès à la malle, mais en échange, je veux l'exclusivité totale. » Que peut répondre Donahoe ? Il est coincé, sinon il aurait été obligé de lire notre journal pour se tenir au courant des derniers développements de l'affaire.

« La fameuse malle est en fait une valise et plusieurs sacs. Il y a des dizaines de photos d'Elizabeth Short en compagnie d'admirateurs, dans des décors plus ou moins romantiques. Des copies de ces clichés sont distribuées à nos équipes pour qu'elles tentent de trouver un motel où le Dahlia aurait pu loger ces derniers temps.

« Baker Conrad se souvient avoir vu un télégramme parmi les affaires d'Elizabeth. Il fouille à nouveau les sacs pour mettre la main dessus. L'adresse de Huntington Park indique 8010 Mountain View Avenue. Jim Richardson m'y envoie, mais sans photographe. Nous sommes le 18 janvier 1947 au matin.

« Une superbe rouquine m'ouvre la porte et je lui présente une plaque du Los Angeles County Sheriff, sans lui dire que je ne suis pas un représentant de l'ordre. Harriet est l'épouse de Robert "Red" Manley, elle est nerveuse mais coopérative. Elle me dit que son mari lui a téléphoné de San Francisco, après avoir vu son nom dans les journaux, et qu'il doit être recherché. Red lui affirme être en compagnie de J.W. Palmer, un associé en affaires, pour vendre du matériel de tuyauterie. Il doit retourner au domicile de Palmer à Eagle Rock, la nuit suivante, pour récupérer sa voiture.

« Pendant que nous discutons, le téléphone sonne. C'est Red, et Harriet place sa main sur le combiné pour me demander si je souhaite lui parler.

« Il vaut mieux ne rien lui dire de ma visite, répondis-je.

« Harriet reste maîtresse de ses nerfs, mais je sens qu'elle a envie de le prévenir de ma présence. Lorsqu'elle raccroche, je lui demande si elle possède des photos de Robert. Elle me montre plusieurs clichés. Ce sont d'exquis portraits d'Harriet, de Robert et de leur fils âgé d'un an. Elle est mariée depuis quinze mois à peine. Je prends les photos en lui recommandant de ne parler à personne, surtout si des journalistes viennent sonner à sa porte.

« Le lendemain matin, Ferde Olmo et moi, nous sommes assis sur la banquette arrière d'un véhicule de patrouille des sergents J.W. Wass et Sam Flowers. On est garés devant la maison de Palmer, à Eagle Rock, à attendre qu'il rentre chez lui en compagnie de son associé Manley.

« Lorsque Manley sort du véhicule, les inspecteurs se précipitent sur lui l'arme au poing. Manley lève les mains en l'air et Olmo le mitraille avec son appareil photo. Manley déclare : « Je sais pourquoi vous êtes là, mais ce n'est pas moi. » Vêtu d'un lourd manteau gris et d'un chapeau à larges rebords, il tremble comme une feuille.

« Pendant qu'Olmo photographie Manley en train de se faire passer les menottes par le sergent Flowers, Wass suit Palmer qui entre chez lui. Je suis surpris que Flowers m'autorise à questionner Manley, avant même qu'il ne soit interrogé au QG. Je ne prends pas de notes. Un reporter expérimenté ne le fait jamais dans ces circonstances, sinon les suspects ont tendance à rester muets dès qu'ils voient quelqu'un écrire dans un carnet. »

Après avoir d'abord nié connaître Elizabeth, Red Manley change son récit : il a effectivement embarqué la jeune femme à San Diego, le 8 janvier 1947, et il a passé la nuit avec elle, mais sans qu'il ne se soit passé quoi que ce soit entre eux, selon ses dires. Il a dormi sur un fauteuil et Elizabeth dans le lit. Il l'a ensuite déposée au Biltmore Hotel de Los Angeles, pour ne plus jamais la revoir. Le personnel de l'établissement confirme la présence du Dahlia Noir dans le hall d'entrée, où elle est restée de nombreuses heures à attendre. On l'aperçoit en train de téléphoner à de nombreuses reprises.

Interrogé à plusieurs reprises, Robert Manley est finalement relâché par la police, après avoir subi un test au détecteur de mensonges. Mais, d'après Ray Pinker, un spécialiste de ce genre d'appareil, le test ne peut pas être jugé à sa juste valeur, car le suspect s'est souvent endormi. Environ sept ans plus tard, Manley est enfermé dans un asile psychiatrique, à la demande de son épouse. D'après elle, il entend des bruits, écrit des lettres étranges et il souffre d'un sentiment de culpabilité. Le diagnostic est sans appel : paranoïde schizophrène. En 1954, la police l'interroge à nouveau, avant d'abandonner encore une fois cette piste.

« D'autres pistes nous mènent vers un guichetier de la Railway Express Agency, un certain William E. Sullivan, » raconte Will Fowler. « Il identifie Elizabeth d'après un cliché que lui montre Baker Conrad. Le 14 janvier 1947, un jour avant la découverte de son cadavre, elle s'est renseignée auprès de lui, dans le but de faire envoyer ses bagages à Ketchikan, dans l'Alaska. Sullivan a aussi aperçu un homme aux cheveux noirs qui l'attend avec impatience, mais il est incapable de l'identifier.

« Dans la seule édition du 19 janvier 1947, nous avons illustré les différents articles avec six photos exclusives du Dahlia, y compris un cliché de moi, en compagnie de sa mère Phoebe Short, qui remercie le journal d'avoir pu identifier aussi rapidement sa fille lorsque je l'accueille à l'aéroport de Mines Field, à Los Angeles. Parmi les papiers retrouvés dans les différents sacs d'Elizabeth Short, il y a une pile de lettres attachées avec du ruban rouge que Marjorie Reynolds, l'une de nos reporters, a été chargée d'éplucher pour choisir des extraits destinés à faire pleurer dans les chaumières. Les plus poignantes sont celles qu'Elizabeth adresse à un certain lieutenant Gordon Fickling. Elles sont prêtes à l'envoi, mais Elizabeth ne les a jamais postées. En voici des extraits :

« Ta dévotion est mon bien le plus précieux... combien de lèvres se sont posées sur les tiennes depuis que nous nous sommes rencontrés ? Parfois, cela me rend folle rien que d'y penser. »

« Mais dans une autre lettre datée du 13 décembre, après que la passion de Fickling s'est quelque peu refroidie :

« J'espère que tu trouveras une jeune femme à embrasser pour le Réveillon. Cela aurait été merveilleux que nous appartenions l'un à l'autre. Je ne pourrai jamais regretter d'être venue sur la Côte Ouest pour te rencontrer. Tu ne m'as jamais serrée entre tes bras pour m'y garder pour toujours. Mais c'était bien tant que cela a duré. »

« Une semaine plus tôt, Fickling lui écrit :

« Comme je me tue à te le répéter, tu seras beaucoup plus heureuse, si tu m'oublies une bonne fois pour toutes. »

« Elizabeth lui répond, mais, encore une fois, la fierté — ou l'inanité de ses efforts ? — l'empêche de poster sa lettre :

« Si tout le monde attendait que tout soit parfait pour se marier, il n'y aurait pas beaucoup de mariages. »

« Le 3 janvier 1947, cinq jours avant le départ d'Elizabeth de San Diego, un certain lieutenant Stephen Wolak l'envoie balader :

« Lorsque tu parles mariage dans ta lettre, Beth, je me pose des questions. Les gens confondent parfois le fait d'avoir le béguin pour quelqu'un avec un amour véritable. Je sais de quoi je parle, car mes amours les plus ardents se sont parfois très vite refroidis. »

« Le ton de ces courriers montre qu'Elizabeth a été souvent profondément blessée, dans sa quête désespérée d'un homme, d'une personne qui pourrait l'aimer, » explique Fowler. « Je crois que tous ces rejets interviennent après qu'elle a couché avec ses amants, et qu'ils découvrent qu'ils ne peuvent pas avoir de véritables relations sexuelles avec elle… à cause, peut-être, de son vagin trop étroit. »

Le 21 janvier 1947, six jours après la découverte du corps, James H. Richardson, rédacteur en chef du *Los Angeles Examiner*, reçoit un étrange coup de fil. Il décrit la voix comme étant douce et suave. Le correspondant inconnu se met à décrire de manière très détaillée les atrocités commises sur le Dahlia Noir, dont la plupart n'ont pas été révélées par la police. La voix poursuit : « Je l'ai tuée. Je vais me rendre, mais je veux voir les flics me poursuivre encore un peu. Vous pouvez vous attendre à recevoir des souvenirs de Beth par le courrier. »

Trois jours plus tard, une enveloppe non scellée contenant un reçu au nom de Beth Short, sa carte de sécurité sociale, six photos, une lettre, une coupure de journal, un peigne et un carnet d'adresses dont une (ou plusieurs ?) page(s) ont été arrachée(s) est transmise aux policiers. L'enveloppe dégage une forte odeur d'essence. Sur cette enveloppe, des lettres découpées forment le message suivant :

« Los Angeles Examiner et autres journaux de Los Angeles
Voici ! les possessions du Dahlia
Une lettre va suivre »
(« Los Angeles Examiner and other Los Angeles Papers
Here ! is Dahlia's Belongings
Letter to Follow »)

Ce courrier, qui contient des objets ayant réellement appartenus au Dahlia Noir, est l'unique correspondance que l'on peut attribuer à 100 % à l'assassin. Il ne contient pas le moindre écrit de la main du criminel. Lorsqu'il indique qu'« une lettre va suivre », il y a effectivement des dizaines de telles missives qui arrivent aux rédactions des quotidiens et de la police de Los Angeles, mais rien, absolument rien, ne prouve que l'une d'elles — ou plusieurs d'entre elles — soient l'œuvre du tueur. Lorsque des auteurs, je pense notamment à Steve Hodel, effectuent des comparaisons d'écritures entre « leur » suspect et ces divers courriers manuscrits auprès d'experts graphologues, ils commettent une erreur qui sape totalement la crédibilité de leurs recherches. Je le répète, car c'est très important, le seul message confirmé du meurtrier de Beth Short est cette enveloppe, sans la moindre trace d'écriture. On retrouve, encore une fois, un parallèle saisissant avec les crimes de Jack l'Éventreur où Patricia Cornwell « prouve » que l'écriture de plusieurs courriers de l'assassin de Whitechapel ressemble à s'y méprendre à la signature du peintre Walter Sickert. Là aussi, ces missives n'ont jamais été certifiées comme émanant de Jack the Ripper. Les archives britanniques contiennent des centaines de ces courriers fantaisistes.

Le 27 janvier 1947, un journal de Los Angeles réceptionne une autre missive annonçant : « Ca y est. Je me rends le 29 janvier, à 10h du matin. Me suis bien amusé avec la police. Le Vengeur du Dahlia noir. »

Le jour promis s'écoule, sans que quiconque ne se rende. Puis, on apporte une enveloppe adressée au capitaine Donahoe. Le message indique : « Ai changé d'avis. Vous ne m'auriez pas laissé ma chance. Le meurtre du Dahlia était justifié. »

Le mystérieux correspondant ne donne plus aucun signe de vie et, avec lui, s'évanouissent les seules pistes sérieuses que la police ait jamais pu avoir. Dans les quatre mois qui suivent l'assassinat du Dahlia Noir, six autres femmes sont tuées de manière plus ou moins atroces en Californie, que ce soit à Los Angeles ou dans la région de Fresno. Pendant quelque temps, les journaux affirment qu'un tueur en série est à l'œuvre, mais aucune similitude notable n'est trouvée entre ces divers crimes, dont certains sont élucidés. L'un des meurtriers, Donald Graeff grave ses initiales, D.G., sur les cuisses d'une ses victimes. Le sergent Harry Hansen continue à s'occuper de l'affaire jusqu'à ce qu'il prenne sa retraite, en 1971. Pour lui, « l'assassin n'est pas quelqu'un que la police a interrogé au cours de l'enquête. Nous avons considéré la possibilité que le meurtrier vienne se confesser, avant qu'il ne réponde de travers à une de nos questions clés. Jamais, nous n'avons sous-estimé ce type. » Son supérieur, le capitaine

Donahoe penche plutôt pour l'hypothèse d'une lesbienne comme assassin.

En 1982, le fils d'un détective de Los Angeles proclame que l'assassin de Beth Short vit encore et qu'il possède un bar à Reno, dans le Nevada. Malheureusement, son livre annoncé sur le sujet ne paraît jamais, tandis que le supposé suspect reste anonyme à ce jour.

Dans la série « C'est Papa qui l'a fait », je croyais que Steve Hodel avec *L'affaire du Dahlia Noir* (*Black Dahlia Avenger* et *Black Dahlia Avenger II*) et Janice Knowlton (co-écrit avec Michael Newton) avec *Daddy Was the Black Dahlia Killer* avaient épuisé le marché. Et bien non, je me trompais. Dennis Kaufman, un habitant de Sacramento, accuse en 1999 son beau-père (une variante), Jack Tarrance, d'être non seulement l'assassin de Beth Short, mais aussi de la série criminelle attribuée au « Zodiac Killer » de San Francisco. La preuve ? Une comparaison graphologique par l'expert Nanette Barto entre les supposés courriers du Zodiaque et ceux envoyés par le meurtrier du Dahlia Noir. Un livre et un film sont annoncés dans la foulée, mais, à priori, ils n'ont jamais vu le jour. Face à cette hypothèse, Steve Hodel accuse à nouveau en 2010 son propre père, George Hodel, d'être également le serial killer qui a commis les crimes du Zodiaque, ainsi que presque tous les autres crimes en série non résolus sur le territoire américain dans *Most Evil : Avenger, Zodiac, and the Further Serial Murders of Dr. George Hill Hodel*. Mais, nouveau rebondissement en 2014, avec Gary Stewart qui accuse lui aussi son père biologique, Earl Van Best Jr., d'être le tueur du Zodiaque dans *The Most Dangerous Animal of All : Searching for My Father... and Finding the Zodiac Killer* !

« Pourquoi l'affaire du Dahlia Noir fascine-t-elle toujours autant les foules ? » écrit le reporter Will Fowler. « Tout simplement parce qu'elle demeure un mystère. À cause de cette fascination, elle est devenue le meurtre non résolu le plus emblématique du XXème siècle.

« L'assassinat d'Elizabeth Short sera peut-être résolu un jour, mais je ne le souhaite sincèrement pas. Il est comme un cadeau qu'on n'ouvre jamais. Et ce présent reste toujours merveilleux, tant qu'il n'est pas défait. Le meurtre du Dahlia Noir demeure à jamais « un rébus enveloppé dans un mystère à l'intérieur d'une énigme ». »

CHAPITRE

ELIZABETH SHORT, UNE BIOGRAPHIE

IV

Née le 29 juillet 1924, à Hyde Park, dans le Massachusetts, Elizabeth Short grandit dans la banlieue de Boston, à Medford, où sa famille déménage peu de temps après sa naissance. Son père, Cleo Short, gagne beaucoup d'argent en dessinant et en construisant des terrains de golf. À cette époque, la mère, Phoebe, s'occupe uniquement de l'éducation des cinq filles et les Short vivent de manière bourgeoise dans une belle maison avec jardin. Mais, en 1929, la Dépression frappe les Short de plein fouet. L'entreprise de Cleo fait faillite et il quitte sa femme et ses cinq enfants, les laissant sans la moindre ressource. Il feint même le suicide et abandonne son véhicule près d'un pont, si bien que les autorités vont longtemps croire qu'il s'est jeté dans les flots en contrebas.

Phoebe doit gérer les dettes et le déménagement vers des appartements de plus en plus exigus. Elle doit survivre grâce à la soupe populaire et aux organismes de charité, tout en parvenant à obtenir de petits emplois temporaires de vendeuse en boulangerie ou d'aide-comptable. Quelques années plus tard, elle reçoit une lettre de son « défunt » époux qui refait surface en Californie et qui lui demande de le pardonner : il souhaite revenir s'installer auprès de sa famille. Mais Phoebe refuse.

Pendant ce temps, Beth (qui est connue sous le nom de Betty par ses amis et sa famille) devient une belle adolescente qui paraît beaucoup plus sophistiquée qu'elle ne l'est en réalité. Elle voue une véritable passion au cinéma, et donc à Hollywood, ce qui lui permet d'échapper à son existence provinciale. De graves problèmes d'asthme l'obligent à partir à la recherche du soleil et d'un climat plus clément que le Massachusetts. Elle obtient des petits boulots de serveuse et d'ouvreuse dans des salles de cinéma en Floride.

Quand son père refait surface, Beth lui écrit et, en retour, il lui envoie de l'argent pour qu'elle vienne le rejoindre à Vallejo, en Californie. La Seconde Guerre mondiale a éclaté, Vallejo est une petite ville provinciale, très éloignée du rêve hollywoodien d'Elizabeth. Cleo Short travaille à la base navale de Mare Island et, s'il a fait venir sa fille, c'est pour qu'elle s'occupe des tâches ménagères. Très vite, le malentendu entraîne des disputes et Cleo demande à Beth de quitter les lieux. Il lui reproche sa fainéantise et le temps qu'elle passe à rencontrer des militaires en permission. Dorénavant, Elizabeth Short doit s'assumer seule et elle refuse d'admettre la défaite en retournant à Medford. Elle écrit des lettres pleines d'un optimisme feint à sa famille où elle fait état de ses « progrès » à Hollywood et des cours d'actrice qu'elle y suit.

Peu après, Beth trouve un emploi de caissière à la poste de la base militaire de Camp Cooke. Son physique lui permet de remporter un concours de beauté, celui de Miss Camp Cutie of Camp Cooke, qui lui vaut un article élogieux dans la feuille de chou locale. Elle flirte en permanence avec de nombreux soldats, mais, apparemment, elle refuse de céder à leurs avances. Ses lettres dépeignent une jeune femme anxieuse de trouver l'homme idéal et de succomber à un amour romantique. Bientôt, elle ne supporte plus l'ambiance de la base qu'elle quitte, pour s'installer avec une amie près de Santa Barbara.

Au même moment, elle fréquente de nombreux bars et, un soir, l'ambiance dégénère quelque peu, au point que les propriétaires téléphonent à la police. Elizabeth, mineure (la majorité est encore à vingt-et-un ans), est embarquée au commissariat parce qu'elle a consommé de l'alcool — ou est supposée en avoir consommé. Une fiche d'identité judiciaire est établie, ses empreintes digitales sont prélevées et envoyées à la base de données centrale du F.B.I., à Washington. Une policière du commissariat de Santa Barbara la prend en pitié et lui donne quelques dollars pour prendre le bus et rentrer chez elle, dans le Massachusetts. Mais l'attrait d'Hollywood est trop fort.

Dans un bar, Beth fait la connaissance d'un pilote, le lieutenant Gordon Fickling, dont elle tombe amoureuse. Malheureusement, là où la jeune femme est en quête du grand amour, le lieutenant ne voit qu'une passade temporaire. Leur brève liaison est interrompue lorsque Fickling s'embarque pour l'Europe et le front.

Elle tente en vain de forcer la porte des studios hollywoodiens et doit se contenter de quelques piges de mannequin. Découragée, elle retourne sur la Côte Est, à Medford, avant de partir à Miami. Beth y croise la route de nombreux soldats permissionnaires, puis découvre son homme idéal en la personne d'un autre pilote, le major Matt Gordon, dont elle fait la connaissance le soir du Nouvel An 1945. Ils se fiancent et des engagements mutuels sont apparemment prononcés, avant qu'il ne reçoive son ordre de mission pour l'Inde.

Beth lui écrit presque tous les jours et le major répond dès que ses missions le lui permettent. En cadeau de fiançailles, Matt Gordon lui offre un bracelet-montre en or serti de diamants et il parle d'elle à sa famille et à ses amis. Il respecte aussi la décision de Beth de ne pas avoir de relations sexuelles avant leur nuit de noces. Un mariage est prévu dès son retour aux États-Unis. Si Elizabeth Short possède réellement un vagin à un stade de développement infantile, on peut se demander comment elle aurait pu surmonter ce problème d'une union physique ? Et l'on comprend mieux pourquoi elle se refuse à tous ses autres admirateurs. Beth retourne un moment dans le Massachusetts, où elle trouve un emploi, toute excitée à l'idée de son prochain mariage en octobre 1946. Tous ses proches la jugent épanouie et radieuse. Même si ses rêves hollywoodiens semblent s'être évaporés, elle a enfin croisé la route du grand amour.

Jusqu'à l'arrivée d'un télégramme envoyée par la mère de Matt Gordon.

Le texte en est succinct et terrible dans sa finalité : « Reçu notification du Ministère des armées. Matt mort dans un accident d'avion en Inde. Nos pensées les plus profondes vont à vous. Priez pour que ce ne soit pas vrai. »

Malheureusement, la nouvelle est exacte. Beth est complètement déstabilisée et elle se raccroche à ses amis et liaisons éphémères de Los Angeles, à qui elle raconte la tragédie. Quelque peu mythomane, elle déclare avoir été mariée à Matt Gordon et avoir perdu un bébé à la naissance. Elle ne pense pas à mal en agissant ainsi, car elle est désespérément en quête d'affection. Beth reprend contact avec son ancien admirateur Gordon Fickling, qui est lui aussi un pilote. Ils échangent des courriers, avant de se voir quelques jours à Chicago. Elle accepte, toute excitée, son invitation de venir le rejoindre à Long Beach. Retour à la case Californie.

Son excitation laisse vite place à la déception. L'hôtel où elle réside se situe à des kilomètres de la base militaire de Fickling qui, en plus, veut absolument coucher avec elle. Beth refuse, comme elle le déclare à une amie. Le sexe vient après le mariage. Leur relation commence à battre de l'aile et elle accepte de sortir avec d'autres hommes. Dès que Fickling l'apprend, il met un terme à leurs rencontres.

En décembre 1946, Beth est hébergée pendant un mois dans la maison de San Diego de Dorothy French et de sa mère. Caissière à l'Aztec Theater, qui passe des films vingt-quatre heures sur vingt-quatre, elle découvre un soir Beth endormie dans un fauteuil. Dorothy la prend en pitié lorsque celle-ci lui raconte ses malheurs. Ce séjour, qui devait durer quelques jours, se prolonge l'espace de quatre semaines, où Beth campe sur le divan du salon des French.

Comme à son habitude, Elizabeth Short ne contribue en rien aux tâches ménagères des French qui s'irritent du grand nombre d'admirateurs qui viennent sonner à leur porte. Lorsque Beth quitte le domicile des French, c'est Red Manley qui vient la chercher et qui la dépose au Biltmore Hotel à Los Angeles, où elle est supposée rencontrer sa sœur.

À l'exception de son assassin, plus personne ne la reverra jamais de son vivant...

SOMEONE KNOWS
WHO KILLED HER!
Mirror Offers Rewards--$100,000
(DETAILS, PAGE 3)

CHAPITRE

COMMENT J'AI PISTÉ L'ASSASSIN DU DAHLIA NOIR

V

Comme nous l'avons constaté, l'assassin du Dahlia Noir dépose le corps sur un terrain vague aux herbes folles, mais il le fait tout près du bord du trottoir de South Norton Avenue, une artère très passante, le matin, en semaine, avec les enfants qui se rendent à l'école à pied ou en vélo, ainsi que les propriétaires de chiens qui s'y promènent. Le criminel veut absolument qu'Elizabeth Short soit trouvée le plus vite possible. Les traces d'herbe prélevées sur la partie supérieure du torse proviennent du terrain vague et indiquent que le meurtrier a d'abord déposé sa victime face contre terre, avant de changer d'avis. Pourquoi ? Il souhaite choquer ceux qui vont la découvrir. Il ne cherche pas à la cacher et désire l'offrir à la vue de tous, dans une position la plus dégradante possible, les jambes écartées et le sexe mutilé. Cette position ritualisée est sa façon de dire « Je suis vivant, je suis tout-puissant, et elle est morte ». Elizabeth Short n'est plus qu'un objet, qu'il a complètement chosifié. Il a cette volonté de l'humilier par-delà la mort. Et il prend un risque important en agissant en plein jour, probablement entre sept et neuf heures du matin, pour garer son véhicule près de ce terrain vague. Il m'a paru intéressant de confronter mes conclusions à celles de l'ancien directeur de l'unité des sciences du comportement du F.B.I. à Quantico, le profiler John Douglas qui évoque le cas dans *Affaires non classées* (*The Cases that Haunt Us*, 2000) paru en 2006 aux Éditions du Rocher et qui est co-écrit par Mark Olshaker : « Les éléments sadiques, la dégradation et l'humiliation infligées à la victime et le choix du lieu pour se débarrasser du corps sont autant d'aspects qui indiquent que ce tueur voulait faire passer un message avec son crime. Il ne s'agissait pas de cette femme en particulier ; sa rage était dirigée contre toutes les femmes. Et en choisissant le terrain vague pour y déposer le corps, il manifestait en outre sa colère contre l'humanité. » Rappelons que John Douglas a été conseiller technique pour le film *Le silence des agneaux*, et qu'il sert de modèle au personnage de Jack Crawford, interprété par Scott Glenn, le supérieur direct de Jodie Foster/Clarice Starling.

Les mutilations et les découpes ne sont pas utilitaires, elles sont là pour satisfaire les pulsions sadiques et perverses du meurtrier puisqu'Elizabeth Short a été longuement frappée au visage et torturée. Son hideux sourire causé par les lacérations autour de la bouche ont été sculptées de son vivant. La bissection n'est pas là pour faciliter le transport du cadavre puisqu'elle ne pèse que cinquante-deux kilos ; à moins d'être en présence d'une meurtrière, ce qui paraît improbable, voire même impossible, en regard des mutilations sexuelles et des actes de tortures, le tueur a commis un acte de sodomie post-mortem, sans que l'on retrouve du sperme. Peut-être l'a t-il violée avec un objet ? Il a aussi enfoncé une touffe des poils pubiens d'Elizabeth dans son anus, tandis qu'un morceau découpé de la peau est découvert dans le vagin. Encore une fois, l'assassin montre la colère froide qu'il manifeste vis-à-vis de la victime. Il a forcé celle-ci à avaler ses propres matières fécales. Pour le profiler John Douglas, « avec n'importe quel autre type de criminel, nous n'aurions pas ce niveau de dégradation et de telles mutilations. C'est le fait d'un individu qui nourrit en permanence des fantasmes de tortures, qui cherche une proie à dominer ou punir, et qui sait très précisément ce qu'il veut infliger à sa victime quand elle sera à sa merci. »

Ce meurtre et son déroulement démontrent que l'auteur n'a pas agi de manière spontanée, sous l'emprise de la colère. Il a maîtrisé les événements du début jusqu'à la fin. Des pulsions sadiques, la volonté de faire souffrir et d'en jouir littéralement, d'humilier et de dégrader un être humain, des actes de paraphilie hors normes, comme la scatophilie et la nécrophilie, le fait de drainer tout le sang du corps et de le nettoyer à l'eau, la ritualisation de la scène de crime sont la preuve que le meurtrier a longtemps nourri de tels fantasmes, ce n'est pas l'apanage d'un homme jeune qui va agir de façon plus explosive, sans pouvoir garder le contrôle. Ici, nous sommes face à quelqu'un de mature qui réfléchit à ses moindres faits et gestes. Je situe son âge dans une fourchette comprise entre trente-cinq et cinquante ans.

Au vu de la cristallisation de tous ces fantasmes réunis en une seule et même personne, il me semble évident que nous ne sommes pas en présence d'un premier passage à l'acte, tout est trop contrôlé, maîtrisé, il n'y a nulle trace d'une quelconque improvisation. L'assassin est dans la provocation avec le positionnement grotesque du corps et l'envoi d'un ou de plusieurs courriers aux enquêteurs et aux médias, avec des objets ayant appartenus à Elizabeth Short pour le paquet. Il nous dit en filigrane, « Je suis le plus fort, vous ne m'attraperez jamais. » Mais cela entraîne aussi chez notre homme une certaine forme de frustration, car l'œuvre de sa vie, ce « crime parfait » (à ses yeux), il est le seul à le connaître. Il aimerait montrer au monde entier sa toute-puissance mais, s'il le fait, il sera capturé. Sa mégalomanie et son narcissisme le pousseront, un jour peut-être, à se confier à quelqu'un, de manière plus ou moins détournée. Pour ne pas mourir comme un minable, inconnu de tous, et laisser une trace dans l'histoire...

Aux yeux du profiler du F.B.I. John Douglas, « si le fait de laver le corps et de le couper en deux paraît relever du mode opératoire — c'est-à-dire que ces actes ont été accomplis par le tueur dans le but de se faciliter la tâche et d'éviter d'être pris —, les tortures et les lacérations dessinant un sourire sur le visage sont des éléments de la signature — donc des aspects nécessaires à la satisfaction du criminel. »

S'il ne s'agit pas d'un premier crime et qu'il est né au tout début du XXème siècle, voire vers 1910, où devons-nous le débusquer dans l'histoire criminelle américaine ? S'il est né en 1900, la période se situe entre 1920, au plus tôt, et 1947, année de l'assassinat du Dahlia Noir. À l'opposé des clichés véhiculés par la fiction, le serial killer est quelqu'un qui évolue au fur et à mesure de sa série criminelle, tel l'ébéniste qui fabrique son premier meuble et qui est d'abord maladroit, avant d'acquérir une plus grande sophistication et une plus grande habileté. Il change son mode opératoire parce qu'il veut goûter à de nouveaux plaisirs, expérimenter. Certains récidivistes ont une manière d'agir identique, d'autres une signature criminelle qui varie, parfois, au fil du temps. Mais pour ceux qui ont un rituel, il y a presque toujours un tronc commun, qu'il nous faut mettre à jour. Aux États-Unis, les tueurs en série sont plutôt nomades, il ne faut donc pas se focaliser uniquement sur des crimes perpétrés à Los Angeles ou dans la région. Il est évident que l'assassin du Dahlia Noir ne s'est pas fait arrêter pour ses forfaits précédents, même s'il a pu être questionné par les enquêteurs ou apparaître dans des dossiers. En conséquence, je dois me concentrer sur des « cold cases », commis entre 1920 et 1947, voire même au-delà de cette date, car il n'a peut-être pas stoppé sa carrière criminelle avec l'assassinat d'Elizabeth Short.

Pour l'ex-agent du F.B.I. John Douglas, aucun doute n'est possible, le criminel « a été capable de fantasmer

QUATRE EXEMPLES DES MILLIERS DE TABLEAUX DRESSÉS PAR STÉPHANE BOURGOIN

DATE	SEXE	M.O.	RITUEL	LIEU	PROFIL
LUNDI 23 SEPTEMBRE 1935	H	Décapitation entre entre 2e et 3e vertèbre	Décapité / Emasculé / Tête et sexe présents / Pas de sang / Bras et pieds alignés / Corps lavé / Traces de liens / Tête enterrée	Tué ailleurs Terrain vague	
" "	H Edward Andrassy, 28	Décapitation	Décapité / Emasculé / Tête et sexe présents / Nu / Pas de sang / Bras et pieds alignés le long du corps / Vêtements présents / Corps lavé / Utilisation d'un produit chimique sur le corps / Tête enterrée	Tué ailleurs Terrain vague	Alcoolo / Bi sexuel / Joueur / infirmier pendant 4 ans / Escroc / Proxénète Fréquente les bas-fonds
22 juillet 1935 (découverte) Tué vers 22 mai 1935	H 40 ans N° 5	Décapité entre 3e et 4e vertèbre	Tête à 3 m du corps / Sur le ventre / Vêtements à côté du corps /	Tué sur place Terrain vague près des rails	~~Terrain vague près rails~~ SDF
Mercredi 3 ou Jeudi 4 Juin 1935	H	Décapité vivant entre 1ère et 2e vertèbres	Décapité / Corps nu à 400 mètres devant bureau police du rail / Tête enveloppée ds pantalon / Chaussures attachées par les lacets / Pas de sang / Corps lavé	Terrain vague et rails / Tué ailleurs	~~Terrain vague et voie chemin de fer~~ SDF

DATE	SEXE	M.O.	RITUEL	LIEU	PROFIL
Jeudi 10 sept 1936 (journaux ensanglantés du 8 septembre)	H (22-28 ans) N° 6	Décapitation entre 3e et 4e vertèbre	Tronc décapité sans les bras / bas du tronc sans jambes / 2 vêtements en sang à 60 m. de distance / Emasculé	E. 37th St. pont (eau)	
25 janvier Jeudi 1936	F (Florence Polillo, 41 a) alias Flo Gallagher Clara Dunn Flo Davis N° 3	Décapitation entre 4e et 5e vertèbres	Bras coupé / 2 cuisses / bas du torse enveloppés ds papier journal du 11/08/35 et 25/01/36 / Torse supérieur, jambes, bras gauche à qqes centaines de mètres / Tête jamais retrouvée / coupure sur le pubis	Allée derrière une usine et près d'un boucher, dans un panier avec cendres et plumes	Prostituée / Alcoolo / Fréquente les bas-fonds
23 février 37 (découverte) tuée un ou 2 jours avant	F (25 ans ≃) N° 7	Décapitation 7e vertèbre Post-mortem	Décapitée / Torse supérieur sans bras / Torse inférieur 2 mois + tard ds Cuyahoga River	Euclid Beach (Rivage)	
Dimanche 6 juin 37 (disparue 21 août 36)	Rose Wallace F Noire 40 ans ≃		Crâne / Ossements ds sac avec une page du "Cleveland Plain Dealer" du 5 juin 36 / A 7 m, ses vêtements et cheveux / Pas de bras ni jambes /	Terrain vague	Prostituée / Alcoolo / Fréquente les mêmes bars que Flo Polillo / Habite près de Polillo / Sans cadavres similaires à Polillo /

Date	Sexe	M.O.	RITUEL	LIEU	PROFIL
Mardi 6 juillet 37 (tué le samedi 3 ou dimanche 4 juillet)	H N° 9 (35/40 ans ≃)	Décapitation	Torse inférieur / 2 morceaux jambe gauche coupée à la jointure du genou / Sac avec nourriture de poulet avec partie supérieure du torse enveloppé dans papier journal / Avant-bras / bras droit (10 juillet) / jambe droite (14 juillet), Tête non retrouvée Découpe hasardeuse EVIDÉ / Cœur retiré Un bas de femme retrouvé ds le sac	W. Third St. Bridge (eau) Cuyahoga River	
8 avril 38 (Tuée 3 à 5 jours avant) 2 mai 38	F (25/35 ans ≃) N° 10	Décapitation	Jambe gauche inférieure 2 mai 38 : 2 sacs avec 2 moitiés de torses avec les cuisses et pied gauche / Décapitation peu précise : le tueur a arraché la tête / Drogue ds corps	Cuyahoga River	
Mardi 16 août 38 (tuée 6 mois avant / corps ds frigo ?)	F (35 ans ≃) N° 11	Décapitation propre entre 3e et 4e vertèbre	Torse intact ds vêtement et papier boucher / Tête, aussi enveloppée ds papier brun à qqes mètres / ds un carton, bras et jambes attachés avec caoutchouc de papier	East 9th St. près du lac, sur Shore Drive	

NEW CASTLE, PENNSYLVANIE (150 km de Cleveland)

DATE	SEXE	M.O.	RITUEL	LIEU	PROFIL
1er juillet 36 (découvert avant entre 10 et 14 jours avant	H		Décapité / Slip à 30 m. de là ds marais, avec sang sous le corps, des pages du Cleveland Plain Dealer et Pittsburgh Press de juillet 33 /	Wagon à l'abandon	
13 octobre 1939 (tué depuis 2 semaines)	H 20-22 ans		Corps nu décapité (avec scie et non couteau) posé sur du papier / paumes de mains brûlées / tête trouvée le 19 octobre, à 45 km de New Castle, à West Pittsburgh	Près des rails	James Nicholson, 2 fois condamné pour cambriolage en 29 et 36, puis SDF. Ressemble beaucoup à Andrassy et au "tatoué".
3 mai 1940 (tués à une ou 2 semaines d'intervalle en décembre 39)	2 H + 1 F (30/40 ans ≃)	Têtes manquantes Couteau, découpe précise NAZI ; James David Nicholson (30 ans) 8	Homme en 7 morceaux ds sac 2e corps, 3 wagons, + loin, nu sur le plancher, décapité NAZI (Z à l'envers) gravé ds poitrine (tué sur place) + pages du journal "Youngstown Vindicator" du 1 déc. 1939 6 hommes décapités, non identifiés, depuis 1923 dans le "Murder Swamp" Corps démembrés.	McKee Rocks, près de Pittsburgh (wagons différents)	Comme la 1ère victime, F démembrée au cou, taille, hanches et épaules ds un sac Parties du corps brûlées Victimes tuées à Youngstown, Ohio, où les wagons sont restés 13 mois. Le 30 juin 39 18 ossements de F découverts à Youngstown. Pour Pete Merylo, 27 victimes en tout elle a été démembrée

sur ce meurtre long et compliqué, de le préparer et de le mener à terme. Il paraît donc vraisemblable qu'il ait eu certains antécédents criminels avant sa rencontre avec Beth Short. On ne se met pas à faire ce genre de choses sans qu'il y ait eu au préalable une évolution dans le comportement criminel. J'aurais recommandé à la police d'examiner tout lien éventuel avec les meurtres de copycats commis par la suite. Un individu aussi profondément englué dans ses fantasmes meurtriers ne se serait pas contenté d'un crime. Il aurait continué, à moins d'en avoir été empêché. J'irais même jusqu'à dire qu'aujourd'hui, en présence d'un tel crime, même isolé, nous saurions immédiatement que nous avons affaire à un tueur en série. »

Il existe des dizaines de milliers de meurtres non résolus pendant la période qui s'étend de 1920 à 1947. Comment faire en sorte de rétrécir cette multitude ? Que nous apprend l'assassinat d'Elizabeth Short ? Quelles en sont les caractéristiques essentielles ? :

– du sadisme ;

– des mutilations sexuelles ;

– de la sodomie ;

– une découpe experte du corps qui pourrait indiquer un métier en rapport avec des connaissances anatomiques (médecin, boucher, entrepreneur de pompes funèbres, etc.) ;

– une fixation faciale ;

– des tortures exécutées du vivant de la victime ;

– le meurtre est commis à un endroit et le cadavre est ensuite déposé dans un lieu public ;

– le drainage du sang ;
– le nettoyage du corps à l'eau et/ou la présence d'eau ;
– l'exposition du cadavre à la vue de tous ;
– l'humiliation de la victime ;
– la volonté du meurtrier de communiquer.

Comme je l'ai expliqué auparavant, la scène de crime d'un serial killer est évolutive et on ne retrouve pas toujours tous ces critères pour chacun de ses forfaits. N'oublions pas que l'assassin peut quelquefois être dérangé dans ses actes et que l'interaction avec les victimes l'oblige aussi quelquefois à altérer ses plans. Un meurtrier en série change parfois de type de cibles, tels Francis Heaulme, Michel Fourniret, Henry Lee Lucas, Arthur Shawcross, Albert DeSalvo, qu'il s'agisse de l'âge ou du sexe des victimes.

Comment ai-je procédé ? J'ai commencé la tâche fastidieuse de collecter tous les jours des informations sur des milliers de « cold cases », ce qui m'a pris plusieurs années. J'ai ensuite dressé des tableaux, avec des cases vierges pour chacun des critères que je recherchais. Il m'est vite apparu que je devais avant tout me concentrer sur des séries criminelles, plutôt que sur des crimes uniques. Cette gigantesque base de données, qui représente des milliers de pages, m'a permis de sélectionner un peu plus d'une quarantaine d'affaires qui vont du cas de « The Ax Man of New Orleans » qui tue au moins sept personnes entre juin 1918 et octobre 1919, les décapitations de New Castle, entre 1921 et 1925, en Pennsylvanie, « The Evangelista Murders » à Detroit en 1929, trois assassinats à New York en 1930, « The Mad Butcher of Kingsbury Run » à Cleveland dans l'Ohio entre 1934 et 1938, McKees Rocks, en Pennsylvanie également en mai 1940, « The Moonlight Murderer » à Texarkana (Texas) qui assassine cinq personnes entre février et mai 1946, trois crimes californiens avec l'assassinat de Louise Teuber à San Diego en 1936, celui de Georgette Bauerdorf en octobre 1944 et de Jeanne French en février 1947 à Los Angeles, de Maoma Ridings à Indianapolis en août 1943 (qui sont pourtant des crimes « uniques »), ou les meurtres avec mutilations de cinq enfants à Chicago en 1955 et 1956, etc.

En examinant chacune de ces affaires en détail, j'ai éliminé plusieurs cas comme « The Ax Man of New Orleans » car le meurtrier du Dahlia Noir aurait été trop jeune, par exemple. Ou encore les assassinats de Texarkana pour l'utilisation d'une arme de crime qui ne correspond pas aux fantasmes de notre assassin. J'ai finalement gardé cinq cas, trois cycles de crimes en série, New Castle (1921-1925), Cleveland, (1934-1938), McKees Rocks (1940), et trois assassinats uniques, ceux de Maoma Ridings en 1943, Georgette Bauerdorf en 1944 et de Jeanne French (« The Red Lipstick Murder ») en 1947. L'étape suivante a consisté à collecter des informations détaillées sur ces cinq affaires, ce qui n'a pas été évident, notamment pour les meurtres de New Castle, en Pennsylvanie. Toutes les archives criminelles et judiciaires ont disparues et il ne reste plus que des articles de presse, qui ne sont pas toujours une source très fiable, surtout à cette époque. J'ai noté toutes les pistes, les déclarations des témoins, les noms des personnes suspectées ou interrogées par les enquêteurs, afin de pouvoir les comparer aux mêmes éléments que je possède sur le Dahlia Noir. Les sources sur le meurtre d'Elizabeth Short ont été assemblées à partir d'archives policières et fédérales, d'articles de presse, ainsi que les pistes et noms évoqués dans tous les ouvrages sérieux parus sur l'affaire.

Avec tous les moyens modernes mis à la disposition de la police technique et scientifique, aurait-on pu arrêter l'assassin du Dahlia Noir ? Rien n'est moins sûr, car le criminel a pris beaucoup de précautions en lavant le corps, il n'a pas laissé de traces de sperme et son (ou ses) courrier(s) est (ou sont) dénué(s) de la moindre empreinte digitale. Le profiler du F.B.I. John Douglas apporte à ce sujet l'éclairage d'un expert : « Après le meurtre, il ne serait pas étonnant qu'il soit passé par une phase de décomposition émotionnelle importante, au point peut-être de le rendre incapable de commettre impunément d'autres crimes de cette nature, mais dans ce cas on s'attendrait à ce qu'il ait été arrêté ou identifié. Quoi qu'il en soit, avec les techniques dont on dispose aujourd'hui, il aurait dû être possible de reconnaître le comportement d'un tel individu après le crime, qu'il se soit traduit par un autre crime sexuel, une dépression nerveuse, un internement ou un suicide. Cet acte était motivé par un fantasme, qui devait subsister après le meurtre. J'aurais donc suggéré de surveiller l'endroit où le corps avait été retrouvé pour le cas où le tueur y reviendrait dans le but de revivre son fantasme. La sépulture de la victime était aussi un endroit qui aurait mérité une certaine attention. L'auteur des faits devait suivre l'enquête de près, peut-être en traînant dans les bars ou les cafés fréquentés par la police. Peut-être avait-il fait des confidences à quelqu'un, un autre marginal probablement, car ce genre d'individu ne devait pas avoir beaucoup d'amis « normaux ». S'il s'était confié, c'était sans doute dans un moment de faiblesse — sous l'influence de l'alcool, par exemple —, et il se serait senti encore plus vulnérable par la suite. Une telle situation n'aurait pas été sans danger pour son confident... Mais il n'est pas si difficile d'imaginer quel type d'individu a commis le meurtre. Comme dans beaucoup d'autres cas, son crime parle de lui-même. »

Toutes ces recherches n'ont pas été vaines, puisque j'ai pu trouver la trace d'un même sinistre individu, un homme grand et émacié, un boîteux bisexuel, impliqué dans les assassinats de Florence Polillo, le 26 janvier 1936, à Cleveland, dans la série du « Mad Butcher of Kingsbury Run », de Maoma Ridings, le 28 août 1943, à Indianapolis, du meurtre de Georgette Bauerdorf en octobre 1944, ainsi que le Dahlia Noir en janvier 1947. Pour le meurtre d'Elizabeth Short, nous possédons même le témoignage de l'écrivain John Gilmore qui a été son confident et qui évoque cette rencontre dans son ouvrage *Severed* (1994) (*On l'appelait le Dahlia Noir* paru aux Éditions de l'Archipel). Peu de temps avant la parution de l'édition originale du livre de Gilmore, j'avais déjà évoqué cette piste dans le numéro

44/45 de la revue *813* en 1993 et dans ma préface aux mémoires d'Eliot Ness, *Les Incorruptibles*, édités au Fleuve Noir dans la collection Super Poche, en me basant sur une hypothèse évoquée par l'inspecteur Peter Merylo qui a mené l'enquête sur les « Torso Murders » de Cleveland entre 1934 et 1938.

TIME
THE WEEKLY NEWSMAGAZINE
AUTHOR CRAIG RICE

CHAPITRE

LES AUTEURS DE POLARS TRAQUENT LE TUEUR

VI

Le 1er février 1947, Jack Donahoe admet publiquement que ses hommes du L.A.P.D. n'ont aucune piste sérieuse dans l'assassinat du Dahlia Noir. Le même jour, Jimmy Richardson, le rédacteur en chef du *Los Angeles Herald-Express*, commence la publication d'une série d'articles par des maîtres du roman policier et scénaristes hollywoodiens, qui sont chargés d'établir un profil du mystérieux tueur.

Le premier à se lancer dans la série est Ben Hecht, romancier, auteur de théâtre et signataire des scénarii du *Scarface* de Howard Hawks (1932), de *Wuthering Heights* (*Les Hauts de Hurlevent*) de William Wyler (1939), ou du *Notorious* (*Les Enchaînés*) d'Alfred Hitchcock (1946). Pour lui, « la manière dont le Dahlia Noir a été assassiné, souillé et massacré, après diverses tortures, nous révèle l'aspect, le sexe, la taille, le poids, et même le type de coiffure du coupable. » À ses yeux, le meurtrier ne peut être qu'une femme « car dans presque tous les cas de torture et de mutilations post-mortem, l'homosexualité est le mobile de base. Il n'y a aucun élément de vengeance dans ce crime. »

Pour se venger, un homme est capable de torturer, affirme Ben Hecht, mais sa colère meurt avec la victime. « C'est un crime commis par une lesbienne, et la première intention n'était pas de tuer. Le meurtre a pu être la conséquence des frasques auxquelles le Dahlia Noir s'est livré (...) La mutilation post-mortem prouve que l'assassin appartient à la catégorie des hyper-thyroïdiens à cause d'un développement anormal du thymus. Et cette tempête thyroïdienne a été déclenchée par un choc traumatique important. »

D'après Ben Hecht, certaines erreurs grammaticales contenues dans les écrits présumés du tueur prouvent la féminité de celui-ci ; ainsi l'emploi de l'expression « Had my fun at the police », au lieu de « Had my fun with police ». Tout cela n'est pas très convaincant et Ben Hecht pousse le bouchon encore un peu plus loin, avec une description physique de cette lesbienne meurtrière : « Elle est âgée d'une quarantaine d'années. Elle mesure un mètre soixante et onze pour environ cinquante kilos. Elle est mince, presque décharnée. Sa poitrine est peu développée. Les joues sont creuses et le visage étroit. Son menton est fuyant. La dentition est proéminente. La chevelure est sombre et ondoyante. Les doigts sont longs. Et ses yeux sont immenses — d'une largeur vraiment inhabituelle et son regard vous pénètre jusqu'au plus profond de l'âme. Son accent est européen. »

Le lendemain, le 2 février 1947, c'est au tour du scénariste de *I Wake up Screaming* de Bruce Humberstone en 1941 et de *Destination Tokyo* de Delmer Daves en 1943, l'auteur de romans noirs Steve Fisher (*Flambe la baraque !* et *L'ami des cœurs* en Série Noire) d'exposer sa théorie quant à l'identité du tueur dans les colonnes du *Los Angeles Herald-Express*. Il démarre par un avertissement : « Après la publication de mon article, je quitte la ville et je ne reviendrai qu'une fois l'assassin mis sous les verrous. » Sa connaissance du dossier se base uniquement sur la presse, mais « je pense connaître le meurtrier. Je suis sûr qu'il en est de même pour les policiers et qu'ils vont très vite l'identifier (...) L'homme est un maniaque égocentrique qui va défier la police lors d'une apothéose finale, digne d'un film hollywoodien. Il va se battre de toutes ses forces, mais il sera capturé vivant. » Lors du procès qui suivra son arrestation pour cet assassinat, son avocat plaidera la folie, au grand dam de son client qui refusera obstinément d'être considéré comme dément.

Pour Steve Fisher, le criminel a écrit aux médias et à la police, car il est furieux de voir émerger tous ces faux coupables qui s'octroient un bref moment de célébrité à ses dépens. Il prédit qu'une fois arrêté, l'homme sera heureux d'avouer. Fisher suggère une piste intéressante pour provoquer le tueur. La police doit reconnaître comme authentiques les aveux d'un de ces mythomanes et indiquer par voie de presse que le meurtre du Dahlia Noir est résolu.

Le 5 février 1947, le créateur du personnage de Simon Templar, alias *Le Saint*, Leslie Charteris, s'attelle à la tâche. Il affirme tout de go en savoir plus que les autres, mais que ses « amis policiers peuvent dormir sur leurs deux oreilles car leurs confidences ne seront pas dévoilées. » Il démolit l'hypothèse de Ben Hecht, celle d'une orgie lesbienne qui a mal tournée, « trop fantaisiste, même pour un écrivain comme moi. » Il insiste sur l'absence de lien entre Elizabeth Short et une quelconque mafia du vice, « elle n'est pas une prostituée. » Avec justesse, Charteris affirme que « tous les amis masculins de la victime ont, sans exception, déclaré ne pas avoir eu de relations intimes avec elle, malgré leur insistance. Ceci est un élément très important de l'affaire. »

LESLIE CHARTERIS

La suite de son article est plus aléatoire car aucun fait ne vient étayer le profil de l'assassin établi par Leslie Charteris. « Il a entre trente-cinq et cinquante ans, il est soit très maigre ou obèse, avec des yeux proéminents (...) Un dérèglement glandulaire lui donne un teint olivâtre. Il est marié et a des enfants, c'est un maniaque de la propreté qui parle d'une voix douce et il est droitier. » Il a arrêté ses études après le lycée et « j'ai des raisons de suspecter que c'est un amateur de baseball. » Pour son entourage, il apparaît comme un homme normal, mais c'est un loup solitaire et un sadique qui connaît des problèmes d'impuissance liés à l'alcool. La plupart des mutilations infligées au Dahlia Noir l'ont été de manière « tout à fait spontanée, sans volonté d'infliger de la souffrance. » Charteris conclut son portrait en affirmant avec force que le meurtrier va répéter son crime.

Le 6 février 1947, le romancier et scénariste David Goodis (*Sans espoir de retour, Tirez sur le pianiste !, Vendredi 13, Le casse, Obsession, La blonde au coin de la rue*) propose une approche psychologico-mathématique du mystérieux assassin.

« Dans une équation, la quantité inconnue est « X ». Pour arriver à ce « X », nous manipulons les différents symboles mathématiques jusqu'à l'obtention d'un nombre qui remplit toutes les obligations de ce « X ».

« La même équation s'applique au meurtre. Ici, le « X » est bien entendu l'identité du tueur. Mais pour découvrir cette identité, il faut obtenir des preuves irréfutables, les experts en homicides doivent parcourir toute la gamme des indices, qu'ils soient concrets ou de simples présomptions, tout en établissant un mobile et un dessein.

« Jusqu'à présent (le texte de Goodis est publié quinze jours après la découverte du corps de Beth Short), le cas du Dahlia Noir présente une énigme, quant à la motivation et à l'intention de l'assassin. Ceci est lié principalement

à la personnalité de la victime qui n'est pas ordinaire. La route qui mène à « X » est un chemin tortueux à travers les profondeurs les plus sombres et les plus noires des abysses qui mènent à la route du subconscient.

« DANS LE SUBCONSCIENT »

« Quelque chose dans le subconscient d'Elizabeth Short est remonté à la surface. Et, quel que soit la forme qu'il ait pu prendre, qu'il soit horrible ou bizarre, c'est cet élément qui a entraîné ce meurtre hors normes, l'œuvre d'un maniaque.

« C'est un crime sadique. L'assassin a pris du plaisir à le commettre. Il a pris tout son temps. Il l'a savouré. Quand il a terminé, il s'est senti comblé et heureux. Et pourtant nous sommes confrontés à un fait d'importance : il n'a pas sélectionné de seconde victime.

« Cela nous amène vers un important postulat.

« Le criminel n'est pas un sadique ordinaire du style de Jack l'Éventreur, dont les proies furent nombreuses et qui continua son œuvre sanglante malgré la police à ses trousses.

« Dans le cas du Dahlia Noir, le meurtrier démontre des tendances psychotiques extrêmes qui ne peuvent remonter à la surface que sous l'emprise de stimuli externes les plus excessifs. Nous sommes ici en présence de la rencontre de deux personnalités hors normes, victime et meurtrier, qui débouchent sur une déflagration de l'ordre d'une dynamite mentale.

« Le tueur avait déjà emmagasiné cette dynamite en lui. Peut-être depuis de nombreuses années — en sommeil et en attente —, et il est probable qu'il l'ignorait lui-même. La manière dont il a accompli sa tâche prouve qu'il était complètement fou au moment du crime. Lorsque cette crise — et il s'agissait certainement d'un accès de schizophrénie — a atteint son point de rupture, le meurtrier n'était plus un fou furieux, mais un assassin froid et calculateur. Il a pris soin d'effacer tous les indices de son acte. Il a lavé le sang, changé ses vêtements, effacé méthodiquement ses traces, et de manière intelligente.

« Il est tout à fait logique de penser qu'elle a été assassinée dans une cabane abandonnée ou dans un endroit désert, probablement dans les environs de Los Angeles. En conséquence, nous savons que le tueur possédait une voiture. Cette nuit-là, dans ses fantasmes, il voulait absolument tuer quelqu'un de la même façon qu'il le fit avec Elizabeth Short.

« Son scénario était en place et il n'en changera pas lorsque cette rencontre s'effectuera. Il l'obligerait par la ruse à monter à bord de son véhicule. Il l'emmènerait jusqu'à cet « endroit ». Il la massacrerait. Tout cela, bien sûr, dans son subconscient.

« Une description exacte des événements de cette nuit est bien sûr impossible. Mais il n'est pas trop dificile d'en imaginer le déroulement.

« L'inconnu — et je suis certain qu'il s'agit d'un homme — la rencontre dans la rue ou dans un bar. Ils bavardent. Ils se plaisent. À un moment donné, leur conversation prend une tournure plus érotique.

Cela a commencé à croître chez lui. Dans son esprit enfiévré, un lien s'est créé entre le conscient et le subconscient.

« Tout d'un coup, il est devenu fou — complètement fou. Mais Elizabeth Short n'a rien remarqué. Elle était intriguée par cet homme. Il y avait quelque chose en lui qui captivait sa propre personnalité hors normes. Lorsqu'il l'a invité chez « lui », elle a tout de suite accepté.

« Qu'est-ce qui a pu déclencher cette étincelle ? Quel geste en particulier ? Peut-être une manière inhabituelle d'allumer son briquet ou de fumer une cigarette ? Peut-être la façon dont elle tient son verre ? Ou bien un motif de sa robe ? Sa coiffure ? Un « détail insignifiant », qui n'a généralement aucune importance dans la vie quotidienne de « monsieur tout le monde », mais qui a été amplifié à l'infini dans le cerveau torturé du tueur.

« Nous sommes confrontés à un choix — est-ce un geste ou une parole qui a allumé la mèche. S'il s'agit d'un mot, cela aurait pu être quelque chose de ce style... :

« ... beaucoup de sang. »

« ... vu un chien déchiqueter un chat. »

« ... jamais entendu de tels hurlements. »

« Le subconscient du Dahlia Noir s'est adressé directement à celui du tueur.

« Elle l'ignorait, mais à cet instant précis, c'est comme si elle avait supplié son interlocuteur de l'assassiner.

« Et le meurtrier lui-même l'ignorait, mais il était depuis longtemps, très longtemps même, à la recherche du Dahlia Noir. Il est tragique qu'Elizabeth Short ait ainsi comblé toutes les exigences les plus tordues du tueur.

« Nous sommes en présence d'un cas où le criminel doit mordre à l'hameçon, plutôt que d'être traqué. Et ceci nous ramène à notre équation algébrique. Mais nos symboles ne comprennent pas les habituels facteurs techniques d'un meurtre, tels que le lieu du crime, l'heure de son déroulement ou tous les autres indices matériels. Cette affaire est née dans l'esprit tortueux d'un déviant, et il est donc naturel de la résoudre en faisant appel à la psychologie.

« Pour appâter, il faut fabriquer un piège. Même si l'assassin désire par dessus tout rester libre, il préfèrera toujours croiser à nouveau la route d'un autre Dahlia Noir. Il doute très certainement que cet autre puisse exister. Mais à supposer que ce soit le cas ? Et qu'il apprenne son existence ? Pourrait-il craindre qu'il s'agisse d'un piège ? Probablement oui. Mais sa déviance l'emporterait. Il ne pourrait pas résister à la tentation.

« Tôt ou tard, il lui faudra approcher ce nouveau Dahlia. Ils se donneront rendez-vous, la police ayant pris soin de cacher des micros. Et les enquêteurs feront irruption, dès que le tueur se dévoilera en invitant sa proie chez lui, dans son « endroit spécial ».

« La technique pour arriver jusqu'à « X » est probablement ce qu'il y a de plus difficile et de complexe à mettre en pratique. Cela requiert non seulement une grande délicatesse, mais surtout une précision millimétrée. L'équation fonctionnera ou non. Il n'y a aucune place pour l'improvisation en algèbre. »

La police de Los Angeles ignore la suggestion de David Goodis, tout comme elle l'a déjà fait pour celle de Steve Fisher. Pourtant un mémo des archives du F.B.I. indique que cette « série d'articles contient des idées intéressantes et pourrait suggérer de nouvelles pistes. »

En 1952, l'auteur Craig Rice (qui est une femme comme son pseudonyme ne l'indique pas) fait paraître *Death of the Black Dahlia* dans son recueil *45 Murderers*; ce même texte est repris en 1956 dans

My Favorite True Crime et en 1990 dans l'anthologie de Richard Glyn Jones, *Still Unsolved — Great Murder Cases*. « Son histoire m'a toujours fasciné », explique Craig Rice. « Pas seulement parce que le rédacteur en chef du *Los Angeles Herald-Examiner* m'a appelé dès le départ pour me dire : « Cette affaire est faite pour toi, » pas parce que j'ai vu son corps torturé et mutilé, mais à cause de l'étrange personnalité du Dahlia. »

A TRUE MYSTERY

Death of the Black Dahlia

A famous mystery writer offers her own solution to one of the most bizarre murders of our time

by Craig Rice

Son compte-rendu de l'affaire est fidèle et Craig Rice relate les derniers jours de Beth Short : « Le jour qui précède le meurtre, un conducteur d'autobus l'aperçoit à bord de son véhicule au terminal de Santa Barbara et elle reste jusqu'à la destination finale de la gare routière de Los Angeles. Le même jour, en fin d'après-midi, elle est dans un café en compagnie d'un homme vêtu d'un costume vert.

« C'est là que s'arrête la piste. Personne ne semble savoir où elle se trouve entre cette fin d'après-midi et le 15 janvier au matin, où l'on découvre son corps démembré dans un terrain vague.

« La police remarque que Beth Short n'a pas récupéré ses affaires personnelles qui sont restées cinq jours à la consigne du terminal de la gare routière. A-t-on empêché qu'elle puisse le faire ? Est-ce qu'on l'a gardée prisonnière ou sous surveillance pendant ces cinq jours ?

« Les investigations de cette piste venaient tout juste de débuter lorsqu'une lettre anonyme parvient aux autorités. Trempée dans de l'essence avec un message composé de lettres découpées dans des journaux, il indique en substance : « Voici des objets appartenant au Dahlia. Une lettre va suivre. »

« Dans cette enveloppe, un petit carnet d'adresses appartenant à la victime, une coupure de presse sur le mariage d'un ex-amoureux, son certificat de naissance et un reçu de consigne pour les bagages que la police avait déjà retrouvés. Aucun doute n'était possible, ces objets provenaient bien du sac du Dahlia Noir.

« Le lendemain, un nouveau courrier annonçant : « Ca y est. Je me rends le 29 janvier, à dix heures du matin. Me suis bien amusé avec la police. Le Vengeur du Dahlia Noir. »

« Les enquêteurs se rendent bien compte que ce Vengeur est peut-être un plaisantin. Ou non. Il n'est pas inhabituel pour un tueur psychotique de défier la police, avant de se rendre. Et dans ce cas précis, la vengeance est peut-être le mobile du crime, car il était de source notoire que le Dahlia Noir vivait en permanence dans la crainte.

« Il était évident que le Vengeur avait accès au sac de Beth et même s'il n'était pas lui-même le tueur, il devait savoir beaucoup de choses. Allait-il se rendre le mercredi comme il l'avait promis ?

« Mardi soir, un dénommé Voorhees se rend au commissariat pour tout avouer et se « libérer d'un poids », avant de signer des aveux. En l'espace de vingt-quatre heures, sa « confession » est jugée comme étant le fantasme d'un esprit malade. Il ne connaissait pas Beth Short. Ce n'était pas la première « confession », ni la dernière d'ailleurs.

« Pour ce qui concerne le Vengeur, à l'exception d'une ultime note déclarant : « Ai changé d'avis. Vous m'auriez pas laissé ma chance. Le meurtre du Dahlia était justifié » plus personne n'entendra parler de lui. Et toutes les autres pistes ont débouché sur des impasses.

« Qui a tué Beth Short, le Dahlia Noir ? La police cherche toujours. Ils n'arrêteront jamais leurs investigations. Je l'ignore, mais je pense avoir fait des déductions intéressantes.

« Tout le monde sait que le corps d'Elizabeth Short a été coupé en deux à hauteur de la taille — mais ce que tout le monde ignore, c'est l'ampleur de la précision de ce travail qui est visiblement l'œuvre d'un professionnel.

« Elizabeth Short ne mesurait qu'un mètre cinquante-cinq et pesait dans les cinquante kilos. Pourquoi couper le corps en deux ? Pour faciliter le transport ?

« Si l'assassin est un homme, il n'aurait eu aucune difficulté à transporter le corps. Mais supposons qu'il soit un homme de petite taille, un infirme… ou une femme ?

« Il paraît vraisemblable que ce tueur fou soit un médecin, un infirmier qualifié, un croque-mort ou un employé dans une entreprise de pompes funèbres.

« Parmi ces quatre hypothèses, je penche plutôt pour les deux dernières. Et voici mes raisons. Le cabinet d'un médecin ou même un hôpital privé ne sont pas des endroits commodes pour torturer et mutiler une jeune femme, et couper son cadavre en deux. Des malades ou du personnel peuvent surgir à tout moment. Alors que le bureau d'un entrepreneur de pompes funèbres offre beaucoup plus d'intimité.

« Je crois que quelqu'un travaillant chez un croque-mort a torturé et tué le Dahlia Noir. »

38..1/29/47..CREDIT INP SOUNDPHOTO..LOS ANGELES
F..AFTER SURRENDERING TO POLICE AT FOURTH AND H
ETS LAST NIGHT,DANIEL S VOORHEES,SHOWN,WROTE A
ENCE CONFESSION THAT HE KILLED ELIZABETH SHORT,
D BY GEORGE O'DAY SENT PST (S)

CHAPITRE

LES SUSPECTS HISTORIQUES

VII

Au troisième étage de l'immeuble du L.A.P.D. une petite pièce dénudée contient des armoires métalliques à tiroirs. Parmi celles-ci, cinq tiroirs sont entièrement consacrés à l'ensemble des archives de l'affaire du Dahlia Noir, environ cinq mille pages. L'ensemble des pièces n'est pas accessible contrairement à d'autres cas anciens et, parmi ces dossiers, le L.A.P.D. ne possède même pas une copie du fameux rapport d'autopsie qui est sous scellé dans le bureau du coroner. Autre secret jamais dévoilé, si l'on en croit la rumeur, il existerait une mystérieuse enveloppe adressée au *Los Angeles Times*. Son contenu n'a jamais été révélé par quiconque et on ignore encore, à l'heure actuelle, qui en fut l'expéditeur.

Les archives du F.B.I., qui ne contiennent aucune pièce essentielle, sont accessibles en format P.D.F. sous la forme de quatre dossiers de cinquante et une pages chacun.

L'agence gouvernementale est sollicitée par les autorités de Los Angeles pour l'identification des empreintes de la victime et elle est régulièrement tenue au courant des développements de l'enquête. Le L.A.P.D. lui demande aussi de vérifier les casiers judiciaires et le background de divers suspects. Certains agents du F.B.I. avancent des théories qu'ils soumettent à l'approbation du big boss, J. Edgar Hoover. Pour le commun des mortels, l'élément le plus intéressant de ces archives demeure la reproduction de nombreux articles de presse consacrés au meurtre.

Les archives du Comté de Los Angeles, juridiction séparée de celle du L.A.P.D., fournissent un document plus intéressant, un rapport daté du 20 février 1951 dans lequel le lieutenant Frank Jemison résume l'état de l'enquête. On y découvre, notamment, une liste de vingt-deux suspects, chacun faisant l'objet d'une analyse détaillée. Il ne semble pas y avoir d'ordre préférentiel de ces suspects qui sont : Carl Balsiger, C. Welsh, le sergent « Chuck » (nom inconnu), John D. Wade, Joe Scalis, James Nimmo, Maurice Clement, un officier de police de Chicago, Salvador Torres Vera, le docteur George Hodel, Marvin Margolis, Glenn Wolf, Michael Anthony Otero, George Bacos, Francis Campbell, une chirurgienne lesbienne, le docteur Paul DeGaston, le docteur A.E. Brix, le docteur M.M. Schwartz, le docteur Arthur McGinnis Faught, le docteur Patrick S. O'Reilly et Mark Hansen.

J'ai choisi de manière délibérée de garder le côté administratif et ampoulé de ce rapport lorsque je l'ai traduit.

1. CARL BALSIGER

« En février 1943, il est en garnison à Camp Cooke en même temps qu'Elizabeth Short. Questionné par la police le 20 janvier 1947, il affirme avoir rencontré la victime pour la première fois le 6 décembre 1946 dans une agence immobilière de Sunset Boulevard où elle lui annonce qu'elle a quitté une chambre du Chancellor Hotel et qu'il l'a emmenée en voiture jusqu'à Camarillo, en Californie. De retour à Los Angeles le même jour, il a loué une chambre d'hôtel en son nom pour la victime sur Yucca Street. Le 7 décembre, il la dépose devant une gare routière d'Hollywood pour qu'elle se rende à San Francisco où elle doit retrouver sa sœur. Ils n'ont pas eu de relations sexuelles, il a juste eu pitié d'elle. Ces déclarations du suspect sont contredites par les faits, la victime ayant pris un bus pour San Diego le 9 décembre 1946.

« À deux reprises par le passé, Balsiger frappe de manière vicieuse et gratuite deux femmes différentes. Une amie d'école de Kansas City, Dorothy Welsh, a été assassinée en 1941 dans des circonstances qui rappellent le meurtre de Short. Le frère de la victime, Claude Welsh, a été jugé pour ce crime et acquitté. Balsiger connaissait Short à Camp Cooke, il est passé devant une cour martiale et a été envoyé en poste à l'étranger à la suite d'une plainte d'Elizabeth Short. Cette dernière a ensuite récupéré les effets personnels de Balsiger. Le suspect a ensuite quitté Los Angeles peu après le meurtre, pour effectuer toute une série de petits boulots dans divers États. Le sergent Brown et moi-même avons établi qu'il a menti lorsqu'il affirme avoir passé vingt-quatre heures en compagnie de la victime, le 6 décembre 1946. Son nom apparaît sur un bout de papier, plié en deux, retrouvé dans les affaires personnelles de Short qui ont été envoyées à la police le 24 janvier 1947. Son nom ne figure sur aucun registre d'hôtel de Yucca Street à la date du 6 décembre 1946.

« Le suspect a été retrouvé à Saint Louis, où le sergent Brown l'a interrogé et où il a été soumis au détecteur de mensonges. Il avoue avoir été en compagnie de la victime jusqu'au 8 décembre 1946, mais il a convaincu le sergent Brown qu'il n'était pas le sergent passé en cour martiale à Camp Cooke. D'après de nombreux militaires questionnés à Camp Cooke, il s'agirait d'un sergent « Chuck » (nom inconnu), à l'encontre duquel Short a témoigné. Jusqu'à présent, nous n'avons pas réussi à trouver de trace écrite de cette cour martiale. Balsiger a indiqué que Claude Welsh se trouvait à Los Angeles au moment du meurtre. Nous ne savons pas si ce dernier connaissait la victime. »

2. « CLAUDE » WELSH

« En 1941, Claude Welsh (en fait, il s'appelle George Winston Welsh. NdA.) a été acquitté par les jurés de la Cour supérieure de Kansas City pour le meurtre de sa sœur Dorothy, vingt-deux ans (là aussi, l'auteur du rapport se trompe car elle se prénomme Leila Adele et elle est âgée de vingt-quatre ans. NdA.). Son corps a été mutilé à l'aide d'un couteau et un morceau de ses fesses a été découpé et laissé près d'une fenêtre ouverte de la chambre de la victime, d'où le tueur s'est apparemment enfui. Les empreintes digitales du suspect ont été retrouvées sur place, mais cela n'a pas suffi pour obtenir une condamnation. Nous savons qu'il était à Hollywood au moment du meurtre de Beth Short, mais le Kansas City Police Department ne nous a toujours pas fait parvenir le dossier du suspect, comme il nous l'avait promis. L'enquête concernant le suspect est toujours en cours. »

3. SERGENT « CHUCK » (NOM INCONNU)

« Il a été vu à de nombreuses reprises en compagnie de la victime à Camp Cooke durant le printemps 1943.

Il est passé devant la Cour martiale à la suite d'une plainte pour agression de Short. Le mobile du meurtre pourrait être la vengeance. L'enquête est toujours en cours pour retrouver les archives militaires concernant cette cour martiale, afin d'obtenir l'identité du suspect. »

4. JOHN D. WADE

« John D. Wade, alias le docteur J. Bass, dont la photographie a été montrée à tous les employés du Crown Grill Cocktail Bar, sur 9th Street et Olive, à Los Angeles. Son visage a paru familier à plusieurs serveuses et au barman Joe Scalis. Elizabeth Short et ses amies Marjorie Graham et Ann Toth étaient des habituées de cet établissement, qui se situe à deux pâtés de maisons de l'endroit où la victime a été vue vivante pour la dernière fois. Le suspect a été surpris en pleine conversation téléphonique obscène avec une femme au foyer de South Gate par les inspecteurs Sharp et Corsini. Il a admis fréquenter certains des bars où Short se trouvait aussi peu de temps avant son décès. Aucun barman ou serveuse ne l'a jamais aperçu en compagnie de la victime. »

5. JOE SCALIS

« Joe Scalis, Adson Hotel, 2611 South Bronson, Parkway 9314, était le barman de service au Crown Grill, la nuit du 9 janvier 1947, quand Short a été vue vivante pour la dernière fois. Il travaillait du côté de la sortie d'Olive Street. Il faut se souvenir que la victime a été aperçue quittant l'entrée principale de l'hôtel sur Olive Street et qu'elle se dirigeait vers ce bar. Ce suspect a la réputation de se mettre en colère contre les femmes qui refusent de sortir avec lui quand il termine son service. Lorsqu'il a été interrogé dans sa chambre de l'hôtel Adson, il est apparu nerveux en déclarant : « Oui, son corps a été retrouvé par là (en pointant du doigt). Je dormais dans une autre chambre, de l'autre côté du couloir, à cette époque. » Mais il nie la connaître comme cliente de l'établissement lorsqu'on lui montre sa photo. »

6. JAMES NIMMO

« James Nimmo, 147-23 88th Street, Jamaica, New York, était l'ouvreur assistant de Jack Egger au Columbia Broadcasting Company, 6121 Sunset Boulevard, avant et après le meurtre. Jack Egger, qui travaille à présent comme enquêteur pour le procureur, affirme que Nimmo lui a déclaré être sorti une vingtaine de fois avec Short. Cette dernière est venue au moins vingt fois assister aux enregistrements, et, lors de son ultime visite, elle est venue, pour une fois, accompagnée d'un homme. Cet individu leur a présenté une plaque de la police de Chicago pour passer avant tout le monde et éviter de faire la queue. Egger est certain que c'était après le 1er janvier 1947. Nimmo n'a jamais été interrogé. »

7. MAURICE CLEMENT

« Maurice Clement, Appartement 107, 1616 North Normandy, travaillait pour les studios Columbia au moment du meurtre. Son nom figure dans le carnet d'adresses de la victime. Il connaissait la victime et son profil est intéressant, même s'il a partiellement été exonéré par le L.A.P.D.. Voir leurs rapports en annexe. »

8. UN OFFICIER DU CHICAGO POLICE DEPARTMENT DONT L'IDENTITÉ EST INCONNUE

« En annexe, la photo d'une connaissance sur la Côte Est de la victime, retrouvée dans la malle qui s'était égarée. Ce bagage a été découvert par les enquêteurs après le meurtre. Ce portrait a été reconnu par Jack Egger comme étant probablement l'inconnu qui accompagnait Short au Columbia Broadcasting Company et qui a présenté une plaque de la police de Chicago. Ce suspect n'a jamais été questionné. Jack Egger n'est pas sûr que l'insigne en forme d'étoile de la police de Chicago est bien celui qui lui a été présenté. Par contre, il est certain d'avoir lu Chicago Police Department.

« La victime connaissait les personnes suivantes lorsqu'elle s'est retrouvée à Chicago en juillet 1946, en route pour Long Beach, en Californie : Jack Chernau, 7107 Grand Avenue, Chicago, il a loué une chambre d'hôtel au Blackstone avec Short et il l'a rencontrée environ une quinzaine fois en trois semaines. Il a eu des rapports sexuels avec elle et il est tapissier de son métier. Slig Diamond, un journaliste qui réside au Park Row

Hotel, à Chicago. Il a vu Short pendant une période de dix jours ; il affirme avoir eu des rapports sexuels avec elle. Il se souvient qu'elle parlait constamment de faits divers et d'affaires de meurtres. Lou Paris, un pigiste du Chicago Daily Times, confirme l'intérêt de Short pour le crime et, notamment, la fameuse affaire de William Heirens (un tueur en série responsable de trois meurtres). John Giampa, 3421 West Lexington, employé au service du courrier pour le Chicago Herald-American, connaissait Short qui lui aurait indiqué avoir fréquenté un enquêteur de l'affaire Heirens. Jan Jansen, un reporter du *Chicago Daily News*, a aussi rencontré Short. Tous ces hommes l'ont vue en juillet 1946, à Chicago, environ six mois avant le meurtre. Chacun de ces six individus aurait pu détenir une plaque honoraire de la police de Chicago. Voir en annexe la liste des officiers de police de Chicago à la retraite qui ont déménagé pour s'installer dans le sud de la Californie. Ces anciens policiers n'ont pas été questionnés et nous ne possédons pas leurs photos à l'heure actuelle. »

9. SALVADOR TORRES VERA

« Salvador Torres Vera, travaille au restaurant Brittingham's Columbia Square, 6121 Sunset Boulevard, Hollywood 9-3611. Il est employé par son ex-partenaire en affaires à Mexico, George Brittingham. Ce suspect affirme être diplômé en chirurgie de l'université de Mexico. Il résidait au 3609 South Hoover et suivait les cours à l'U.S.C. (University of Southern

California) au moment du meurtre. Sa propriétaire, Mrs. Schreiber, évoque quelqu'un de très calme, de réservé et qui ne sortait jamais avec des femmes. La victime fréquentait le restaurant de Brittingham lorsqu'elle assistait aux enregistrements aux studios de Columbia Broadcasting, mais il n'est pas prouvé qu'elle connaissait le suspect. »

10. GEORGE HODEL

(voir le chapitre « C'est mon papa qui l'a fait »)

11. MARVIN MARGOLIS

« Marvin Margolis, 1445 West Thome Street, Chicago, Illinois, qui résidait au 1442 South Woods Avenue, Los Angeles, au moment du crime. Il a démarré des études de médecine à l'U.S.C., le 4 mars 1946. Il partage un appartement, le n°726 Guardian Arms Apartments, au 5217 Hollywood Boulevard, avec son ami Bill Robinson, pendant la période du 10 au 22 octobre 1946, et ils y hébergent Short et sa camarade Marjorie Graham. La victime dormait sur le sofa tandis que le suspect et Bill Robinson partageaient un lit avec Marjorie Graham. Voir le rapport de l'administration sur Margolis en annexe. On y lit qu'il a quitté le service médical de la Navy à cause de problèmes mentaux dont le handicap est évalué à 50 %. Margolis voulait absolument se faire transférer dans une unité chirurgicale. Dans les îles du Pacifique, il s'est occupé de centaines de corps de soldats morts au combat. Lorsqu'il a été questionné pour la première fois, il n'a jamais voulu admettre qu'il connaissait la victime. Bill Robinson est actuellement propriétaire du Bowery Restaurant, Rosecrans Boulevard, San Diego, Californie (...) En annexe, le rapport du L.A.P.D. sur ce suspect. »

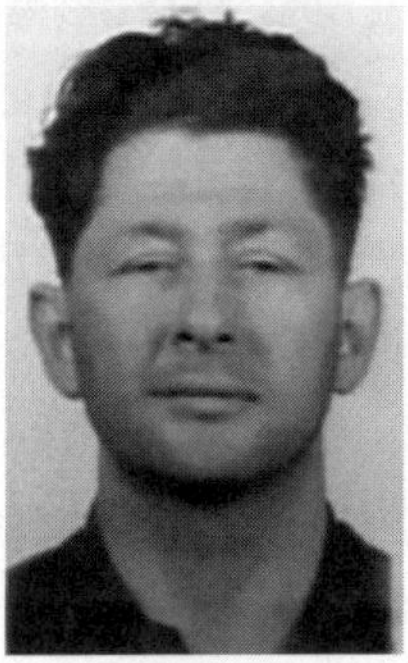

12. GLENN WOLF

« Glenn Wolf est le propriétaire des Chancellor Apartments, au 1842 Cherokee, Hollywood. C'est la dernière résidence de la victime à Los Angeles avant sa rencontre avec Carl Balsiger et son départ pour San Diego. Wolf habitait au 1617 North Las Palmas dans un immeuble qui appartenait à Kate Harris au moment du meurtre. Il a admis connaître la victime. Elle vivait dans une chambre à six lits au Chancellor Hotel qu'elle a quitté le 6 décembre 1946, car cette situation ne lui plaisait pas. De nombreuses jeunes femmes savent que Wolf est un maniaque sexuel. Ray Pinker, patron du laboratoire de police scientifique du L.A.P.D., a examiné tous les logements du suspect, sans découvrir la moindre trace de sang (...) Des sources sûres mentionnent que certaines des cinq colocataires de la victime au Chancellor étaient des lesbiennes. Mais la victime a déclaré à plusieurs reprises qu'elle n'était pas intéressée par les « gouines ».

13. MICHAEL ANTHONY OTERO

« Michael Anthony Otero habitait au 3940 Marathon Street, Normandy 2-3632, au moment du meurtre, en compagnie d'Albert Rodriguez. Peu de temps après l'assassinat, il a quitté les États-Unis pour Barcelone. Il est revenu s'installer à New York aux alentours du 1er septembre 1950, et il y réside actuellement à une adresse connue de son seul frère. Il a reconnu être sorti à douze reprises avec Short ; à une occasion, Ann Toth a accompagné la victime au Biltmore Hotel pour rencontrer ce suspect qu'elle a présenté comme son professeur d'espagnol. Le manuel d'espagnol a été retrouvé dans ses affaires personnelles. Il était avec la victime le 6 décembre 1946, le jour avant son départ pour San Diego. Il est le seul homme connu à l'avoir croisée au Biltmore Hotel, où elle a été vue vivante pour la dernière fois. Albert Rodriguez habite toujours au 3940 Marathon, Los Angeles, et il n'a pas été interrogé. Voir également en annexe le témoignage de Robert Manley qui était avec la victime à San Diego lorsqu'elle celle-ci lui a demandé de la déposer au Biltmore Hotel. »

14. GEORGE BACOS

« George Bacos, 5899 Strohmer, Sunset 7623, est le frère de Francis Campbell, une serveuse bisexuelle qui réside au 319 South Virgil, Dunkirk 1-1949. Elle a identifié la photo de la victime en tant que cliente du Crown Grill Bar, à 9th Street et Olive, Los Angeles. Elle était de service la nuit du 9 janvier 1947, date de la disparition de la victime, mais elle ne se souvient pas l'avoir vue cette nuit-là. Peu de temps après le meurtre, la brigade des homicides a reçu un appel anonyme affirmant que George Bacos avait emmené la victime chez une chirurgienne lesbienne de la vallée de Los Angeles. À l'époque, le L.A.P.D. n'a pas pu retrouver le suspect qui n'a donc pas été questionné. Je l'ai interrogé quelques années plus tard et il nie complètement cette information, mais reconnaît avoir rencontré la victime à douze reprises. Il l'a emmenée une fois à Mulholland Drive dans son véhicule. Le suspect vit dans la vallée. Le docteur Tony Zorb, un avorteur bien connu de nos services, m'a déclaré qu'il était de notoriété publique dans le monde médical d'Hollywood que la victime avait été assassinée par une chirurgienne lesbienne. Il a refusé de me donner l'identité de cette personne. Il serait nécessaire de l'interroger à nouveau. »

15. FRANCIS CAMPBELL

(voir ci-dessus, le n°14, George Bacos)

16. CHIRURGIENNE LESBIENNE

(voir aussi ci-dessus, le n°14, George Bacos)

« Madame Chang, riche chirurgienne chinoise de San Francisco, a passé beaucoup de temps à faire la fête à Los Angeles et à San Francisco. Il a été établi que c'est une lesbienne très en vue. Elle a diverti tous les pilotes et personnels de l'Air Force qui se rendaient sur le front du Pacifique pendant la guerre. La victime Elizabeth Short était fiancée avec le pilote Matt Gordon, en garnison à San Diego, qui a été tué au combat en Chine (en fait, il est décédé en Inde. NdA). Elle a fait des voyages à San Francisco avec lui où elle aurait pu croiser la route de Madame Chang. Ce suspect a un frère qui est shérif du Comté de Los Angeles. »

17. DOCTEUR PAUL DEGASTON

« Le docteur Paul DeGaston, 3701 Shannon Road, Olympia 0241, est âgé de cinquante-quatre ans, il mesure un mètre cinquante-quatre pour quatre-vingt-quinze kilos. Il a été positivement identifié comme avorteur sous le pseudonyme du docteur « C.J. Morris », chambre 417, 3923 West 6th Street, Los Angeles. Il utilisait cette adresse et cette identité au moment du meurtre. Voir en annexe le témoignage du docteur Reginald Rankin, un avorteur, qui était son employeur. Ce nom et son adresse figurent également dans le carnet d'adresses de la victime. Il n'a pas fait l'objet d'une enquête par le L.A.P.D.. Il a suivi des études de chirurgie à l'université de Paris, France ; il n'est pas reconnu comme médecin aux États-Unis, mais il s'est spécialisé dans les avortements. À l'heure actuelle, il est l'assistant du docteur Eric Wilson au 13835 Ventura Boulevard, à Sherman Oaks. Voir les témoignages des docteurs Tony Zorb & C.J. Morris en annexe. DeGaston a été jugé pour meurtre à Los Angeles, le 15 octobre 1934, et il a purgé une peine de prison pour des avortements à compter du 28 septembre 1940, à la Washington State Prison. Son épouse Cleona est institutrice à Vinedale, dans la Sun Valley, et elle a engagé une procédure de divorce. Il fait l'objet d'une inculpation pour avortement après son arrestation par le L.A.P.D. le 9 février 1951. Il va être interrogé eu égard à ce meurtre.

18. DOCTEUR A.R. BRIX

« A.R. Brix, M.D., 125 South Lake Street. La carte de visite de ce médecin a été retrouvée parmi les effets personnels de la victime. Questionné par nos services, il a déclaré avoir reçu Short à son cabinet lors d'une unique consultation pour des « problèmes féminins ». Il ne l'aurait plus jamais revue. Son carnet de rendez-vous n'a pas encore fait l'objet d'une vérification, pas plus que la liste de ses patients. »

19. DOCTEUR M.M. SCHWARTZ

« Docteur M.M. Schwartz, suite 203, au 6630 Hollywood Boulevard (Cherokee Building) Granite 4651. Ce médecin a été découvert après un interrogatoire que j'ai mené avec le suspect Mark Hansen. Il affirme avoir déposé la victime devant l'immeuble du Cherokee Building, où elle avait rendez-vous avec un médecin. En examinant tous les cabinets médicaux listés à cette adresse, il a été établi que le docteur M.M. Schwartz était l'associé du docteur McGinnis Faught, suite 214, au moment du meurtre. Cette information a été obtenue grâce à Claude J. Faught, frère d'Arthur, qui vit à l'appartement 105, au 1525 North Van Ness Avenue. Les docteurs Arthur Faught et Schwartz, ainsi que leur infirmière, Lillian Sickler, connaissaient Short en tant que patiente du cabinet.

« Lors de son dernier témoignage, le docteur Schwartz a déclaré avoir fait des études de chirurgie et que la victime le poursuivait de ses assiduités. Elle était une patiente du docteur Arthur McGinnis Faught qui la soignait pour un problème des glandes de Bartholin et qu'il ne voulait en aucun cas avoir affaire avec elle. » (Ces glandes sont situées de chaque côté de la moitié postérieure de la vulve, dans l'épaisseur des grandes lèvres. Par la sécrétion de cyprine, elles participent à la lubrification du vagin — NdA). « Le docteur Faught l'avait incisée à plusieurs reprises et il aurait pu témoigner de manière certaine qu'elle n'avait jamais eu de rapports sexuels. Il affirme que l'infirmière Lillian Sickler pourrait corroborer ce fait. Celle-ci n'a pas répondu aux courriers et aux questions qui lui ont été adressés. Le docteur Arthur McGinnis Faught est décédé. Sa veuve, Mrs Sally Faught, demeure au 268 South Larchmont Avenue, Los Angeles. Elle n'a pas été questionnée. »

20. DOCTEUR ARTHUR MCGINNIS FAUGHT

« Décédé le 1er novembre 1949. Voir ci-dessus à la rubrique concernant le docteur M.M. Schwartz. »

21. DOCTEUR PATRICK S. O'REILLY

« Ce médecin aurait connu Elizabeth Short par l'entremise du propriétaire de boîte de nuit Mark Hansen qui héberge à plusieurs reprises la jeune femme en 1946. C'est un client régulier de l'établissement The Florentine Gardens et un ami proche de Hansen. O'Reilly « participe à des orgies à Malibu » avec Hansen, selon le rapport officiel. Il commet à plusieurs reprises des actes de violence gratuite, à connotations sexuelles. Patrick O'Reilly est ainsi condamné pour avoir « emmené sa secrétaire dans un motel et l'avoir frappée de manière sadique jusqu'à ce qu'elle perde connaissance, apparemment pour la seule et unique raison de satisfaire ses pulsions sexuelles, sans qu'il y ait une relation sexuelle, » explique le rapport officiel. On y lit que le sein droit d'O'Reilly a été retiré lors d'une opération chirurgicale, un acte que les enquêteurs estiment ressembler aux mutilations du corps d'Elizabeth Short. Il a été marié à la fille d'un capitaine du L.A.P.D.. »

22. MARK HANSEN

« Propriétaire de la célèbre boîte de nuit The Florentine Gardens et de plusieurs salles de cinéma, Mark Hansen possède une vaste demeure à Hollywood où résident de nombreuses aspirantes starlettes ou jeunes femmes. Elizabeth Short y vit à plusieurs reprises, entre mai et octobre 1946. En tant que locataire ou comme invitée, selon différentes sources. La petite amie de Hansen, l'actrice Ann Toth, partage à un moment donné une chambre avec Short. Une semaine avant sa mort, le 8 ou le 9 janvier 1947, elle téléphone à Mark Hansen, pendant qu'elle se trouve à San Diego, ce qui en fait une des dernières personnes connues à lui avoir parlé. Le rapport d'enquête indique qu'Hansen fait des déclarations contradictoires quant à la nature de cette conversation. »

Dans le paquet envoyé à un quotidien de Los Angeles par le supposé tueur, on trouve l'agenda personnel de Hansen, dont au moins une page a été arrachée. Encore une fois, les sources divergent, puisqu'il y aurait « quelques » pages manquantes, là où d'autres parlent de « plusieurs dizaines » de feuillets. Mais Mark Hansen ne se serait jamais servi de cet agenda, qui aurait été vierge de toute adresse, et Elizabeth Short l'aurait volé pour y inscrire ses propres contacts. Les archives des autorités du Comté de Los Angeles mentionnent que Hansen cherche à séduire la jeune femme, mais qu'elle repousse ses avances. Il est un des premiers suspects sérieux de l'affaire, et il le demeure toujours en 1951. Mark Hansen est aussi lié à trois autres suspects, tous médecins, Arthur McGinnis Faught, M.M. Schwartz et Patrick S. O'Reilly. Il meurt de cause naturelle en 1964. Son casier judiciaire est vierge et on ne lui connaît aucun acte de violence. Plusieurs articles et ouvrages font état de connections qu'il aurait eues avec le crime organisé, mais ces hypothèses se limitent à des rumeurs non confirmées.

Ce rapport officiel nous apporte plusieurs éléments intéressants sur la nature des suspects. Pour la plupart, il s'agit de personnes associées au milieu médical d'une manière ou d'une autre, avorteurs clandestins ou médecins légitimes. Certaines informations sont contradictoires, plusieurs témoins affirmant avoir eu des relations sexuelles avec Elizabeth Short, ce qui donne par exemple : « Jack Chernau de Chicago a loué une chambre d'hôtel au Blackstone avec Short et l'a rencontrée environ quinze fois en trois semaines. Il a eu des rapports sexuels avec elle. Slig Diamond, un journaliste qui réside au Park Row Hotel, à Chicago. Il a vu Short pendant une période de dix jours ; il affirme avoir des rapports sexuels avec elle. » S'agit-il de pénétrations vaginales, de sodomies ou de fellations ? Si Elizabeth Short a réellement un canal vaginal de taille infantile, cela pourrait expliquer une préférence pour ces deux derniers types d'actes. Ou ces témoins se vantent-ils ? D'un autre côté, le docteur Schwartz est certain que son collègue McGinnis Faught et leur infirmière Lillian Sickler ont noté l'absence de tout rapport sexuel du Dahlia Noir, lors de plusieurs examens des glandes de son vagin. Cette affirmation coïncide avec de très nombreux témoignages qui présentent la victime sous les traits d'une aguicheuse qui promet beaucoup, mais qui n'accorde jamais ses faveurs.

Lorsque ce rapport est finalisé, en date du 20 février 1951, soit quatre ans après le meurtre, on est stupéfait de constater que bon nombre de suspects « n'ont pas été questionnés », qu'il faudrait les interroger « à nouveau », que la police de Chicago n'a pas donné suite aux demandes de celle de Los Angeles, qu'un carnet de rendez-vous d'un médecin n'a pas été vérifié, etc. Toutes ces pistes ne semblent pas avoir été poursuivies jusqu'au bout, les portes n'ont pas été fermées, et cela nous laisse un curieux goût d'inachevé qui, finalement, débouche logiquement sur des pistes farfelues et des thèses bancales concoctées par la quasi-totalité des auteurs des livres anglo-saxons qui traitent de l'affaire.

CHAPITRE

« C'EST PAPA QUI L'A FAIT »

VIII

Au début des années 1990, la chanteuse et publiciste Janice Knowlton est interviewée dans plusieurs journaux et talk-shows où elle affirme avoir vu son père assassiner Elizabeth Short. Souffrant de dépressions récurrentes, elle est soignée par un psychiatre qui lui permet de faire remonter à la surface des souvenirs enfouis au tréfonds de sa mémoire. Enfant, elle aurait été violée par son père George Knowlton, avant d'assister à ses nombreux meurtres et actes de torture. Selon ses dires, son père serait un des pires serial killers de l'histoire du crime américain ; il est décédé dans un accident automobile en 1962. Ce père pédophile, né en 1912, aurait commencé sa carrière meurtrière dans le Massachusetts. Le 15 juillet 1941, à Salem, il fracasse le crâne d'Irene O'Brien, quinze ans, qui est retrouvée nue et mutilée, à l'aide d'un couteau. Deux jours plus tard, c'est au tour de Frances Cochran d'avoir le crâne fracassé, les dents brisées, une branche enfoncée dans la bouche. Son corps est lacéré à l'arme blanche et l'on découvre de l'herbe et des branchages dans son vagin (un rituel répété sur Elizabeth Short, cinq ans et demi plus tard). Le 18 septembre 1943, Harriet Anderson, trente-huit ans, est assassinée à Lynn et, là aussi, Janice Knowlton accuse son père. Aucun de ces trois crimes n'a été officiellement élucidé.

En 1946, George Knowlton déménage avec sa famille sur la Côte Ouest, où il poursuit ses exactions. Le 10 juillet 1946, il aurait étranglé Gertrude Landan, trente-six ans, à Los Angeles. Il fait alors partie d'une secte satanique et, la même année, il noue une relation avec Elizabeth Short. Celle-ci serait une call-girl qui se prostituerait occasionnellement aux côtés de Norma Jean, la future Marilyn Monroe, à l'Ambassador Hotel.

Armée de ses seuls souvenirs et sans l'ombre d'une preuve, elle contacte l'inspecteur John St. John, chargé de l'affaire du Dahlia Noir au sein du L.A.P.D.. Dans une interview de 1991 accordée au *Los Angeles Times*, St. John est affirmatif : « Beaucoup de gens nous contactent en disant que leur père ou un membre de la famille est l'assassin. Ce qu'elle avance ne colle pas avec les faits. »

Mais le Westminster Police Department dans l'État du Massachusetts, adopte une autre attitude et ses services décident d'ouvrir une enquête car, dans cette ville natale de Janice Knowlton et dans les environs, plusieurs meurtres demeurent non résolus. Sa conclusion est identique à celle de l'inspecteur John St. John : aucune preuve ne relie George Knowlton à une quelconque activité criminelle. En 1995, Janice Knowlton est la première à publier un livre, *Daddy Was the Black Dahlia Killer*, co-écrit par le spécialiste reconnu des affaires criminelles Michael Newton, où elle accuse son père. L'ouvrage alterne les chapitres où Janice évoque sa thérapie et sa vie auprès d'un père abuseur et meurtrier, avec le compte-rendu des nombreux meurtres commis par George Knowlton. Celui-ci aurait accueilli Elizabeth Short au domicile familial dans une installation de fortune, transformée en chambre au-dessus du garage. C'est dans cette maison de Texas Street, à Westminster, dans le Comté d'Orange, qu'elle aurait eu une fausse couche, avant que Knowlton ne la tue, la mutile, puis la viole en présence de sa fille de dix ans. Le bébé du Dahlia Noir aurait été broyé dans un hachoir à viande. Il aurait ensuite obligé Janice à l'accompagner lorsqu'il se débarrasse du cadavre coupé en deux.

Le 10 février 1947, Knowlton aurait tué à coups de pied l'aviatrice Jeanne French, quarante-cinq ans, à Grandview, à environ dix kilomètres du terrain vague où l'on a découvert le cadavre d'Elizabeth Short. Deux des acteurs importants de l'affaire du Dahlia Noir travaillent sur ce meurtre, le lieutenant Frank Jemison, qui dresse la liste des vingt-deux suspects officiels de l'assassinat de Beth Short, en date du 20 février 1951, et le médecin légiste du Comté de Los Angeles, le docteur Frederick Newbarr. Des témoins aperçoivent la victime, déjà quelque peu ivre, assise au comptoir du Pan American Bar, au 11155 West Washington Place, le 10 février 1947 entre une heure et une heure quinze. À deux heures, lors de la fermeture de l'établissement, le barman Joseph Nesco lui sert un dernier verre. Elle est en compagnie d'un homme de petite taille au teint basané. Ils semblent se disputer quand ils montent à bord d'une vieille Chevrolet modèle 1936 ou d'une Pontiac, dont la peinture paraît abîmée. Voici les détails du rapport du lieutenant Frank Jemison en date du 15 novembre 1950 :

« Le corps de Jeanne French est trouvé à huit heures quinze, ce même matin du 10 février 1947. Elle est allongée sur le dos, dans un terrain vague, à environ cinq mètres du bord de Grand View Avenue, à West Los Angeles. Elle est nue et ses vêtements sont empilés sur son cadavre. Ses chaussures sont à une trentaine de mètres de distance, il est probable que le meurtrier les a jetées au loin. Son agenda se situe à environ trois mètres du corps. Un morceau de rouge à lèvres est découvert sous le cadavre et, sur son bas-ventre, il est écrit deux messages avec ce même rouge à lèvres : « Fuck you, B.D. » et « Tex ». Elle est complètement recouverte de contusions, de sang et de boue. Son visage a été réduit en bouillie. Il n'y a aucune trace d'arme blanche. Les tissus de l'anus sont contusionnés sur une profondeur de trois millimètres trente-deux. Aucune autre arme n'a été recueillie. Elle a plusieurs blessures apparentes sur le crâne qui peuvent avoir été faites à l'aide d'un objet contondant. D'après le docteur Frederick Newbarr, il pourrait s'agir d'une clef anglaise. Ces coups à la tête n'ont pas entraîné la mort. La cause du décès est l'hémorragie et le choc traumatique des côtes fracturées. La victime a été littéralement piétinée à mort. Des traces de pieds sont visibles sur la poitrine, ainsi qu'une empreinte dans la boue près du visage. Il s'agit d'une chaussure de petite taille (six ou sept, selon les normes anglo-saxonnes, ce qui équivaut à un trente-huit ou à un trente-neuf en France). Pour le Dr. Newbarr, la victime est morte d'une lente agonie, les côtes brisées et fracturées ayant percé le poumon et le foie pour y déclencher une hémorragie. Elle a perdu son sang et elle était très certainement inconsciente à la suite des coups reçus à la tête. Elle a été tuée sur place, tandis que les premiers coups sur le crâne ont probablement été administrés dans le véhicule du tueur, celui-ci traînant ensuite le corps sur le terrain vague. L'empreinte de pied a fait l'objet d'un moulage par le labo. Les constatations du Dr. Newbarr situent le décès entre deux heures trente et trois heures du matin. »

On remarque plusieurs éléments intéressants dans ce meurtre qui intervient vingt-cinq jours après celui du Dahlia Noir. Le message « Fuck you, B.D. » évoque tout d'abord les initiales du Black Dahlia, sauf qu'un examen plus poussé indique, par la suite, qu'il s'agit en fait des lettres P.D.. La rage de l'assassin vis-à-vis de Jeanne French est comparable à celle éprouvée par le meurtrier de Beth Short. On peut parler d'« overkill », un ensemble de gestes gratuits qui ne sont pas nécessaires à la mise à mort de la victime. L'anus contusionné rappelle un acte similaire sur le Dahlia Noir. Tout comme Beth Short, Jeanne French est d'abord violemment frappée à la tête, puis abandonnée dans une posture dégradante en bordure d'une avenue de Los Angeles. Il y a une volonté délibérée de choquer les passants qui vont découvrir le corps. À l'époque, il aurait été judicieux de comparer l'empreinte de la chaussure retrouvée près d'Elizabeth Short avec le moulage de pied effectué sur la scène du crime de Jeanne French. Les tailles étaient-elles concordantes ? Et si un lien existait, cela aurait pu éliminer, par exemple, des hommes de grande taille, tels que le suspect de l'écrivain John Gilmore qui mesure plus d'un mètre quatre-vingt-dix (voir plus loin dans le chapitre « Un suspect crédible ? »). En tout cas, cela a pour effet d'exonérer complètement George Knowlton et George Hodel de ce crime en particulier, puisque leur taille ne peut correspondre à une telle empreinte de chaussure. Son fils Steve Hodel l'accuse justement d'avoir assassiné Jeanne French et d'innombrables autres femmes dans *L'affaire du Dahlia Noir*, *Most Evil* et *Black Dahlia Avenger II*.

Janice Knowlton indique qu'une source anonyme au sein du Los Angeles Sheriff's Department prétend que son père est considéré comme un suspect au moment de l'enquête. Et que le procureur du Comté de Los Angeles, Buron Fitts, ainsi que le futur patron du L.A.P.D., Ed Davis, sont également dans la ligne de mire des enquêteurs. Mais aucun document écrit ne corrobore ses assertions. Le 5 mars 2004, Janice Knowlton meurt à soixante-sept ans dans sa demeure d'Anaheim Hills d'une overdose causée par le mélange de cinq médicaments et la police du Comté d'Orange, en Californie, conclut à un suicide.

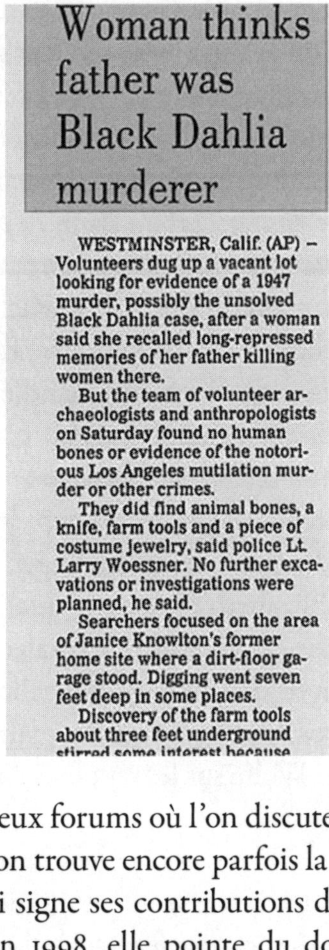

Woman thinks father was Black Dahlia murderer

WESTMINSTER, Calif. (AP) – Volunteers dug up a vacant lot looking for evidence of a 1947 murder, possibly the unsolved Black Dahlia case, after a woman said she recalled long-repressed memories of her father killing women there.

But the team of volunteer archaeologists and anthropologists on Saturday found no human bones or evidence of the notorious Los Angeles mutilation murder or other crimes.

They did find animal bones, a knife, farm tools and a piece of costume jewelry, said police Lt. Larry Woessner. No further excavations or investigations were planned, he said.

Searchers focused on the area of Janice Knowlton's former home site where a dirt-floor garage stood. Digging went seven feet deep in some places.

Discovery of the farm tools about three feet underground stirred some interest because

Sur de nombreux forums où l'on discute de l'affaire du Dahlia Noir, on trouve encore parfois la trace de Janice Knowlton qui signe ses contributions du pseudonyme « jgk61 ». En 1998, elle pointe du doigt le docteur George Hodel comme un suspect potentiel (soit cinq ans avant que son fils Steve Hodel en fasse de même dans un livre publié en France aux éditions du Seuil). Sur la page d'Amazon.com du livre *Daddy Was the Black Dahlia Killer*, la sœur de Janice a publié un commentaire où elle mentionne le fait que Tamar Hodel, fille de George Hodel et demi-sœur de Steve Hodel, est entrée en contact avec l'auteur. Les deux supposées filles de tueurs du Dahlia Noir seraient restées en relation via des courriels pendant de nombreuses années.

En 1999, Janice Knowlton devance de six ans certaines des accusations de l'auteur Donald Wolfe dans son ouvrage, *Le dossier Dahlia Noir, la pègre, le nabab et le meurtre qui a changé l'Amérique* (traduit en septembre 2006 par les éditions Albin-Michel). Dans une théorie très enchevêtrée et compliquée, Elizabeth Short aurait été enceinte de Norman Chandler, l'éditeur du *Los Angeles Times*, pendant qu'elle travaille comme prostituée pour la célèbre « madame » d'Hollywood, la proxénète Brenda Allen. Du coup, le Dahlia Noir aurait été liquidée par le gangster Bugsy Siegel. Mais le simple fait qu'Elizabeth Short soit qualifiée de prostituée et qu'elle ait été enceinte est totalement contredit par les conclusions de l'enquête officielle du procureur du Comté de Los Angeles, ce qui disqualifie d'emblée le très bon livre de Wolfe sur les rapports entre la Mafia et Hollywood.

Dans son livre, Knowlton prétend avoir été vendue à l'âge de neuf ans à une secte satanique de Pasadena, comme prostituée pour la fête d'Halloween en 1946. Parmi ses clients, elle aurait eu un grand nombre de personnalités hollywoodiennes et de notables, tels Walt Disney, le cowboy chantant Gene Autry ou Arthur Freed.

Dans un entretien avec le *Los Angeles Times*, Jolane Emerson, sa demi-sœur, récuse totalement les affirmations de Janice Knowlton : « Son livre est un tissu de mensonges. Elle y croyait, mais ce n'était pas la vérité. Je le sais car j'ai vécu avec son père pendant seize ans. C'est vrai qu'il pouvait parfois être colérique et désagréable, mais ce n'était pas un meurtrier. »

Des psychiatres et des experts sur le stress post-traumatique qui sont intervenus avec Janice Knowlton dans plusieurs talk-shows, tels que *Larry King Live*, *Inside Edition* ou *Sally Jessy Raphael* ont trouvé ses déclarations plausibles. Elle souffrait déjà de dépressions, de crises d'anxiété et de panique depuis de nombreuses années, avant de subir une hystérectomie en 1985. Après une injection massive d'œstrogène, sa santé s'est détériorée, au point de penser tout le temps au suicide.

Après la mort de sa mère et de sa belle-mère, Janice a constaté que des souvenirs enfouis dans son subconscient remontaient à la surface. Elle s'est rappelé des menaces de George Knowlton : il la jetterait dans un fourneau et tuerait sa mère, si jamais elle le dénonçait.

Pendant sa thérapie, Janice s'est souvenue de « Tante Betty ». Elle l'a accompagnée lorsqu'il a voulu se débarrasser de son cadavre, en le jetant dans l'océan, du haut d'une jetée de Seal Beach. Mais le corps est remonté à la surface. Voilà pourquoi il a été déposé sur le terrain vague de South Norton Avenue.

Dans leur livre, Janice Knowlton et Michael Newton racontent que la police recherchait un suspect prénommé « George » et une voiture de couleur marron. George Knowlton conduisait une LaSalle marron. Et l'un des petits-amis d'une des colocataires de Beth Short, l'acteur Ted Driscoll, s'est souvenu d'un certain

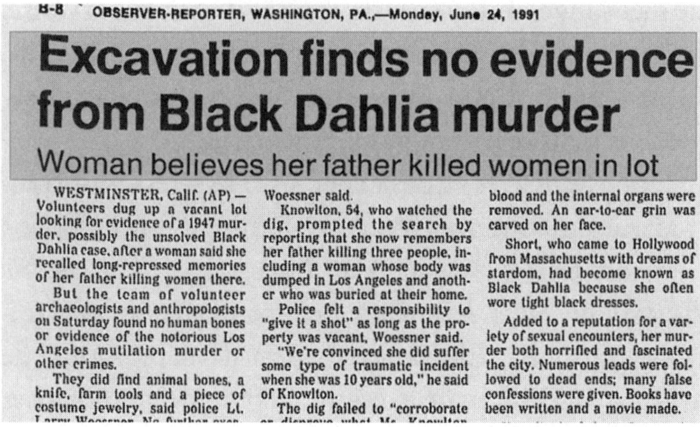

B-8 OBSERVER-REPORTER, WASHINGTON, PA.,—Monday, June 24, 1991

Excavation finds no evidence from Black Dahlia murder

Woman believes her father killed women in lot

WESTMINSTER, Calif. (AP) — Volunteers dug up a vacant lot looking for evidence of a 1947 murder, possibly the unsolved Black Dahlia case, after a woman said she recalled long-repressed memories of her father killing women there.

But the team of volunteer archaeologists and anthropologists on Saturday found no human bones or evidence of the notorious Los Angeles mutilation murder or other crimes.

They did find animal bones, a knife, farm tools and a piece of costume jewelry, said police Lt.

Woessner said.

Knowlton, 54, who watched the dig, prompted the search by reporting that she now remembers her father killing three people, including a woman whose body was dumped in Los Angeles and another who was buried at their home.

Police felt a responsibility to "give it a shot" as long as the property was vacant, Woessner said.

"We're convinced she did suffer some type of traumatic incident when she was 10 years old," he said of Knowlton.

The dig failed to "corroborate

blood and the internal organs were removed. An ear-to-ear grin was carved on her face.

Short, who came to Hollywood from Massachusetts with dreams of stardom, had become known as Black Dahlia because she often wore tight black dresses.

Added to a reputation for a variety of sexual encounters, her murder both horrified and fascinated the city. Numerous leads were followed to dead ends; many false confessions were given. Books have been written and a movie made.

« Georgie », qui venait souvent rendre visite au Dahlia Noir. « La description physique qu'il en donne, sa passion pour la chasse aux cerfs et son emploi dans une aciérie, » explique Michael Newton dans une interview au *Los Angeles Times* en 1993, « sont le portrait craché de George Knowlton. »

GEORGE HODEL, UN PÉDOPHILE ET AMI DE MAN RAY

Steve Hodel a cinq ans lorsque le Dahlia Noir est assassiné. Devenu flic, il arpente les mêmes rues qu'Elizabeth Short. En dix-sept ans de carrière, il travaille sur près de trois cents meurtres. Pour Hodel, c'est une affaire classée comme les autres. Mais après avoir pris sa retraite, ce cas va revenir le hanter.

Son père, George Hodel, est un homme brillant, doté d'un quotient intellectuel de 186, et musicien prodige dès l'enfance. À seize ans, il travaille un temps comme reporter, avant de faire des études de médecine pour devenir chirurgien. Il s'installe à Los Angeles, où il dirige une clinique du Comté, spécialisée dans les maladies vénériennes. La rumeur veut qu'il y aurait soigné des gens célèbres. Il habite une demeure de style flamboyant qui évoque « un temple maya », d'après sa fille Tamar. Le médecin a onze enfants, nés de cinq femmes différentes. En 1999, George Hodel décède dans son appartement de San Francisco, à l'âge de quatre-vingt-onze ans. C'est en fouillant dans les affaires de son père que Steve Hodel découvre un album photos qui contient deux clichés d'une femme inconnue. « J'avais l'impression de la connaître. Pourquoi ? Et quelque part, au plus profond de moi-même, un déclic se produit. C'était le Dahlia Noir. »

Tamar Hodel affirme qu'à l'âge de onze ans, son père désire lui apprendre les plaisirs du sexe. Elle se souvient des amis de son père, parmi lesquels le célèbre photographe Man Ray qui prend de nombreux clichés d'elle complètement nue. En 1949, Tamar quitte le domicile familial et porte plainte pour inceste auprès des autorités. Le médecin est inculpé pour avoir offert sa fille de quatorze ans, lors d'une orgie. « Il m'a violée. Ce n'était pas de l'amour, » déclare Tamar. « Il se sentait coupable, il avait honte. Cela a été une expérience terrible. » Pendant le procès en décembre 1949, de nombreux témoins exonèrent George Hodel, et sa fille passe pour une affabulatrice. Il est déclaré innocent, mais ses ennuis avec la justice ne font que commencer.

Bien plus tard, Tamar confie à son demi-frère ses accusations à l'égard de son père et d'autres personnes de son entourage proche. Elle lui affirme que le réalisateur John Huston a tenté de la violer à l'âge de onze ans et que Man Ray, « un autre vieux cochon », l'a photographiée nue à treize ans, avant de quitter précipitamment les États-Unis par crainte du scandale.

Steve Hodel continue ses recherches sur l'affaire du Dahlia Noir. Il découvre une missive adressée à un journal, le 27 janvier 1947. Le message écrit à la main indique : « Ca y est. Je me rends le 29 janvier, à dix heures du matin. Me suis bien amusé avec la police. Le Vengeur du Dahlia noir. » À ses yeux, aucun doute n'est possible. L'écriture du « Black Dahlia Avenger » est identique à celle de son père.

Pour Steve Hodel, « mon père adorait Man Ray. Il souhaitait lui ressembler, devenir un artiste. Et je crois que le Dahlia Noir a été son chef d'œuvre. » Il a posé le corps d'Elizabeth Short pour qu'il ressemble au Minotaure, la légendaire créature qui dévore des jeunes filles. Les bras de la victime sont placés au-dessus de la tête, à l'image des cornes de la bête. Les lacérations de la bouche et du visage de Short sont un hommage rendu à l'artiste Man Ray et à une de ses œuvres, *The Lovers*. « Je sais que c'est bizarre, » explique Hodel. « Mais mon père était un type bizarre. »

Le docteur George Hodel est, en tout cas, l'un des vingt-deux suspects officiels de l'affaire. Après la dénonciation de sa fille Tamar, son domicile est placé (illégalement) sur écoute du 18 février au 27 mars 1950.

Dans l'une des transcriptions de ses conversations téléphoniques, George Hodel déclare : « Supposons que j'ai tué le Dahlia Noir. Ils ne pourraient jamais le prouver maintenant. Ils ne peuvent même plus parler à ma secrétaire, car elle est morte. » Et il répète cette dernière phrase. Sa secrétaire, Ruth Spaulding, est décédée d'une overdose. Le rapport final d'enquête du lieutenant Frank Jemison en date du 20 février 1951 est présenté au bureau du procureur du Comté de Los Angeles. Voici ce qu'il indique :

« Docteur George Hodel, M.D. 5121 Fountain Avenue. Au moment du meurtre, il possède une clinique sur East First Street, près d'Alameda. Lillian DeNorak, qui vivait avec le médecin, affirme qu'il passait du temps près du Biltmore Hotel et elle identifie la photo de la victime Short comme étant l'une des petites amies du docteur. » Tamar Hodel, l'une de ses filles, âgée de quinze ans, témoigne que sa mère, Dorothy Hodel, lui a dit que son père avait passé toute la nuit du meurtre dehors ; il est supposé avoir dit : « Ils ne pourront jamais prouver que j'ai commis ce meurtre. » Deux microphones ont été placés au domicile du suspect (voir en annexe le carnet de bord des appels et leurs transcriptions sur une période de trois semaines environ qui tendent à prouver son innocence. Lire le témoignage de Dorothy Hodel, son ex-épouse). L'informatrice Lillian DeNorak a été internée dans un établissement psychiatrique, à Camarillo. Joe Barrett, qui demeure au domicile des Hodel, a accepté d'être un informateur. Une photographie du suspect, nu en compagnie d'une femme de couleur, dévêtue elle aussi, a été trouvée dans ses affaires personnelles. Le soussigné identifie cette femme comme étant Mattie Comfort, 3423-1/2 South Arlington, Republic 4953. Elle affirme s'être trouvée en compagnie du docteur Hodel peu de temps avant le meurtre et qu'elle ne l'a jamais vu avec la victime. Rudolph Walters, une relation de la victime et du suspect Hodel, indique qu'il n'a jamais vu la victime en présence de Hodel ; il ne croit pas que le médecin ait jamais rencontré la victime. Les connaissances suivantes de Hodel ont été interrogées et aucune n'a été en mesure d'établir une connexion avec le meurtre : Fred Sexton, 1020 White Knoll Drive ; Nita Moladero, 1617-1/2 North Normandy ; Ellen Taylor, 5121 Fountain Avenue ; Finlay Thomas, 616-1/2 South Normandy ; Mildred B. Colby, 4029 Vista Del Monte Street, Sherman Oaks, ce témoin était une petite amie de Charles Smith, un avorteur ami de Hodel ; Turin Gilkey, 1025 North Wilcox ; Irene Summerset, 1236-1/4 North Edgemont ; Norman Beckett, 1025 North Wilcox ; Ethel Kane, 1033 North Wilcox ; Annette Chase, 1039 North Wilcox ; Dorothy Royer, 1636 North Beverly Glenn. Voir les rapports supplémentaires, les annexes et enregistrements, qui tendent tous à éliminer ce suspect. »

Peu après son procès pour le viol de sa fille Tamar et après le rapport d'enquête du lieutenant Frank Jemison, George Hodel quitte les États-Unis pendant plusieurs décennies. Il y retourne dans les années 1990, pour s'installer à San Francisco. Dorothy, son épouse au moment du meurtre du Dahlia Noir, a été mariée au réalisateur

John Huston, qui était resté en très bons termes avec elle.

Dans la conclusion de son ouvrage sur le Dahlia Noir, Steve Hodel affirme que son père, avec ou sans la complicité d'un autre serial killer, Fred Sexton, a tué au moins sept femmes, outre le meurtre de Beth Short. Après que George Hodel quitte les États-Unis, Sexton se réfugie au Mexique, avant de revenir de manière sporadique dans les années 1950 et 1960, pour y commettre de nouveaux assassinats en Californie.

Que George Hodel ait été un « sale type » et que son fils Steve avait des comptes à régler avec son problème œdipien, on veut bien l'admettre, mais de là à en faire le plus grand tueur en série que l'Amérique ait jamais connu, dépasse l'entendement. Comme le dit si bien Jean-Pierre Deloux, « cette volonté de l'auteur de faire de son père un super (anti)héros du crime, un monstre absolu dépassant les autres serial killers pour être une manière de Fantômas, n'attire pas l'adhésion. Elle devient même un repoussoir nuisant à son argumentation et semble relever encore et toujours de la mythologie engendrée et entourant le Dahlia Noir. Comme si dans son jardin des supplices, le mausolée édifié à sa mémoire avait fini par transcender toute réalité et toute vérité, condamnant à jamais Elizabeth Short à l'errance parmi nos rêves et nos cauchemars. »

GEORGE HODEL ACCUSÉ D'ÊTRE LE TUEUR DU ZODIAQUE

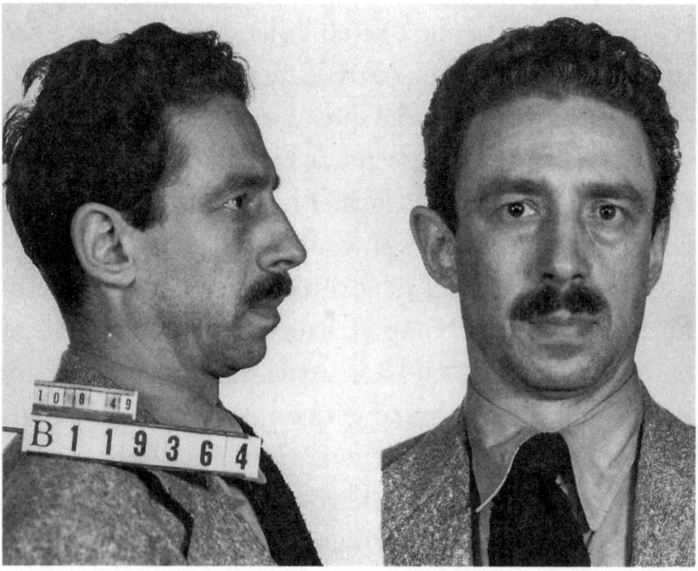

L'émission vedette d'investigations de CBS, *48 Hours Mystery*, a diffusé le 27 novembre 2004, un reportage de cinquante-deux minutes intitulé *Black Dahlia Confidential*, où différents experts ont décortiqué la théorie de Steve Hodel. John Osborn, graphologue pour le Department of Justice, ne possède pas suffisamment de documents écrits pour comparer les écritures du « Black Dahlia Avenger » et de George Hodel. Seule certitude ? Les « N » n'ont pas été écrits par la même personne. J'ajouterai pour ma part que rien ne prouve jusqu'à présent que tous les courriers adressés au *Herald-Express* ou à d'autres journaux soient l'œuvre de l'assassin d'Elizabeth Short; ils peuvent très bien avoir été envoyés par un mauvais plaisantin. Comme je l'ai précisé auparavant, seul le paquet contenant des effets personnels de la victime pourrait avoir comme expéditeur l'assassin d'Elizabeth Short. Et le message est entièrement composé à partir de lettres et de mots découpés dans les journaux.

Expert en reconnaissance faciale et inventeur du logiciel « E-Fit », utilisé par d'innombrables forces de police, Sunni Chapman concède tout d'abord une certaine ressemblance entre les deux clichés de l'album-photos de George Hodel et plusieurs portraits d'Elizabeth Short. Mais des mesures faciales extrêmement précises des deux visages « permettent d'affirmer à 85% que ces photographies ne sont pas une seule et même femme, » conclut Sunni Chapman.

Romancier dans l'âme et invité de cette émission de CBS, James Ellroy y perçoit une certaine ironie. N'oublions pas qu'il a préfacé le livre de Steve Hodel. « Je crois qu'il a résolu l'affaire du Dahlia Noir. On peut parler de divine providence lorsqu'un chirurgien fou engendre un fils qui devient flic au bureau des homicides, et qui voit des photos qui ne sont même pas celles d'Elizabeth Short. Et finalement, on finit par découvrir que c'est quand même le paternel qui a fait le coup. Ça, c'est quelque chose qui me plaît. »

Mais Steve Hodel ne se contente plus d'accuser son père d'avoir assassiné huit femmes, dans *Most Evil*, paru en 2010, il tente de nous faire croire que George Hodel est devenu le plus grand serial killer américain de tous les temps, en l'accusant d'être l'auteur des « Lipstick Murders » de Chicago en 1945 pour lesquels William Heirens a été condamné, ainsi que des crimes du Zodiaque dans la région de San Francisco. Heirens, qui est décédé en prison en 2012, est un cambrioleur fétichiste de seize ans, qui assassine trois personnes, dont une fillette, en 1945. Lorsqu'il tue Frances Brown, il écrit un message au rouge à lèvres : « Pour l'amour de Dieu, arrêtez-moi avant que je tue à nouveau. Je ne peux pas me contrôler. » Une fois sous les verrous, Heirens accuse de ses crimes un alter ego du nom de « George Murman », un raccourci de Murder Man. Quant au Zodiac Killer, illustré avec brio dans le film de David Fincher, ce serial killer inconnu serait responsable de quarante-trois meurtres en tout entre 1966 et 1978, dans la région de San Francisco. Le Zodiaque entretient une longue correspondance avec la police et les médias de juillet 1969 à avril 1978, marquée par d'innombrables « indices » sous forme de textes cryptés et de références occultes. Scorpio, l'assassin que poursuit Clint Eastwood dans le premier *Inspecteur Harry* est librement inspiré du Zodiaque. Ses lettres ont été publiées pour la première fois dans un livre de Robert Graysmith.

Même si *Most Evil,* l'ouvrage de Steve Hodel, est « amusant » à lire malgré une écriture défaillante, ce quasi roman veut nous faire croire que George Hodel a d'abord tué en posant de manière rituelle ses victimes en les déstructurant, afin d'imiter l'art « pervers » de Man Ray pour, vingt ans plus tard, devenir un serial sniper qui abat ses cibles à travers les vitres d'un véhicule, sans jamais les approcher, avec un mode opératoire complètement différent. C'est absolument ridicule, d'autant plus qu'aucun début de preuve n'est avancé pour nourrir ces folles présomptions. Le livre est, par ailleurs, truffé d'inexactitudes. Steve Hodel accuse ainsi son père d'avoir assassiné deux personnes, dont les dossiers de police indiquent qu'elles ont été tuées à deux heures d'intervalle, à près de sept cent kilomètres l'une de l'autre. À un autre moment, il précise qu'à l'exception du meurtrier du Dahlia Noir et du Zodiac Killer, il n'existe que deux autres tueurs en série, Jack the Ripper et le BTK Strangler, qui ont écrit des courriers à la presse ou à la police ! David Berkowitz, Keith Hunter Jesperson, Heriberto Seda, Albert Fish, les exemples abondent du contraire.

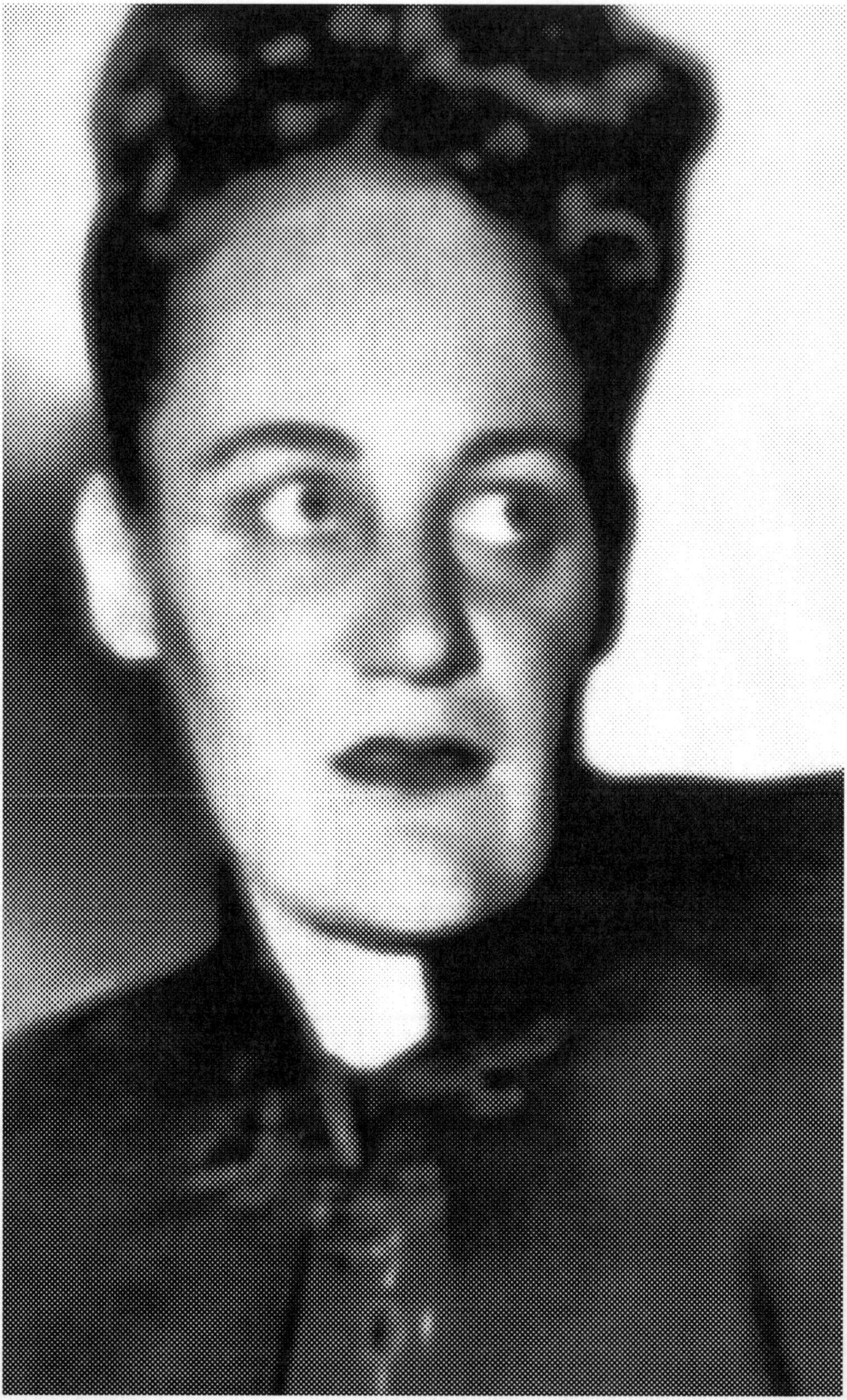

CHAPITRE

UNE FEMME MEURTRIÈRE DU DAHLIA NOIR ?

IX

C'est l'hypothèse favorite du capitaine Jack Donahoe, patron de la Brigade des homicides au L.A.P.D., qui penche pour une lesbienne comme assassin. On sait qu'à plusieurs reprises, Elizabeth Short a été vue au Gay Way, un bar homosexuel très connu à Hollywood, notamment le 9 janvier 1947, six jours avant qu'on ne la retrouve sur le terrain vague de South Norton Avenue.

Dans le rapport d'enquête de la police du Comté de Los Angeles, on peut lire que « le docteur Tony Zorb, un avorteur bien connu de nos services, a déclaré qu'il était de notoriété publique dans le monde médical d'Hollywood que la victime avait été assassinée par une chirurgienne lesbienne. » Un peu plus loin, le même enquêteur indique une piste à suivre en la personne de « Madame Chang, riche chirurgienne chinoise de San Francisco, a passé beaucoup de temps à faire la fête à Los Angeles et à San Francisco. Il a été établi que c'est une lesbienne très en vue. Elle a diverti tous les pilotes et personnels de l'Air Force qui se rendaient sur le front du Pacifique pendant la guerre. La victime Elizabeth

Short était fiancée avec le pilote Matt Gordon, en garnison à San Diego, qui a été tué au combat en Chine. Elle a fait des voyages à San Francisco avec lui où elle aurait pu croiser la route de Madame Chang. »
Pour l'auteur de romans policiers Craig Rice, il existe une raison logique pour cette hypothèse d'une meurtrière, avec la découpe utilitaire du corps du Dahlia Noir : « Elizabeth Short ne mesurait qu'un mètre cinquante-cinq et pesait dans les cinquante kilos. Pourquoi couper le corps en deux ? Pour faciliter le transport ? Si l'assassin est un homme, il n'aurait eu aucune difficulté à transporter le corps. Mais supposons qu'il soit un homme de petite taille, un infirme… ou une femme ? » Quant à l'écrivain et scénariste Ben Hecht, « la manière dont le Dahlia Noir a été assassiné, souillé et massacré, après diverses tortures, nous révèle l'aspect, le sexe, la taille, le poids, et même le type de coiffure du coupable. » À ses yeux, le meurtrier ne peut être qu'une femme « car dans presque tous les cas de torture et de mutilations post-mortem, l'homosexualité est le mobile de base. Il n'y a aucun élément de vengeance dans ce crime. » Pour se venger, un homme est capable de torturer, affirme Ben Hecht, mais sa colère meurt avec la victime. « C'est un crime commis par une lesbienne, et la première intention n'était pas de tuer. Le meurtre a pu être la conséquence des frasques auxquelles le Dahlia Noir s'est livré. »

MINNIE SEPULVEDA QUI AVOUE LE MEURTRE DU DAHLIA NOIR

Sur son excellent site, Joan Renner raconte que, parmi les centaines de fausses confessions recueillies par les enquêteurs, il y eut aussi quelques femmes, telles Minnie Sepulveda, Christine Reynolds, en novembre 1950, ou Marie Grieme qui a entendu une habitante de Chicago avouer le crime. Toutes ces pistes ne mènent, bien sûr, nulle part. Mais l'idée d'une meurtrière fait son chemin et le *Los Angeles Herald-Express* se doit d'expliquer à ses lecteurs qu'Elizabeth Short est restée une semaine en ville sans avoir retiré ses bagages de la consigne de la gare routière. Est-elle restée chez une femme qui lui a fourni les produits d'entretien et de maquillage dont elle a toujours besoin ? Et qui l'a peut-être assassinée ? Dans ce même numéro, le quotidien dresse le portrait de trois meurtrières de L.A. qui ont aussi mutilé leurs victimes, Louise Peete, Winnie Ruth Judd et Clara Phillips.

Admits Crime

Christine Reynolds, 34, who told Oakland, Calif., police yesterday she was the one who killed Elizabeth Short four years ago in Los Angeles. Mrs. Reynolds, the 27th person to confess the notorious "Black Dahlia"

WOMAN GRILLED IN DAHLIA CASE

She Tells of Slaying Elizabeth Short in 1947

OAKLAND, Calif., Nov. 25. (AP)—Police questioned a 34-year-old woman today about the sadistic "black dahlia murder case."

Inspector Eric Gustavson said Mrs. Christine Reynolds made a statement that it was she who in 1947, in Los Angeles, knifed to death 22-year-old Elizabeth Short then slashed the body in two.

The motive given, the inspector said, was abnormal jealousy.

Left for Another

Gustavson said Mrs. Reynolds told him she and Miss Short had engaged in unnatural relations for three weeks before the killing that Miss Short left her for the companionship of another woman.

Miss Short, model and movie extra, with jet-black hair, customarily clad herself in black. Her bisected body was found in a vacant lot in Los Angeles January 15 1947.

Police called it "the most revolting sex crime in our files."

Mrs. Reynolds told officers she has worked as a laboratory technician.

In Glendale, police lieutenant W. W. Wheelock said that last Ma

La psychologue Alice La Vere, qui est mise à contribution de façon régulière par le tabloïd (et que l'on retrouvera dans le chapitre « Les profilers mènent l'enquête »), nous fait frémir avec sa « sinistre Lucrèce Borgia — une femme boucher dont l'horreur du crime surpasse tous les autres. (...) Les meurtres laissent derrière eux toute une série d'indices matériels comme des empreintes, des morceaux de peau et de cheveux. Le massacreur du Dahlia Noir nous a donné à voir la preuve ultime d'un esprit féminin dégénéré et vicieux. » La Vere poursuit ses explications pour s'intéresser à la personnalité de la criminelle : « Les enquêteurs doivent rechercher une femme plus âgée que le Dahlia Noir. Cette femme, qui a inspiré le crime ou qui a commis cet outrage effroyable et barbare, n'est pas forcément une personne de forte carrure, dotée d'une grande force physique. Les émotions extrêmes ou une haute tension mentale dotent les êtres, hommes et femmes, d'une puissance surhumaine. »

LA PISTE D'UN CHIRURGIEN DÉMENT ET DE SA MAITRESSE

Cette hypothèse d'une femme plus âgée que Beth Short évoque une piste intéressante, révélée par l'un des plus grand spécialiste de l'affaire, le journaliste du *Los Angeles Times* Larry Harnisch, qui tient un excellent site sur l'affaire. Cette thèse est devenue la préférée de James Ellroy, depuis qu'il a complètement rejeté celle de Steve Hodel et de son père serial killer. Depuis des années, Harnisch annonce l'écriture d'un ouvrage sur le Dahlia Noir qui n'est toujours pas paru à ce jour. Le journaliste a découvert une connexion importante entre le terrain vague où le corps de Beth a été déposé et un couple de médecins, chirurgiens tous les deux. En 1947, le docteur Walter Alonzo Bayley habite à un pâté de maisons au sud de South Norton Avenue. Il est séparé de son épouse Ruth depuis octobre 1946 qui, elle, vit toujours sur place, au 3959 South Norton Avenue (l'endroit où Elizabeth Short a été déposée correspond maintenant au 3825 South Norton Avenue). Bayley réside avec sa maîtresse, Alexandra von Partyka, qui est aussi un médecin récemment émigré de Vienne, et qui deviendra son associée. À cette époque, son diplôme européen ne l'autorise pas à exercer aux États-Unis. Après le décès du docteur Walter Bayley en janvier 1948, soit un an après l'assassinat du Dahlia Noir, son épouse Ruth et le Dr. Partyka vont se disputer avec violence le contrôle de l'héritage. La veuve affirme que Partyka fait chanter le docteur Bayley, car elle a connaissance d'un « lourd secret » qui aurait pu ruiner sa carrière.

West Coast Police Seek Woman as 'Dahlia' Slayer

LOS ANGELES, Jan. 21 (INS).—Authorities late today believed they had uncovered a "break" in the baffling mutilation slaying of Elisabeth Short, after nearly 1000 officers were thrown into a night-long combing of the city's nightspots.

At two taverns, bartenders remembered seeing the 22-year-old Miss Short during her previously "lost week," just prior to the finding of "The Black Dahlia's" severed body Jan. 15.

BARS ARE SEARCHED

The stories they told appeared to lend credence to the current police theory that Miss Short might have been tortured and slain by a woman.

Following a trail through a score of Hollywood and downtown Los Angeles bars where she was well known, officers reported Miss Short as most recently seen Jan. 11 at "The Dugout" on Main st. and "The Four Star" on Hollywood blvd. Jan. 12, just two days before the probable night of her slaying.

C. O. Williams, bartender at the downtown spot, said Miss Short was with a blonde who "flew into a rage" when to men attempted "to move in on them," he said:

"We had quite a time calming the blonde down."

At the movie colony tavern, both Arthur Legura, bartender, and Gloria Hattenberg, waitress, recalled Miss Short was with another woman.

ALWAYS WITH WOMEN

Miss Hettenberg said she had seen Miss Short many times, and almost always she was in the company of other women.

Bar employes at the taverns she frequented, which include nearly every bar along the movie capital's "White Way," agreed however that the black-garbed, raven-haired girl seldom ordered anything other than soft drinks.

À de très nombreuses occasions, lorsque le couple illégitime dîne ensemble, Walter et Alexandra écoutent de la musique classique pour accompagner la projection de films médicaux de chirurgie qu'ils regardent pendant le repas. Walter Bayley avait un fils, Walter Junior, qui est décédé à l'âge de onze ans, dans le Vermont, écrasé par un camion dans les années 1920. Lorsque Walter Jr. est emmené mourant à l'hôpital, son père est dans le même établissement, en train d'effectuer une opération chirurgicale. Personne ne le prévient de l'accident de son fils, avant qu'il ait terminé, avec succès, son intervention. Cette mort de son fils unique reste un traumatisme majeur durant toute l'existence de Walter Bayley.

Le docteur Bayley, lorsqu'il s'installe à Los Angeles, se spécialise dans les hystérectomies. En 1946-1947, selon Larry Harnisch et d'autres sources, Elizabeth Short réussit à soutirer de l'argent aux personnes qu'elle rencontre en leur racontant ses malheurs, avec son époux pilote qu'elle a perdu à la guerre et leur fils qui serait mort. Peut-être que Walter Bayley a mis son récit en doute et, furieux qu'elle lui mente au sujet d'un fils décédé, l'aurait alors massacrée. Signalons que l'anniversaire de Walter Junior, victime de cet accident dans le Vermont, tombe un 13 janvier qui est — peut-être, le jour où le Dahlia Noir a été assassiné, le corps étant découvert deux jours plus tard.

Par un curieux hasard, Barbara Lindgren, l'une des filles adoptives du couple Bayley, a été le témoin du mariage en 1945 de Virginia Short, la sœur du Dahlia Noir, lorsque celle-ci s'est mariée à Inglewood, dans les faubourgs de Los Angeles.

Le certificat de décès de Walter Bayley indique qu'il est mort d'une pneumonie et qu'il souffre d'encéphalomacie, une forme de ramollissement cérébral. Quelques mois auparavant, il montre les premiers symptômes de la maladie d'Alzheimer. Début 1947, son comportement devient erratique, colérique et il sombre dans l'alcool. Tous ses proches indiquent un changement radical de son attitude, habituellement souriante et ouverte. Souvenons-nous de ce que déclare l'ex-profiler du F.B.I. John Douglas : « Après le meurtre, il ne serait pas étonnant qu'il soit passé par une phase de décomposition émotionnelle importante. Il aurait dû être possible de reconnaître le comportement d'un tel individu après le crime, qu'il se soit traduit par une dépression nerveuse, un internement ou un suicide. Peut-être avait-il fait des confidences à quelqu'un. S'il s'était confié, c'était sans doute dans un moment de faiblesse — sous l'influence de l'alcool, par exemple —, et il se serait senti encore plus vulnérable par la suite. Une telle situation n'aurait pas été sans danger pour son confident... » Les derniers mois de son existence, Walter Bayley les passe cloîtré, sous la coupe de sa maîtresse Alexandra Partyka.

Lorsque Beth Short disparaît le 9 janvier 1947, à l'hôtel Biltmore, elle est sans le sou et sans domicile fixe. A-t-elle demandé de l'aide à Walter Bayley, dont les bureaux du 1052 West 6th Street, se situent tout près de l'hôtel Biltmore, à cinq pâtés de maisons ? Connaît-elle son existence par le mariage de sa sœur ? Car le beau-frère de Beth fréquente la même église que le docteur Bayley. Ont-ils ensuite passé plusieurs jours ensemble ?

Walter Bayley est-il tombé amoureux du Dahlia Noir ? Beth a-t-elle refusé les avances du chirurgien ? Alexandra Partyka a-t-elle eu connaissance d'une liaison entre son amant et Beth Short ? Tout ceci reste au niveau de suppositions et nous ne pouvons qu'espérer la publication prochaine de l'ouvrage de Larry Harnisch pour, peut-être, nous apporter des réponses à ces coïncidences troublantes.

En ce qui me concerne, je ne pense pas qu'une femme soit responsable de l'assassinat du Dahlia Noir.

CHAPITRE

LES PROFILERS SUR LA PISTE DU TUEUR

X

Psychiatre controversé, Joseph Paul de River est né à La Nouvelle Orléans, le 15 novembre 1894. Après avoir travaillé pour la Navy, il devient conseiller pour le Probation Department de la ville de Los Angeles en 1934. Son rôle ? Il étudie des cas relevant de la psychiatrie criminelle et il témoigne dans les cours de justice. Il se passionne pour l'étude des criminels sexuels de toute sorte ; à l'époque, cette catégorie de « déviants » englobe aussi bien les meurtriers, les violeurs ou les pédophiles, mais aussi tous ceux qui s'adonnent à des « actes indécents », tels que la fellation, le cunnilingus, la sodomie et, par-dessus tout, l'homosexualité.

C'est en 1937 que son intervention est décisive dans un triple homicide à caractère pédophile qui ébranle la cité de Los Angeles et qui le rend très populaire auprès du L.A.P.D. et des médias. Le matin du samedi 26 juin, quatre jeunes filles, les trois sœurs Everett, Madeline, six ans, Melba Marie, neuf ans, et Olive, onze ans, ainsi que leur voisine, Jeanette Stephens, huit ans, se rendent dans le parc de Centinela, au cœur du quartier d'Inglewood,

(DE HAUT EN BAS) LES CORPS DE JEANETTE STEPHENS, MADELINE EVERETT, MELBA EVERETT

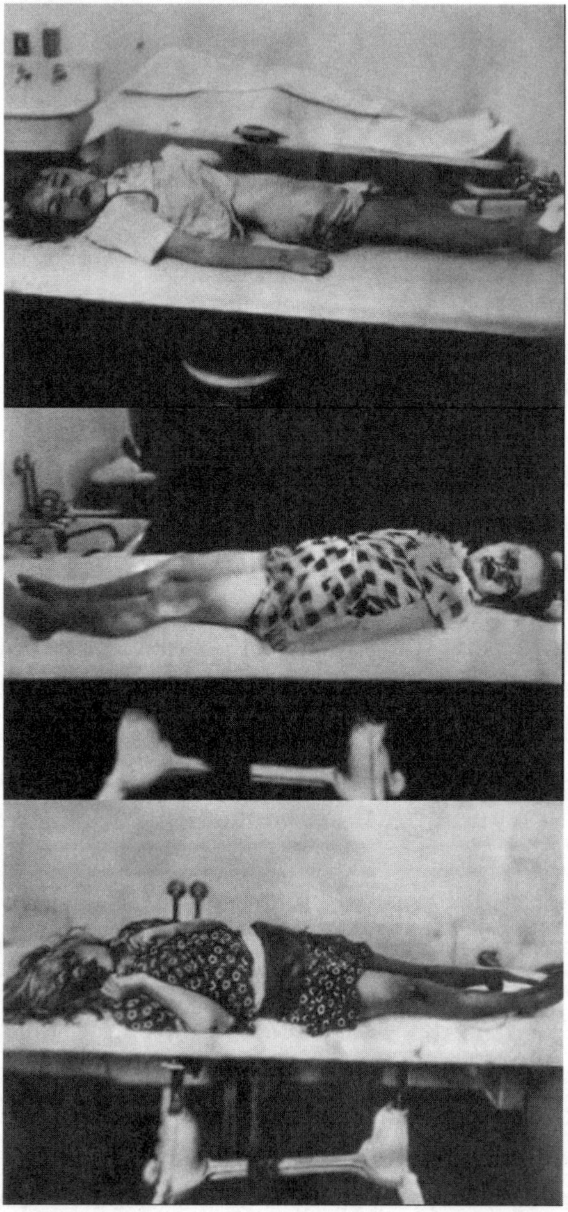

à Los Angeles, pour y jouer. Elles emportent un drap et quelques jouets. Olive les quitte peu de temps après pour rentrer chez elle. Il est environ onze heures lorsque des badauds aperçoivent les trois fillettes assises sur le drap, en pleine discussion avec un homme. Vers midi, une gardienne des espaces verts interpelle les enfants qui s'éloignent en courant de la piscine pour se diriger vers un espace pique-nique.

– Où courez-vous comme ça ? s'écrie-t-elle.

– On va chasser des lapins, rétorque l'une des fillettes.

En fin d'après-midi, comme elles ne sont pas encore rentrées chez elles, les parents se rendent au commissariat d'Inglewood pour signaler leur disparition. Il est vingt heures. Les premières recherches menées par les autorités ne donnent rien, à cause de l'obscurité et de la vaste étendue du parc qui contient une végétation très dense. Le dimanche après-midi, une foule de cinq cents personnes s'est rassemblée au Centinela Park pour fouiller les sous-bois, les terrains vagues et les maisons abandonnées des collines environnantes de Baldwin Hills. Il y a là des policiers, des Boy Scouts, mais aussi de nombreux citoyens alertés par les médias. Les recherches se poursuivent la nuit tombée, à la lueur des torches. Les enquêteurs ont lancé un appel pour retrouver un suspect moustachu qui ressemble à un Mexicain âgé de trente-cinq à quarante ans. Cet homme surnommé « Eddie le marin » aurait importuné Olive Everett dans le parc, le vendredi en fin d'après-midi. Il s'agit d'Othel Leroy Strong, vingt-deux ans, en libération conditionnelle après avoir été condamné pour « des actes indécents à l'encontre d'une fillette d'Inglewood ». Olive livre un témoignage dans un article du *Los Angeles Times* : « Il fait des tours de magie. Il est capable de se tordre les poignets et de faire des nœuds compliqués. Il voulait que je le suive pour une promenade en voiture ». Elle reconnaît, avec difficulté, l'agresseur dans un album photos de la police et ajoute qu'il a déjà tenté de la maltraiter un an auparavant.

Il est deux heures du matin dans la nuit de dimanche à lundi lorsque les corps des trois enfants sont découverts par un groupe de quatre Boy Scouts, dans un petit ravin de Baldwin Hills, au croisement de La Brea Avenue et d'Exposition Boulevard. C'est Walter Burdette, un pilote d'avion en reconnaissance, qui signale « une tache de couleur » à midi trente, vers laquelle se sont dirigés les Boy Scouts. D'après le *Los Angeles Times*, « une cordelette est nouée autour du cou de chacune des fillettes. Elles ont été toutes les trois souillées avant d'être tuées. Les corps étaient horriblement mutilés. » Le lundi soir, « une foule d'environ mille cinq cents personnes s'est assemblée devant la mairie d'Inglewood pour menacer de lyncher le coupable, dès qu'il sera appréhendé. » La police parvient à les calmer en promettant une arrestation rapide du « maniaque sexuel qui a commis le pire crime dans les annales du Comté de Los Angeles, » selon les termes employés par le procureur Buron Fitts. Le soir même, une chasse à l'homme d'envergure est déclenchée pour mettre Othel Strong sous les verrous. Olive Everett l'identifie aussi comme l'individu qui a tenté plusieurs fois de les convaincre de partir à la chasse aux lapins dans les collines. Mais le mardi 29 juin, le shérif Eugene Biscailuz innocente Othel Strong. Un collègue de l'État de Washington, le shérif d'Olympia, affirme que Strong n'a pas quitté leur ville depuis janvier 1937.

ALBERT DYER

Une nouvelle description d'Eddie le marin est proposée dans les colonnes du *Los Angeles Herald-Express*. Olive Everett est à nouveau mise à contribution ; son témoignage est corroboré par deux promeneurs du parc, Ferdinand North et Haskell Wright : « Âge : entre trente et trente-six ans. Taille : un mètre soixante-dix-neuf à un mètre quatre-vingt-trois. Poids : entre soixante-dix et quatre-vingt-cinq kilos. Habillement : une vieille chemise marron, un bleu de travail, un chapeau de couleur sombre, des chaussures marron. Signes particuliers : des tatouages sur les bras. Une fine moustache noire. Très bronzé. Son apparence générale est celle d'un individu malpropre. La chevelure est noire. Les témoins estiment que ce n'est pas un étranger. »

Ce même mardi 29 juin 1937, le chef du L.A.P.D. James Davis, le shérif Eugene Biscailuz et le procureur Buron Fitts tiennent une conférence de presse pour annoncer la nomination d'Eugene Williams à la tête de l'ensemble des investigations. Les journalistes apprennent que les sœurs Everett sont les nièces de Don Oliver, un expert de la police scientifique du L.A.P.D.. Le lendemain, tout le quartier mexicain d'Inglewood est fouillé, sans le moindre résultat. Huit cents personnes se rassemblent à nouveau devant la mairie et la police a de plus en plus de mal à contenir la fureur de cette foule. Une fillette de neuf ans, Lillian Popp, déclare qu'elle a failli se faire kidnapper avec sa cousine et les trois victimes, ce même samedi dans le parc de Centinela. Le conducteur est reparti avec les trois jeunes filles au volant d'une Chevrolet de couleur verte.

Le 30 juin marque aussi l'arrestation de Luther Dow, un vagabond de trente-trois ans, que deux femmes identifient comme ayant été vu en compagnie des trois victimes et de deux autres fillettes. Il arbore un tatouage sur le bras et de nombreuses traces de griffures sur tout le corps. On trouve un mouchoir de femme dans l'une de ses poches. La police parvient à grand-peine à l'emmener à la prison d'Inglewood, car une foule de deux mille personnes menace de le lyncher sur place. Le 1er juillet, une réunion des enquêteurs débouche sur une nouvelle théorie : Eddie le marin est exonéré de toute suspicion. Luther Dow est déclaré innocent de toute accusation et relâché.

Le lendemain, un nouveau suspect est arrêté. Fred Godsey est un multirécidiviste de trente-quatre ans, dépeint comme « un maniaque sexuel dégénéré » par les divers quotidiens locaux. Surnommé « Freddie le marin », sa description physique ressemble à celle du mystérieux Eddie. Pendant ce temps, un reporter du *Los Angeles Times* se rend sur les lieux du triple homicide en compagnie d'une célèbre voyante hollywoodienne, La Reina Rule. Voici un compte-rendu de sa « vision » : « Je vois une petite maison de bois rouge. Elle se situe près de l'océan. Je crois que l'assassin a passé beaucoup de temps à San Pedro, et son domicile s'y trouve peut-être. Tel que je l'imagine en ce moment, il est très proche de cette maison. Il se trouve en compagnie d'un homme obèse et de petite taille, au visage terreux — celui-ci a des tendances perverses. Cet individu a un aspect beaucoup plus répugnant que le meurtrier et il est âgé d'une quarantaine d'années. L'assassin a rasé sa moustache et il a revêtu des habits féminins pour mieux se déguiser. Tôt ou tard, il va revenir sur le lieu de son forfait — peut-être habillé en femme. Le tueur a des problèmes pour se déplacer, il a mal aux pieds ou à ses chevilles, et sa denture est en très mauvais état. Il lui manque plusieurs dents. »

LE PSYCHIATRE DE RIVER ENTRE EN SCÈNE

Ce crime atroce choque les médias et la population. Le bureau du procureur a l'idée de consulter le docteur de River pour qu'il examine la scène de crime, le jour même où les victimes sont découvertes. Le psychiatre dresse un profil psychologique du meurtrier qui, lorsqu'il est arrêté une semaine plus tard, correspond quasiment au portrait établi par de River. Le soir du vendredi 2 juillet, un employé municipal de trente-deux ans, Albert Dyer, se présente au commissariat d'Inglewood pour parler aux enquêteurs. « À cette heure tardive, un grand nombre de policiers se trouve encore dans une salle du deuxième étage, qui sert de quartier général pour toutes les investigations, » explique un reporter du *Los Angeles Times* présent sur les lieux. « Le District Attorney (un district attorney est à la fois juge d'instruction et procureur aux États-Unis — NdA) Buron Fitts est là aussi. Le capitaine William Penprase est en pleine discussion avec le patron des enquêteurs, Eugene Williams, lorsque la porte s'ouvre à la volée. Un homme à la chevelure noire et aux yeux fous joue des coudes pour se propulser jusqu'au centre de la pièce.

– Qu'est-ce que vous me voulez, les gars ? Pourquoi en avez-vous après moi ! s'écrie-t-il.

« Tout le monde lève la tête. Il y a un bref moment de silence. Puis le chef Williams est le premier à prendre la parole :

– Asseyez-vous, on va tout de suite s'occuper de vous.

« L'individu, qui paraît très nerveux, se tortille sur sa chaise. Les hommes présents le laissent « mariner » pendant une vingtaine de minutes. Pendant ce temps, les enquêteurs se renseignent sur son identité auprès des agents de l'accueil. Williams le prie finalement de s'asseoir à son bureau.

« Le dénommé Albert Dyer réitère sa demande :

– Je voudrais savoir pourquoi vous en avez après moi. J'ai déjà été interrogé une fois, et on m'a totalement innocenté. Pourquoi vous me traquez encore ?

« Un rapport de police en date du 28 juin indique qu'un garçon de quatorze ans, Mike Huerta, a plusieurs fois aperçu Dyer se promener dans Centinela Park et que son attitude lui paraît suspecte. Des enquêteurs interrogent Dyer, qui est éliminé de la liste des suspects lorsqu'il affirme à la police qu'il fait du jardinage avec son épouse, le jour où les trois enfants sont assassinés.

« Le chef Williams comprend sur-le-champ la situation :

– Ce n'est pas vous que nous recherchons. Vous n'êtes pas du tout soupçonné. Vous m'avez l'air très nerveux, mon vieux. Vous feriez mieux de rentrer chez vous pour vous reposer. Une bonne nuit de sommeil vous fera du bien. Et, rappelez-vous, vous êtes « clean » en ce qui me concerne.

« Dyer semble décontenancé. Il se lève et quitte la salle. Sur le chemin du retour, il ne se rend pas compte que deux ombres le suivent, deux policiers collés à ses basques pour surveiller ses moindres faits et gestes. »

Le dimanche 4 juillet 1937, il est dix heures du matin lorsque les inspecteurs G.E. Chandler et R.R. Williams arrêtent Albert Dyer à son domicile du 518 Commercial Street, à Inglewood. Quelques heures plus tard, les policiers l'emmènent au bureau du District Attorney à downtown Los Angeles, par crainte d'une émeute. Le chef de la police d'Inglewood, O.E. Campbell, fait même visiter la prison locale à un citoyen choisi au hasard parmi la foule des badauds pour prouver que le tueur d'enfants n'est pas emprisonné sur place. Pendant toute la journée, Dyer nie avoir tué les fillettes, mais il finit par craquer à vingt heures trente, sous la pression de six enquêteurs qui se relaient pour l'abreuver des mêmes questions. L'édition matinale du *Los Angeles Times* en date du 5 juillet relate les faits : « Dyer est un des premiers habitants d'Inglewood à être présent sur la scène du triple crime. Son badge d'employé municipal brille au soleil pendant qu'il prodigue ses conseils pour faire évacuer les trois corps des enfants, du fond de ce ravin qui était leur tombe depuis deux jours. Il ordonne même à la foule de ne pas fumer « par respect pour les morts ». Pendant toute la durée des fouilles, il participe aux recherches, n'hésitant pas à se rendre à plusieurs reprises à la mairie pour transmettre des informations. »

Trois médecins, les docteurs Charles Decker, Aaron Rosanoff et Joseph Paul de River, ont pour tâche d'évaluer l'état mental de l'accusé et son degré de responsabilité. Le Dr. de River ne s'est trompé que sur un seul point : Albert Dyer a trente-deux ans, alors qu'il a mentionné un « âge probable d'une vingtaine d'années ». C'est lui qui va être chargé de l'interrogatoire du suspect et de découvrir ses motivations.

LES INTERROGATOIRES

Le 6 juillet 1937, le docteur de River commence à questionner Albert Dyer. Il consigne ces interrogatoires dans son ouvrage *The Sexual Criminal* dont le chapitre, « The Sadist Pedophile », est consacré au tueur des trois fillettes. Ce dernier y apparaît sous le pseudonyme de « W. », comme tous les autres criminels sexuels étudiés par le psychiatre. Voici les extraits principaux de son rapport :

SITUATION FAMILIALE

« W. indique que son père est décédé, mais que sa mère est toujours vivante, et en bonne santé, d'après ce qu'il croit savoir. Il a été élevé par des parents nourriciers qui habitent dans une autre ville que Los Angeles. Il a un frère de santé fragile depuis qu'il est tombé gravement malade lors d'une partie de chasse. Une sœur est mariée et en bonne santé qui vit dans un autre État. L'histoire familiale est marquée par de très nombreuses maladies nerveuses, de la syphilis, des internements psychiatriques et de l'épilepsie. Plusieurs membres de la famille sont des alcooliques notoires, marqués par la pauvreté, le vagabondage et une forte dégénérescence morale.

« Sa vie de famille est ordinaire, enfant, il va à l'église tous les dimanches. W. a eu une gonorrhée il y a cinq mois. Il reçoit des soins à l'hôpital du Comté. Il n'a jamais eu la syphilis, ni de maladie grave ou d'accident, à l'exception d'un violent choc à la tête il y a deux mois. Il ignore ce qui l'a frappé ou si quelqu'un lui a administré un coup, toujours est-il qu'il a perdu connaissance. W. n'a pas consulté de médecin à ce sujet. Le sang n'a pas coulé, mais il souffre depuis de maux de tête et de troubles visuels. Sa consommation d'alcool est occasionnelle et se limite à quelques verres de vin. Il fume mais ne prend pas de drogues. Il a toujours eu envie de voyager à travers le pays, car il a l'impression de ne jamais pouvoir tenir en place. Cela fait deux ans qu'il est marié et il n'a pas d'enfants. Son épouse actuelle est stérile à cause d'une opération. W. a trente ans lorsqu'il se marie et sa femme en a vingt-quatre. Il admet quelques disputes au sein du couple, mais il n'a que rarement levé la main sur son épouse. Son casier judiciaire indique des problèmes de vagabondage.

VIE SEXUELLE ET CRIMINELLE

« Sa vie sexuelle débute vers l'âge de onze ou douze ans par de la masturbation. Mais W. déclare qu'il ne poursuit pas cette pratique car il a entendu dire que cela peut rendre fou. C'est à dix-huit ans qu'il a son premier rapport sexuel avec une femme de vingt ans. Il a toujours préféré les jeunes filles aux femmes plus âgées. W. n'a jamais eu de préférences homosexuelles. Il a pratiqué toutes sortes d'actes sexuels pervers, surtout depuis qu'il est marié, et il a essayé de nombreuses positions. Son désir aurait été de pouvoir se regarder en train de faire l'amour, mais il ne possède pas de miroir assez grand (narcissisme). W. aime beaucoup que sa partenaire soit allongée sur le ventre, pour la prendre par derrière et il lui arrive fréquemment de la sodomiser. À de très nombreuses reprises, il a eu des rapports sexuels complets pendant les règles de son épouse, ce qui l'a beaucoup excité, car elle paraît plus ardente. Le cunnilingus est un acte auquel il s'adonne souvent. Voici comment il explique sa préférence sexuelle pour de jeunes enfants : « W. déclare qu'il a toujours voulu « quelque chose de jeune et d'étroit » — d'un âge nettement plus

Without a tangible clew to work on, police, Sheriff's deputies and volunteers are searching for these girls who disappeared mysteriously Saturday from Centinela Park, Inglewood. Left to right, Jeanette Marjorie Stephens, Madeline Everett and Melba Everett.

jeune que ses partenaires habituels. Il souhaite prendre son temps, les déshabiller, pour connaître une forte excitation, et examiner en détail leurs organes sexuels. Mais W. est conscient qu'il n'y arrivera jamais, à moins de tuer ses victimes car il manque de courage et ignore comment agir pour ne pas les effrayer. Il sait parfaitement qu'il va leur « déchirer la chair » en commettant cet acte et qu'il vaut mieux qu'elles soient mortes pour ne pas souffrir ; ainsi, elles ne lui résisteront pas.

« Il affirme que la silhouette et l'odeur des fillettes lui procurent une intense excitation sexuelle. Cela fait plusieurs années qu'il pense à un tel acte (pédophilie). Cette idée s'est encore accentuée ces derniers mois : une énorme envie de partenaires très jeunes, de quelque chose de « très serré » (élément masochiste). Il y a un mois, W. a exploré les collines et les ravins qui entourent le parc, à la recherche d'un endroit isolé pour y attirer des jeunes filles. Le mercredi précédant le crime, il a porté son choix définitif sur ces trois enfants en particulier et a commencé à élaborer un plan (choix de cordelettes, notamment).

« Le jour du triple meurtre, lorsqu'il est arrivé sur place, il ne perd pas un seul instant, avant de passer à l'acte. Les préparatifs lui ont peut-être pris dix à quinze minutes tout au plus, car il est pressé d'avoir des rapports sexuels. Il tue ses victimes tout de suite, en les faisant venir une par une, et en les étranglant par derrière avec une corde. Pendant qu'il étrangle la première, les deux autres attendent à côté dans des buissons qu'il leur montre des lapins. Une seule fillette le supplie de l'épargner, mais il n'y prête aucune attention, à cause de son excitation sexuelle. Lorsqu'on lui pose la question de savoir s'il a connu une plus grande excitation sexuelle en les assassinant, W. répond que c'est effectivement le cas : avec chaque nouveau meurtre, son ardeur s'est encore accrue. Leurs souffrances ont encore amplifié son désir sexuel. Lorsqu'il tue les fillettes, W. est en érection. Après les meurtres, il retire les sous-vêtements et viole vaginalement et analement deux des enfants.

« À ce stade de l'interrogatoire, il est un peu confus et prétend qu'il les a d'abord pénétrées vaginalement, avant de se contredire. Au final, il déclare être certain d'avoir sodomisé deux des fillettes pour ensuite les violer vaginalement toutes les trois. W. affirme avoir finalisé chacun des rapports avant de passer à l'enfant suivante. Quand on lui demande s'il a éjaculé pendant l'acte de sodomie, il répond par la négative ; il a démarré par cet acte à cause de son attirance pour les fesses des jeunes filles (fétichisme), et que cela a encore accentué son excitation.

« Questionné quant à savoir s'il a ressenti de la douleur en commettant de tels actes sur des personnes aussi jeunes, W. dit que oui, mais que cette souffrance l'a rendu « encore plus ardent », qu'elle l'excite et qu'il a souvent mouillé son pénis avec le sang des fillettes. Il a enfin satisfait son désir le plus cher et le fait de sentir leur chair se déchirer lui a procuré un immense plaisir.

« W. déclare qu'il a exercé une très grande force pour insérer son organe dans les orifices étroits de ses victimes. Après les avoir violentées et inspectées, il leur a parlé, mais elles ne lui ont pas répondu (le remords du masochiste). Il a remis en place leurs sous-vêtements, s'est essuyé le pénis avec un mouchoir avant de remonter son pantalon. Il a aligné avec soin les chaussures des enfants (exhibitionnisme, remords masochiste) pour que les gens pensent que les fillettes ont été soigneuses jusqu'à leur dernier souffle. W. s'est agenouillé devant chacune des victimes pour réciter une prière. Il a insisté pour me la répéter dans son intégralité : « Dieu s'il vous plaît sauvez l'âme de cette enfant et sauvez aussi mon âme. Pardonnez-moi pour mes offenses. » Lorsqu'on lui demande s'il se rendait compte de la portée de ses actes, il prétend que oui et que c'est la raison pour laquelle il prie.

« Après avoir commis son forfait, W. veut allumer un feu mais il devient très nerveux, lorsqu'il se rend compte qu'il ne lui reste plus qu'une seule allumette. Il ramasse des feuilles et des brindilles et parvient à démarrer les flammes. Il brûle le mouchoir utilisé pour s'essuyer le pénis des taches de sperme et de sang. Puis il s'assure que le feu est bien éteint, pour ne pas déclencher un incendie dans le parc. Il tremble et se sent nerveux en quittant le ravin, avant de rentrer chez lui. Mais il se déclare aussi plus léger et satisfait sexuellement ; il a enfin accompli son plus cher désir et il doit se montrer rusé pour éviter de se faire prendre. Il ajoute que pendant qu'il violente les fillettes, il a l'impression d'être quelqu'un de très puissant et qu'elles sont ses esclaves (complexe sadique).

« Lorsqu'on lui demande s'il a bien mangé et dormi la nuit qui suit son crime, W. répond par l'affirmative. Le lendemain matin, il a lu les journaux et s'est senti très excité par ce qu'il a fait, en étant assez malin pour ne pas se faire prendre.

« La nuit suivante, il boit plusieurs verres de vin avant de faire l'amour avec sa femme. Questionné sur son état d'esprit à ce moment-là, il affirme qu'il pense au meurtre des fillettes et à ce qu'il leur a fait subir. Cela entraîne chez lui un accroissement énorme de son plaisir sexuel. Il ajoute qu'à chaque fois qu'il entretient des rapports sexuels avec sa femme, il pense toujours à une fillette qu'il a pu croiser par le passé. Lorsqu'on lui demande laquelle des trois victimes lui a procuré le plus de plaisir, W. répond que c'est S. (elle était probablement la plus développée à cause de son âge).

« L'auteur demande à W. si le fait qu'il y ait eu trois enfants est une coïncidence, ou s'il aurait pu en prendre un ou deux ? Il affirme en avoir toujours voulu au moins trois et qu'il s'est préparé en conséquence, mais qu'il en aurait pris quatre, si l'occasion s'était présentée.

ANALYSE ET CONCLUSION

« Le sujet peut être considéré comme sain d'esprit et il prémédite son crime. Il fait preuve d'intelligence dans la préparation du kidnapping et de son forfait. J'attire votre attention sur le fait qu'il garde la cordelette au fond de sa poche jusqu'au moment où il va s'en servir sur chacune des victimes. Cela prouve qu'il différencie le bien du mal, et que si les enfants voient cette corde, elles risquent d'être effrayées. Il brûle aussi le mouchoir avec lequel il s'essuie le pénis, car il se rend compte que si on le trouve sur lui, il sera immédiatement suspecté d'être l'assassin des fillettes. W. admet avoir connu une grande excitation en voyant ses victimes mourir, et que la vue et l'odeur de leur sang ont satisfait sa libido.

« Le lendemain du crime, il se sent ivre de sa propre puissance car il a trompé son monde. Il garde un album rempli de coupures de presse qui relatent son forfait, il les a collées avec soin, page après page. C'est une preuve de son égocentrisme, marqué par un exhibitionnisme extrême. Il est content de souffrir (le côté masochiste de sa nature). Il est désolé et pleure aisément, d'après ce qu'il dit. Il est l'exemple type d'un sadomasochiste lâche, à la fois spectaculaire et hystérique dans son comportement. Il sait différencier le Bien du Mal, mais il manque de sincérité dans ses sentiments. Il a été capable d'endormir la méfiance de trois fillettes âgées de six, huit et neuf ans, en les convaincant de son honnêteté et de sa franchise, alors que leurs parents respectifs les avaient averties du danger d'être approchées par des inconnus. Il n'éprouve aucun remords quand il raconte en détail ses meurtres. Dans le bureau du District Attorney, W. se trouve mal à plusieurs reprises, mais il ne perd jamais connaissance, comme j'ai pu l'observer. Son pouls est toujours régulier. Il cherche seulement à se mettre en vedette et à attirer la sympathie de son auditoire, ce qui correspond tout à fait à sa nature sadomasochiste. »

Le 9 juillet 1937, les trois médecins rendent des conclusions identiques : « Dyer est un dégénéré sadique, un faible d'esprit au quotient intellectuel de soixante-cinq, mais il est légalement sain d'esprit. » Il a le cerveau d'un enfant de dix ans. Dans l'attente de son procès, il passe son temps en cellule à lire la Bible et à fumer à la chaîne. Il déclare à son avocat qu'il espère être bientôt libéré : « Je suis prêt à rendre visite tous les mois à un officier de probation. J'aimerais m'engager dans la Marine. Je suis sûr que ça ferait de moi un homme. »

Condamné à la peine de mort, le 26 août 1937, Albert Dyer prend son ultime repas, du jambon, des œufs, des gâteaux et du café, le 16 septembre 1938. Jusqu'au bout, le condamné reste un fumeur invétéré : un correspondant du *Los Angeles Times* écrit « qu'il tient une cigarette dans la main gauche, alors même que ses bras sont attachés et qu'on lui enfile une cagoule noire sur la tête. » Il bascule dans la trappe à dix heures et trois minutes. Il est déclaré mort treize minutes plus tard. Plus de cent spectateurs assistent à l'une des dernières pendaisons de l'État de Californie. Parmi les badauds, l'expert de police scientifique Don J. Oliver, oncle des sœurs Everett, qui déclare à son voisin : « Il a eu ce qu'il méritait. »

LE DR. JOSEPH PAUL DE RIVER ET LE DAHLIA NOIR

En tout cas, la réputation du psychiatre est faite grâce à l'affaire Dyer et il est bientôt engagé par le L.A.P.D. grâce aux recommandations du juge A.A. Scott et de l'enquêteur en chef du bureau du procureur, Eugene Williams. Même s'il n'est pas payé, l'influence du docteur de River est grandissante. En échange de son aide, le L.A.P.D. l'autorise à utiliser les cas qu'il traite et les entretiens qu'il effectue pour la publication d'un ouvrage sur les criminels sexuels. De River le publiera en 1949. Fin 1937, il crée le Sex Offense Bureau, au sein du L.A.P.D., dont il sera l'unique employé. Il devient le premier psychiatre officiel d'un département de police aux États-Unis.

Dès qu'un suspect d'un crime sexuel est arrêté, ses empreintes sont prélevées et il est photographié par les policiers, avant d'être interrogé par le docteur de River. Le psychiatre le questionne sur son histoire familiale, son existence, ses maladies vénériennes, son passé criminel et ses fantasmes sexuels. Toutes ces informations sont ensuite classées dans ce qui devient le premier fichier des délinquants sexuels.

En mai 1939, le L.A.P.D. décide de salarier le docteur de River qui obtient un nouveau succès avec l'arrestation du tueur en série DeWitt Cook en août 1939. En 1944, il sert de conseiller technique à Fritz Lang pour son film *The Woman in the Window* (*La femme au portrait*) et il signe de nombreux articles pour le tabloïd de William Randolph Hearst, *Evening Herald and Express*, où il devient l'ami proche de la reporter vedette « Aggie » Underwood. Cette dernière couvre en 1947 l'affaire du Dahlia Noir.

Le 17 janvier 1947, deux jours après l'assassinat d'Elizabeth Short, de River signe un article où il dresse le profil du « criminel à l'esprit tordu » : « Le tueur sadique d'Elizabeth Short a rempli son œuvre avec une évidente satisfaction égotiste pour prouver son désir de puissance.

« Il est évident qu'il hait les femmes. Le meurtrier est un sadique qui se réjouit à l'idée d'administrer des coups et qui, par la suite, s'acharne à détruire sa victime. Habituellement, ce type de criminels est un individu extrêmement pervers qui utilise toutes sortes de méthodes de torture pour satisfaire ses désirs.

« Nous devons garder à l'esprit que pour cette catégorie de crime sadique, le coupable recherche par-dessus tout à infliger de la douleur et à humilier la victime.

« Il faut aussi se souvenir que des sadiques de ce calibre sont dotés d'une curiosité extrême et peuvent passer beaucoup de temps en compagnie de leurs victimes, même lorsque celles-ci sont mortes.

« Cet homme est peut-être même du genre studieux.

« Il a adoré l'humiliation de sa victime. Il était un expérimentateur et un analyste des formes les plus extrêmes de torture. »

Dans les jours qui suivent l'assassinat, le capitaine Jack Donahoe demande à ses hommes d'interroger systématiquement tous les criminels sexuels figurant dans le fichier du Sex Offense Bureau, sans le moindre résultat probant. Le psychiatre de River participe à ces interrogatoires. Dans les semaines suivantes, plusieurs crimes sexuels intensifient encore la pression médiatique et politique sur les enquêteurs du L.A.P.D.. Le 10 février 1947, Jeanne French, quarante-cinq ans, est piétinée à mort ; le 11 mars, Evelyn Winters, quarante-deux ans, secrétaire aux studios Paramount, est frappée à mort près d'une ligne de chemin de fer d'Union Station ; le 12 mai, Laura Trelstad, trente-sept ans, est violée, battue puis étranglée près d'un puits de pétrole à Long Beach ; le 8 juillet, le corps dénudé de Rosenda Mondragon, vingt ans, est trouvé dans un caniveau proche de City Hall, le sein droit mutilé et un bas de soie autour du cou. Pour réagir face à cette épidémie, la Californie fait voter une loi durant l'été 1947 qui oblige tous les criminels sexuels condamnés à donner leur lieu de résidence aux autorités policières locales. Le docteur de River est l'un des spécialistes qui conseille les législateurs. C'est le tout premier registre des délinquants sexuels à être mis en place aux États-Unis. Soixante ans plus tard, la plupart des États américains en possède un.

En octobre 1948, le magazine *True Detective* publie un article de George Clark sur le meurtre du Dahlia Noir dont le dernier paragraphe contient une citation du docteur de River : « Le docteur de River croit que la personne capable d'infliger de tels sévices à Elizabeth Short va, un jour ou l'autre, par sa nature même, être poussée à se vanter de ce forfait qui a choqué la nation. »

LA PISTE DE LESLIE DILLON

Un mois plus tard, un jeune homme basé à Miami adresse un courrier au psychiatre, en réponse à cet article. Il indique être lui-même un écrivain intéressé par les criminels sexuels et le sadisme, et il propose ses services pour tenter de résoudre l'affaire. La lettre est signée Jack Sands qui déclare avoir été employé comme groom dans un hôtel de Santa Monica au moment du crime. Cette lettre éveille l'intérêt de de River. Voici un homme qui correspond à merveille à son profil du meurtrier présumé. Il est « du genre studieux », se passionne pour les crimes sexuels et le sadisme et, en lui envoyant cette missive, il exprime son désir de revendiquer la paternité de son forfait. Le psychiatre téléphone à Jack Sands et leur conversation le convainc du bien-fondé de son hypothèse. Pour appâter Sands, il lui fait croire qu'il pourrait l'engager comme secrétaire particulier pour l'aider à écrire un ouvrage sur l'affaire. Il lui propose même de régler son billet d'avion pour venir à Los Angeles.

Mais Jack Sands préfère rencontrer de River dans une autre ville, une crainte de revoir Los Angeles qui conforte encore les soupçons du docteur. Les deux hommes se retrouvent dans un motel de Las Vegas, le 28 décembre 1948. Le psychiatre est en compagnie de son chauffeur, J.J. O'Mara, qui est sergent au L.A.P.D.. Lors des journées suivantes, de River questionne Jack Sands qui finit par admettre sa véritable identité, Leslie Dillon, Sands étant son nom de plume. Il a vingt-sept ans et possède un casier judiciaire pour ivresse sur la voie publique et vol de montres pendant son service au sein de la Navy. Il a récemment perdu du poids à cause d'une consommation excessive d'amphétamines. Son intérêt pour le Dahlia Noir vient d'un de ses amis proches, Jeff Connors, qu'il a connu à San Francisco en 1946, quand tous les deux sont employés dans une cafétéria. Connors aurait été un proche d'Elizabeth Short et, lorsque Dillon le revoit en juillet 1947, il paraît extrêmement nerveux. « Je crois que quelque chose dans cette affaire le dérangeait, » explique Dillon.

Le 3 janvier 1949, Dillon et de River se rendent à San Francisco pour essayer de retrouver Jeff Connors. Ils sont suivis par deux policiers en civil. Les recherches sont vaines et, la nuit précédant leur voyage vers Los Angeles, Dillon est menotté à un radiateur par les inspecteurs. De River l'accuse d'avoir inventé « Jeff Connors », qui serait un alter ego sur lequel le jeune homme projette sa culpabilité. Mais Dillon nie toute participation au crime.

Le 7 janvier, le groupe arrive à Los Angeles pour louer une suite à l'hôtel Strand, sous le nom de O'Shea. Les interrogatoires se succèdent sans relâche. Excédé par cet acharnement, Dillon parvient à jeter une carte postale par la fenêtre de sa chambre, trois jours plus tard. Elle est adressée au célèbre avocat Jerry Giesler, et c'est un employé du quotidien *Evening Herald-Express* du groupe Hearst qui la trouve dans un caniveau. Rappelons que c'est ce même groupe de presse qui a « confisqué » l'enquête sur l'assassinat d'Elizabeth Short. Le message de la carte est sans équivoque : "Je suis retenu prisonnier dans la suite 219-21, Strand Hotel, à cause du meurtre du Dahlia Noir par le docteur J. Paul de River. J'ai besoin d'un soutien légal. Mr Leslie Dillon. »

L'information de la découverte de cette carte postale remonte jusqu'aux oreilles du docteur de River et de la police. Ils décident de prendre les devants en inculpant Leslie Dillon de meurtre. Lors d'une conférence de presse, le chef de la police Horrall annonce que Dillon est « le meilleur suspect que nous ayons eu dans cette affaire. Il nous a spontanément révélé des détails sur ce crime que seul l'assassin pouvait connaître. Parmi ces précisions, il y a des explications significatives quant à la mutilation du corps de Miss Short et sur son emploi du temps avant son décès. » De River ajoute que le suspect « sait plus de choses sur le meurtre du Dahlia que la police et qu'il connaît mieux les perversions sexuelles que la plupart des psychiatres. Ces deux dernières années, Dillon a perdu vingt kilos. Le Dahlia a été assassiné il y a deux ans. Il m'a aussi affirmé qu'un « certain événement » survenu dans son existence il y a deux ans lui avait donné l'envie de complètement changer sa personnalité. »

Les détectives Hansen et Brown, toujours responsables de l'enquête, n'ont pas été tenus au courant des interrogatoires secrets de Leslie Dillon, et ils se lancent dans des vérifications. Au bout de quelques jours, la théorie du docteur de River s'effondre lorsque les enquêteurs retrouvent Jeff Connors, quarante ans, à Gilroy, non loin de San Francisco. Leslie Dillon est innocenté et, le 12 janvier 1949, il est interrogé par des journalistes en compagnie de de River, devant le commissariat de Highland Park. Absolument pas gêné par ses premières déclarations, le psychiatre explique qu'il s'est rendu à San Francisco avec Dillon pour essayer de trouver Jeff Connors. Dillon a été arrêté « pour une raison inconnue, » raconte-t-il. Tout comme Leslie Dillon et son pseudonyme de Jack Sands, Jeff Connors est le nom de plume d'Arthur Lane, qui connaît effectivement Elizabeth Short et qui travaillait pour les studios Columbia, la nuit où elle est assassinée. Son alibi est vérifié et Arthur Lane est libéré le 14 janvier 1949, deux ans jour pour jour après le meurtre du Dahlia Noir.

En octobre 1949, Joseph Paul de River publie son œuvre majeure, *The Sexual Criminal*, une compilation des différents cas auxquels il a eu affaire. Mais sa situation au sein du L.A.P.D. s'est beaucoup fragilisée avec le fiasco de Leslie Dillon. Ayant rejeté la faute de l'arrestation arbitraire sur les services de police, de River s'est fait de puissants ennemis. Le 18 octobre 1949, le psychiatre va encore plus loin lorsqu'il est questionné par une commission d'enquête qui examine les meurtres non élucidés d'Elizabeth Short et d'autres femmes durant l'été 1947. Il accuse la haute hiérarchie du L.A.P.D. d'avoir sabordé les enquêtes à cause de « jalousies » et de « problèmes de politique interne au département. »

Le 23 août 1950, le L.A.P.D. renvoie Joseph Paul de River qui continue, au fil des décennies, à croire à la culpabilité de Leslie Dillon. À ses yeux, Dillon est un simple employé du propriétaire de night-club Mark Hansen chez qui Elizabeth Short a habité peu de temps avant sa mort. Il aurait agi sur les ordres de son puissant patron. Lorsque le psychiatre décède en 1977, c'est sa fille Jacqueline de River qui reprend le flambeau.

En 2004, elle raconte les déboires de son père et sa propre fascination pour le meurtre d'Elizabeth Short dans un livre publié à compte d'auteur, *The Curse of the Black Dahlia*, qu'elle signe sous l'identité de Jacque Daniel. Elle a aussi animé un site dédié à la mémoire de son géniteur.

Dans le chapitre précédent où j'évoque la théorie d'une femme tueuse de Beth Short, nous avons pu lire le profil psychologique que dresse la psychologue Alice La Vere d'une telle « Lucrèce Borgia » dans les colonnes du *Los Angeles Herald-Examiner*. Après les avis d'auteurs de romans policiers, le tabloïd, à court d'informations pour alimenter l'appétit insatiable de ses lecteurs pour l'affaire, fait appel à des psychologues et à des psychiatres pour remplir leurs colonnes. Le docteur Joseph Paul de River donne son opinion dans plusieurs articles. À son avis, le tueur est un sadique qui « pendant l'épisode criminel, a eu la possibilité de générer de l'affect par deux sources différentes — son propre sentiment de toute-puissance et la destruction de la résistance de l'autre. Il était le maître et la victime était son esclave. » De River aborde aussi un aspect négligé par la presse et les enquêteurs, avec la suggestion d'un acte nécrophile : « Il faut se rappeler que les sadiques de ce genre ont une surabondance de curiosité qui peut les pousser à passer beaucoup de temps auprès de leurs victimes, une fois que l'étincelle de vie a vacillée et qu'elle se soit éteinte. »

Il est bientôt suivi par Alice La Vere qui n'hésite pas à changer son fusil d'épaule pour satisfaire aux exigences de la rédaction. À ses yeux, Elizabeth Short « a une pauvre opinion d'elle-même, c'est quelque chose qui la ronge en permanence. Elle éprouve tout le temps le besoin de se sentir importante aux yeux de quelqu'un et ceci se manifeste par le nombre élevé d'admirateurs et de soupirants dont elle aime à s'entourer. »

Pour Alice La Vere, le criminel est « quelqu'un qui est passé à l'acte pour la première fois lors du meurtre du Dahlia Noir. En toute probabilité, il s'agit d'un vétéran de la Seconde Guerre mondiale qui s'est mal ajusté à son retour à la vie civile. L'absence de responsabilité sociale que les soldats éprouvent, leur obsession pour le sexe qui est au cœur même de leurs conversations, leurs nerfs à vif à l'idée de partir au combat sont des facteurs facilitant un passage à l'acte criminel. » Elle ajoute, un peu plus loin : « La répression du besoin sexuel qui s'accompagne d'une inéquation sociétale imprègne très certainement le background du tueur. »

À la lecture du profil d'Alice La Vere en 1947, on se rend compte qu'elle évoque un portrait similaire à celui de John Douglas, l'ex-profiler du F.B.I., quelques cinquante années plus tard, comme vous avez pu le lire dans le chapitre V, « Comment j'ai pisté l'assassin du Dahlia Noir ».

CHAPITRE

UN CHANTEUR DE FOLK, UN RÉALISATEUR ET AUTRES COUPABLES

XI

D'après les archives du procureur du Comté de Los Angeles, le célèbre chanteur de folk Woody Guthrie a été considéré comme un suspect potentiel. Incarné au cinéma par David Carradine dans le film d'Hal Ashby, *Bound for Glory* (*En route pour la gloire*) en 1976, Guthrie est l'objet d'une enquête, à la suite d'une dénonciation d'une femme qui vit dans le nord de la Californie. Amoureux d'elle, il la harcèle par des courriers sexuellement explicites et l'envoi de coupures de presse sur l'affaire du Dahlia Noir. Les sous-entendus contenus dans ces lettres ont mis la puce à l'oreille de cette femme qui se confie à sa sœur, à Los Angeles. Cette dernière contacte ensuite les autorités. Woody Guthrie est rapidement exonéré de toute participation dans le meurtre, bien que la justice tente de l'inculper pour « envoi de matériel pornographique ». Cet épisode de la vie du chanteur rebelle est confirmé par son biographe Ed Cray dans son ouvrage, *Ramblin' Man : The Life and Times of Woody Guthrie*, publié en 2004.

Dans son livre sur le Dahlia Noir, *Childhood Shadows: The Hidden Story of the Black Dahlia Murder*, publié en 1999 par un petit éditeur de l'Indiana, 1st Books Library, Mary Pacios nous propose un très bon portrait d'Elizabeth Short qu'elle a connue comme voisine à Medford, dans le Massachusetts, avant son départ pour la Californie. Très marquée par le drame, elle décide de retrouver tous les amis, la famille et les protagonistes qui ont connu la jeune femme. Le résultat est probablement le tableau le plus juste du Dahlia Noir, grâce à des interviews riches en informations personnelles. Par contre, lorsqu'il s'agit de tirer les conclusions de l'enquête criminelle, Mary Pacios tombe dans le même piège que tous les autres auteurs qui ont traité de l'affaire, celui de trouver un coupable à tout prix et, s'il est célèbre, c'est encore mieux.

Le coupable de Mary Pacios est le célèbre cinéaste et acteur Orson Welles, l'auteur de *Citizen Kane*. Quelles sont les « preuves » citées à son encontre ? En premier lieu, le fait que le réalisateur est accusé d'une tentative de viol, étouffée par les médias. Ensuite, son caractère colérique qui lui vaut des crises de rage et de violence, dixit Pacios. Pendant la Seconde Guerre mondiale, comme tant d'autres personnalités hollywoodiennes, Orson Welles part distraire les soldats du front. Il effectue des tours de magie, notamment celui d'une femme coupée en deux. Du coup, Welles aurait été « obsédé » par le fantasme de trancher des femmes en deux ! Mary Pacios décèle cette obsession dans des indices visuels de scènes coupées au montage de *La dame de Shangaï*

Le «Dahlia noir»

Est-ce l'assassin ?

FORT-DIX. 6. (B. U. P.) — Les autorités de l'armée américaine détiennent à Fort-Dix, le caporal Joseph Dumais, de Claremont, New-Hampshire, comme témoin important dans l'affaire du meurtre d'Elizabeth Short, le "Dahlia noir". Dumais a admis avoir eu un rendez-vous avec Mlle Short, six jours avant que la police ne découvre son cadavre mutilé. Cependant, il prétend ne se souvenir de rien depuis le moment de la rencontre. Il recouvra la mémoire, dit-il, lorsqu'il arriva à la gare Pennsylvania, à New-York. Il affirme également qu'il ne savait rien de l'assassinat du "Dahlia noir" jusqu'à ce qu'il lut la nouvelle dans les journaux.

(1948) qui concernent le décor d'une maison aux angles biscornus. Orson Welles tourne ce film la même année que le meurtre d'Elizabeth Short. Coïncidence, il fait une demande de passeport pour l'Europe le 24 janvier 1947, le jour même où le tueur du Dahlia Noir envoie le paquet d'effets personnels de Beth Short au *Los Angeles Herald-Examiner*. Ajoutons que le tabloïd est dirigé par Randolph Hearst, dont Orson Welles dresse un portrait à l'acide dans *Citizen Kane*. Le réalisateur quitte les États-Unis pour un long séjour en Europe, dix mois après l'assassinat. Toujours d'après Mary Pacios, des témoins de l'époque indiquent qu'Orson Welles et Elizabeth Short fréquentent le même restaurant, *Brittingham's*, à Los Angeles. Ils auraient pu s'y rencontrer, mais personne ne les a jamais vus ensemble. Welles n'a jamais été considéré comme un suspect par les enquêteurs du L.A.P.D. et aucun document écrit ne vient confirmer l'hypothèse de Mary Pacios qui anime, par ailleurs, un très bon site sur l'affaire du Dahlia Noir.

Parmi toutes les personnes qui ont avouées être l'auteur du crime, la presse à sensation de Los Angeles a longtemps ciblé Joseph A. Dumais, un caporal de vingt-neuf ans, en garnison à Fort Dix, dans le New Jersey. Un autre soldat, qui s'est disputé avec Dumais pour une dette d'argent, le dénonce à la police militaire. Au bout d'une permission de quarante-deux jours, le caporal est découvert avec du sang sur ses vêtements et une valise remplie de coupures de presse sur l'affaire du Dahlia Noir. Circonstance aggravante, il ne se souvient plus de ce qu'il a fait durant sa perm'. Il déclare aux enquêteurs :

« Il est possible que j'ai commis ce meurtre. Quand je suis ivre, il m'arrive de frapper les femmes. » Ce faux coupable passe à table quelques semaines après l'assassinat d'Elizabeth Short et il est envoyé chez un psychiatre pour une évaluation. L'enthousiasme des tabloïds est vite douché lorsque les enquêteurs établissent qu'il se trouve sur la Côte Est, à Fort Dix, au moment du meurtre. Mais Joseph Dumais n'est pas tout à fait de cet avis puisqu'il continue à clamer… sa culpabilité, à chaque fois qu'il est arrêté pour des délits mineurs pendant les années 1950.

Dans la liste des vingt-deux suspects historiques du procureur du Comté de Los Angeles, il y a une femme non identifiée mentionnée sous la dénomination de « chirurgienne lesbienne », mais beaucoup d'autres personnes ont avancé l'hypothèse d'une meurtrière, à l'image de plusieurs enquêteurs du L.A.P.D. et des écrivains Ben Hecht ou Craig Rice. L'une des premières fausses confessions est d'ailleurs l'œuvre d'une femme sergent du W.A.C. (Women's Army Corps), à San Diego, qui fait l'objet d'une enquête approfondie. De nombreux articles de presse font état de l'homosexualité — ou de la bisexualité — du Dahlia Noir, mais le dossier du procureur constate de manière abrupte que Short « ne s'intéresse pas aux pédales ». Les tenants de cette hypothèse ajoutent le fait que Beth place toutes ses affaires personnelles, y compris ses vêtements et produits de maquillage, dans une consigne, une semaine avant son décès, ce qui pourrait indiquer qu'elle habite chez une autre femme qui lui aurait prêté l'essentiel pour se vêtir et se maquiller. Mais cette théorie d'une meurtrière ne cadre pas avec la signature psychologique retrouvée sur la scène de crime et la ritualisation des actes commis à l'encontre de la victime qui sont typiquement masculins.

nger
lotel

tch., Jan. 17
Methodist
d his pulpit
arked on a
an attrac-
er, was ar-
el room to-
y both with

4-year-old
aired Mrs.
, 40-year-
d mother
selves up
e search
as Texas.

"on an
note for
hat the
ving no

exami-
today.
7, and
Cowles'

Kent
enied
Mrs.
arged

ever,
ring
man

(AP Wirephoto)

Elizabeth Short, 22, whose past is being checked by police for clues in the search for the slayer who tortured her and cut up her body before leaving it on a vacant Los Angeles lot.

City Ask
To Bar

Continued Fr

Feb. 4, and,
or the Supr
time, trolley
increase fr
four-for-3
Followin
petition,
Maxey w
on the i
P. T. C.
the incr
of the
stead h
and th
the Su
sume
case.

HEA

Ar
act i
In
Sup
opp
ed
de
ho

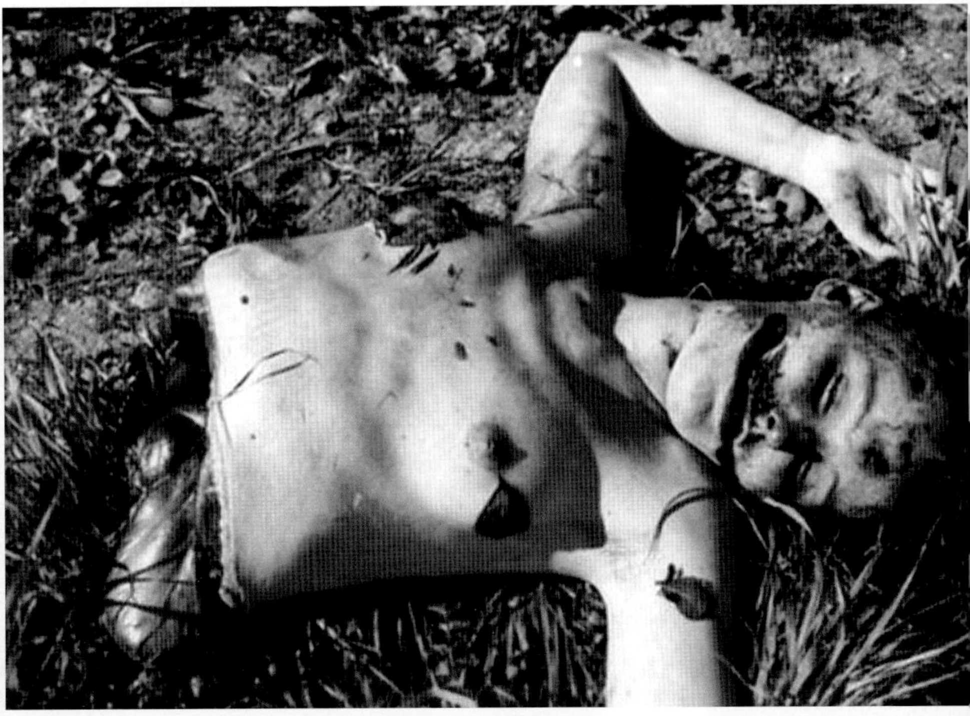

295-771

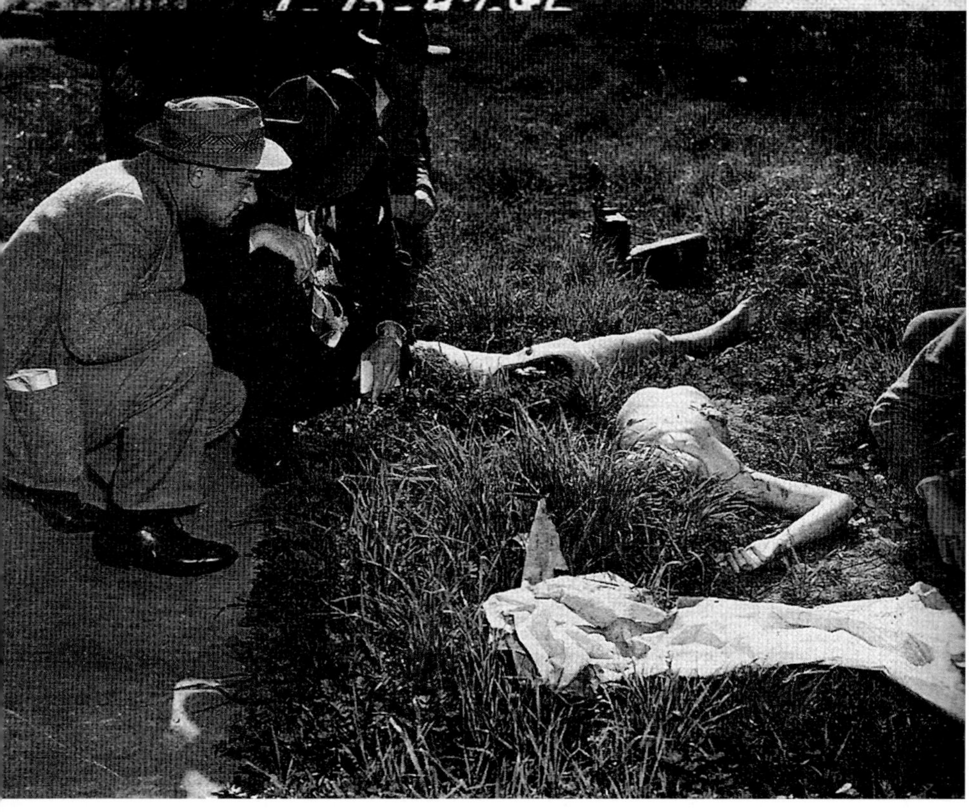

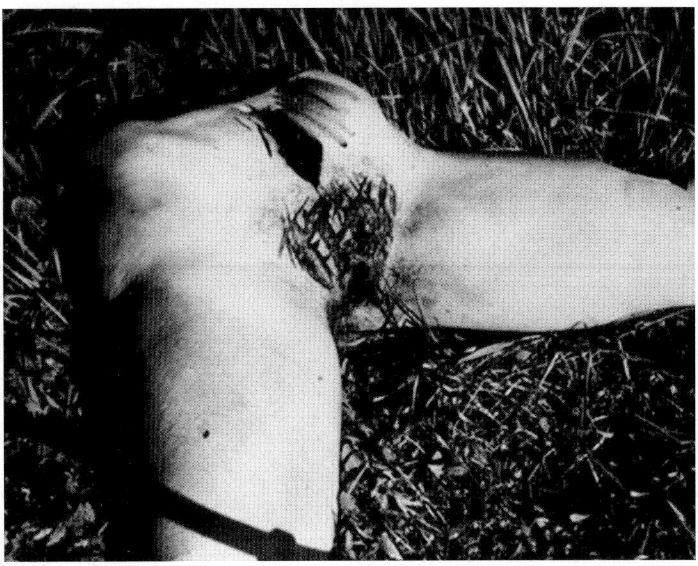

What's h
this
HE WORKS BY
FRIENDSHIP

HE KNOWS
ANATOMY

LE CORPS DÉCAPITÉ D'EDWARD ANDRASSY (23 SEPTEMBRE 1935)

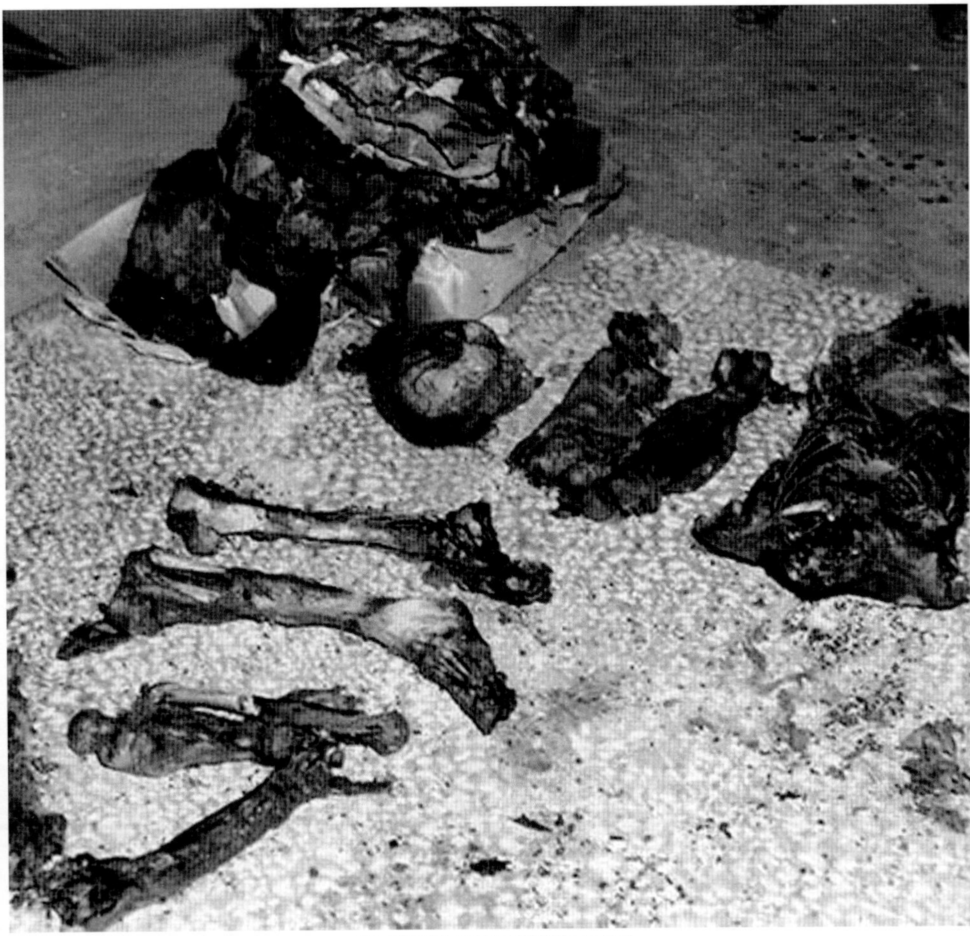

LES RESTES D'UNE VICTIME (1938)

LA TÊTE DE LA VICTIME DÉCOUVERTE LE 6 JUILLET 1937

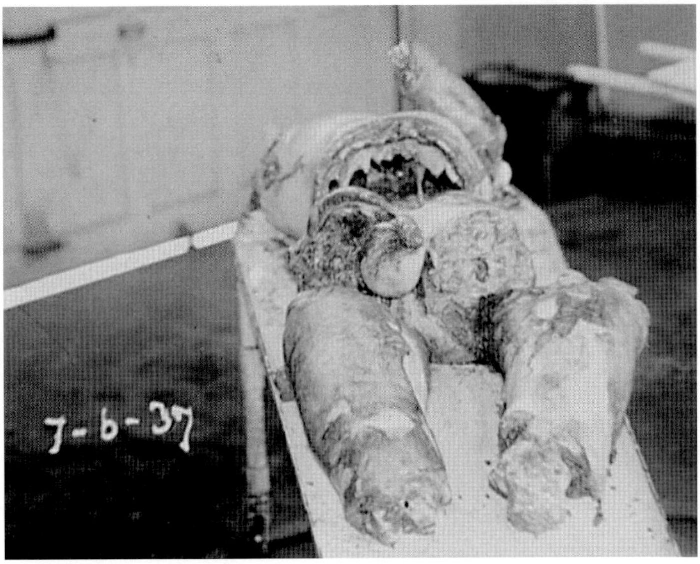

LE CORPS DE LA VICTIME DÉCOUVERTE LE 6 JUILLET 1937

LA POLICE RÉCUPÈRE UN SAC DE RESTES HUMAINS D'UNE VICTIME
DANS LA CUYAHOGA RIVER, LE 2 MAI 1938

LE CORONER SAMUEL GERBER EXAMINE LE CRÂNE D'UNE VICTIME, LE 16 AOÛT 1938

LE CORPS DÉCAPITÉ DE L'HOMME TATOUÉ

UN TORSE REPÊCHÉ DANS LA CUYAHOGA RIVER

UN DESSIN PARU LE 2 AVRIL 1939

CHAPITRE

LE MÉDIUM A DES VISIONS

XII

Journaliste au *Los Angeles Times*, Larry Harnisch s'intéresse au Dahlia Noir en 1996. Son souci du détail lui permet de dénoncer les erreurs ou omissions d'autres spécialistes, mais il finit par tomber dans le même piège que ses confrères lorsqu'il affirme avoir découvert le coupable « définitif » en la personne de Walter Bayley, un chirurgien de Los Angeles. La culpabilité de ce médecin est aussi confirmée par nul autre que le fantôme d'Elizabeth Short, qui, dans les années 1990, se serait confié au médium Sylvia Browne, une star des médias américains, comme nous le constaterons plus loin.

La piste qui mène au nom de Walter Alonzo Bayley est à porter au crédit de l'ingéniosité de Larry Harnisch. La sœur d'Elizabeth Short, Virginia West, se marie à Los Angeles. L'un des témoins de son union est une amie proche de Virginia et de son époux Adrian, mais c'est aussi la fille adoptive du docteur Bayley. À l'époque du mariage, elle vit dans une demeure située à un pâté de maisons au sud du terrain vague où le Dahlia Noir a été assassiné, et le docteur Bayley y habite toujours au moment du meurtre en janvier 1947. Autre rapprochement géographique, le médecin reçoit ses patients dans un immeuble de bureaux qui se situe à quelques minutes à pied du Biltmore Hotel où Elizabeth Short est déposée par « Red » Manley, et vue vivante pour la dernière fois. Des employés de la réception la voient téléphoner à de nombreuses reprises dans le hall de l'établissement, où elle reste de nombreuses heures, avant de disparaître à tout jamais. Larry Harnisch suggère qu'elle a pris rendez-vous avec Walter Bayley. À cette époque de son existence, Bayley connaît beaucoup de problèmes. Il vit séparé de sa femme depuis octobre 1946 et sa maîtresse paraît avoir une grande emprise sur lui. Il décède en janvier 1948 d'une tumeur au cerveau. Après sa mort, sa veuve affirme que la maîtresse de Bayley avait connaissance d'un « terrible secret » le concernant, raison pour laquelle il l'aurait couché sur son testament. Cette dispute testamentaire donne lieu à un procès qui fait les choux gras des journaux à sensations de 1948. Walter Bayley n'a jamais été considéré comme un suspect lors de l'enquête de 1947, bien que de nombreux médecins l'aient été. Lors d'un témoignage secret devant le jury du Comté de Los Angeles en 1949, l'inspecteur Harry Hansen estime que l'assassin du Dahlia Noir est très certainement un « médecin de haut niveau » et un « chirurgien reconnu ». En 1947, Bayley est âgé de soixante-sept ans, il n'a aucun antécédent criminel reconnu ou de faits de violence à son actif, et rien ne prouve non plus qu'il connaît Elizabeth Short. L'état physique et mental du docteur est déjà très détérioré en janvier 1947, mais pour Larry Harnisch, cela explique son comportement. Bayley coupe le corps en deux parce qu'il est trop faible pour le transporter tel quel. Sa dégénérescence mentale aurait engendrée cette brusque bouffée de violence à l'encontre d'Elizabeth Short. Le fait que ce crime soit unique dans son exécution et son rituel est simplement dû au décès du chirurgien un an après. Il n'a pas eu le temps de poursuivre sa carrière criminelle. Le « terrible secret » auquel fait allusion sa veuve sont des avortements clandestins qu'il aurait pratiqués, un acte encore considéré comme un crime dans les années 1940. Pour Mme Bailey, la maîtresse de son mari le fait chanter. Cette théorie trouve un moment grâce auprès de James Ellroy qui y souscrit dans le documentaire de la BBC *James Ellroy's Feast of Death*.

UNE SOLUTION PSYCHIQUE ?

Dans *Visiteurs de l'autre monde* (*Visits from the Afterlife*, 2003), la médium Sylvia Browne, numéro un sur la liste des bestsellers du *New York Times*, nous propose une solution pour le moins originale de l'affaire du Dahlia Noir dans son chapitre X, « Voices from a Ghost ». L'auteur est ainsi présentée sur la quatrième de couverture de son éditeur français ADA : « Sylvia Browne voyage encore plus en profondeur dans l'autre monde. Grâce à son sixième sens légendaire et à partir de récits de rencontres émouvantes, elle raconte les visites de revenants, d'esprits errants et autres âmes en peine en quête de paix et de repos. Elle se rend dans des endroits aussi variés que des maisons hantées ou des bateaux possédés par les forces de l'autre monde qui errent sur leurs ponts. »

« Entendre un fantôme ou un esprit parler est un authentique moment spirituel pour moi », explique Browne. « Je sens très intensément le contact avec l'Au-Delà, et j'ai toujours l'impression d'avoir une chance d'aider cette personne. Parfois, cela peut être effrayant. Pas parce que j'ai peur, mais à cause du contenu de leur récit. Quelquefois, ils vont avouer un crime. Ou résoudre un meurtre, ou me révéler un secret longtemps enfoui. Ces rencontres sont très intenses. L'une des plus mémorables de ces rencontres avec un fantôme s'est déroulée il y a quelques années. L'esprit s'adressa directement à mon assistante Francine. Je n'oublierai jamais ces paroles. »

Ce fantôme de femme est « née à Hyde Park, dans le Comté de Suffolk, au Massachusetts. Mais j'ai grandi à Medford, à vingt kilomètres de là. » Elle parle de son enfance, de son père, de ses rêves et de ses fiançailles avec un pilote de chasse. « J'avais cet agenda d'un ami où il y avait plein de numéros de téléphone. Cela pouvait toujours m'être utile, surtout en ce moment. Je commençais à les appeler, mais il était déjà tard, dix-huit heures trente. Et beaucoup de personnes ne répondaient pas. Elles étaient probablement déjà sorties pour dîner. D'autres me raccrochèrent au nez.

« Finalement, un homme me répondit à son bureau.

« Allo, Walter ? Nous ne nous connaissons pas, mais j'adore votre fille Barbara et ma sœur Virginia West m'a toujours dit que si je me trouvais à Los Angeles, il fallait absolument que je rencontre Walter et Ruth.

« Il était courtois comme peuvent l'être souvent les hommes âgés. Ma sœur et sa fille étaient vraiment des amies très proches. Il accepta de me rencontrer, mais pas à son bureau qui était juste au coin de la rue de l'hôtel Biltmore. Nous nous sommes retrouvés devant sa voiture.

« Il me conduisit jusqu'à une maison en bois jaune, non loin de son bureau. Trois marches menaient à un porche de taille modeste. Cela ne correspondait pas à l'idée que je me faisais d'un chirurgien, qui exerçait depuis tant d'années. L'ensemble paraissait nu, c'était comme si personne n'y habitait. Je n'avais pas l'impression de découvrir la demeure d'une famille heureuse. Il n'y avait pas de plantes vertes, ni même un divan d'extérieur.

« Ce n'était pas mieux à l'intérieur. L'ameublement était spartiate : une table, quelques chaises éparses, un sofa. Rien de flamboyant. Walter était resté silencieux, il s'était refermé comme une huître pendant le trajet. Ce n'était plus l'interlocuteur amical à qui j'avais téléphoné. Je ne savais pas comment poser poliment une question qui me taraudait, aussi je lui demandais : « Comment va votre femme, Walter ? »

« Je m'attendais à ce qu'il me dise qu'elle était morte.

« Mais ce ne fut pas le cas.

« Nous sommes séparés. Mon avocat est en train de préparer les papiers du divorce.

« Je suis désolée.

« Il n'y a pas de quoi.

« Sa voix était dure et j'y sentis beaucoup de stress. Il me regarda et je me surpris à penser qu'il y avait quelque chose qui n'allait pas chez cet homme. L'espace d'une seconde, je fus prise d'une peur panique, avant de me rendre compte que je me couvrais de ridicule. Mon hôte était un chirurgien réputé, nom de dieu. Il passait un cap difficile. Et il venait très certainement de terminer une dure journée de boulot. À sa place, je serais aussi de mauvais poil. Il n'y avait pas de quoi fouetter un chat.

« Et je n'avais rien avalé depuis ce matin. Je me sentais un peu faible. Il devait me rester un dollar et je n'avais nulle part où aller.

« Lorsqu'il me prit la main pour me dire : « Puis-je me permettre de vous offrir un verre de vin ? » et que sa voix avait retrouvé un timbre chaleureux, je me convainquis que j'avais imaginé ce regard halluciné.

« J'en serais ravie, merci. » Il augmenta sa prise sur ma main, avant de la relâcher. Je suppose que c'était un geste romantique, mais je n'y goûtais guère. Ses mains étaient puissantes et je n'aimais pas la manière dont il me regardait. Au lieu de dîner en compagnie de ce couple qui m'aurait peut-être proposé de dormir dans leur chambre d'amis, je me retrouvais dans cette maison presque vide, à me forcer à sourire à un homme qui n'était rien pour moi et qui se montrait tout d'un coup beaucoup trop empressé.

« Le vin était puissant et je le bus trop vite sur un estomac vide, mais je voulais me dépêcher de lui demander un peu d'argent et partir le plus vite possible.

« Je le vis se rapprocher de moi, je tentai en vain de le repousser, avant d'être frappée au visage.

« Je me souviens vaguement d'une porte qui se referme et d'être allongée sur un lit, écrasée par son poids, à pleurer en croisant son regard fou.

« Je crois que j'étais attachée avec des draps ou autre chose. Il quittait parfois la pièce et j'eus l'impression qu'un jour ou deux s'étaient écoulés. Je n'étais pas toujours consciente, mais lorsque je l'étais, je me sentais trop faible pour bouger. Je crois qu'il y avait un flacon de pilules rouges sur la table de nuit. Il m'a peut-être forcé à en avaler.

« À d'autres moments, il me regardait et il se mettait brusquement à pleurer. Mais au bout de quelques instants, sa violence reprenait le dessus. Certaines des choses qu'il me fit étaient abominables, des actes que je ne peux pas me permettre de revivre.

« Une nuit, une femme nous rejoignit. Je l'ai juste aperçue. Elle était mince, d'aspect revêche et elle parlait avec un fort accent. Ce n'était pas son épouse, dont le prénom était Ruth. Il l'appelait Alexandra. Elle était furieuse et il paraissait la craindre. Ils en vinrent aux mains, et je la sentis me frapper violemment à la tête. Ensuite, elle déclara, « Achève-la et débarrasse-toi d'elle. »

« Puis je me suis réveillée dans un terrain vague d'un quartier résidentiel. Des hommes m'entouraient et l'un d'eux se pencha pour se faire photographier à mes côtés, mais ce n'était pas comme l'habituelle photo-souvenir. C'était le chaos, tout le monde criait en même temps, des flics couraient partout. Du coup, je me redressai pour me rendre compte de ce qui causait toute cette panique.

« J'ignore comment je pourrais vous décrire l'impression d'être debout à regarder son propre corps. Dieu merci, tout ceci ne pouvait pas être réel. Personne n'aurait pu survivre à ce que tout le monde et moi-même, nous observions (...) Les gens avaient l'air fascinés par mes parties génitales. D'après ce que j'ai cru comprendre, je me serais constamment jeté dans les bras de tous les hommes qui croisaient mon chemin, pour ensuite les frustrer, en leur révélant au dernier moment que je ne pouvais pas avoir de relations sexuelles avec eux, à cause d'un vagin de taille infantile. Une belle histoire, mais qui ne correspond pas à la réalité. En fait, si peu d'hommes ont couché avec moi, c'est parce que je me refusais à eux. C'est aussi simple que ça (...)

Je n'ai rien fait de mal. Mais j'ai été victime de quelque chose d'horrible.

« Je ne comprends toujours pas comment j'ai pu m'en sortir.

« Mon nom est Elizabeth Short.

« On m'a surnommé le Dahlia Noir. »

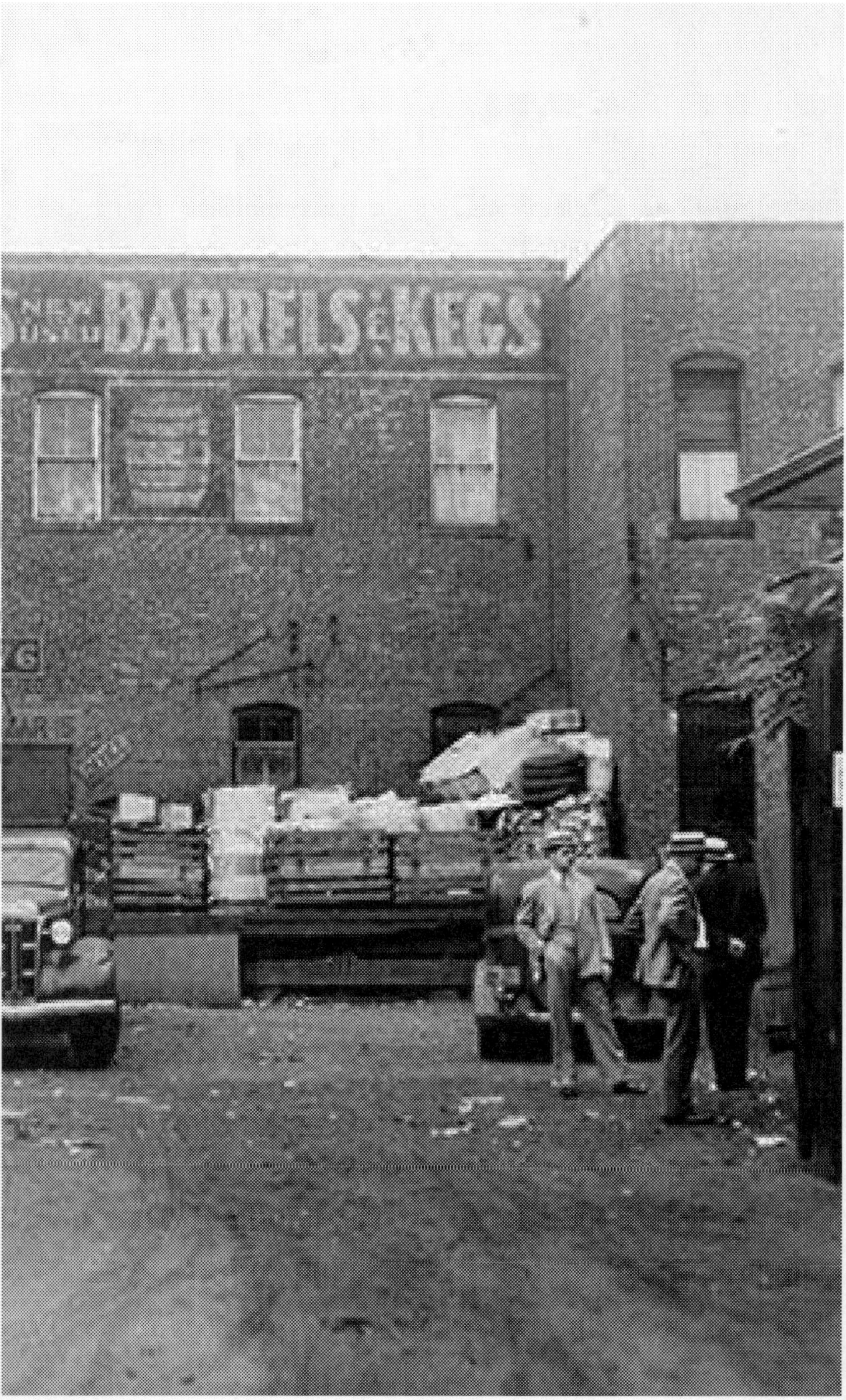
BARRELS
KEGS

CHAPITRE

LE “BOUCHER FOU DE KINGSBURY RUN”

CLEVELAND (1934-1950)

XIII

Arrivé à ce stade du livre, vous devez vous demander pourquoi j'enchaîne sur un chapitre qui concerne des meurtres avec décapitations et des mutilations qui se déroulent de 1934 à 1950, à des milliers de kilomètres de Los Angeles, à Cleveland, dans l'Ohio, et, dans le chapitre suivant, à New Castle, en Pennsylvanie, entre 1925 et 1940, alors qu'Elizabeth Short a été tuée en 1947 ? Comme je l'ai expliqué dans la partie qui s'intitule « Comment j'ai pisté l'assassin du Dahlia Noir ? », je suis certain que ce criminel n'est pas passé à l'acte pour la première fois en 1947, et que ses fantasmes ont longuement mûri. Mon opinion est partagée par trois anciens profilers du F.B.I., John Douglas, Robert Ressler et Gregg McCrary, qui se sont penchés sur le meurtre d'Elizabeth Short. À mes yeux, son assassin est au moins âgé d'une quarantaine d'années, voire plus, comme le sont souvent les criminels animés par des pulsions sadiques. Tous les serial killers ne sont pas sadiques, certains éliminent leurs proies sans état d'âme, simplement pour supprimer un témoin. D'autres prennent du plaisir à jouir de la terreur qu'ils inspirent et des souffrances qu'ils infligent. Il y a une évolution dans la nature et le rituel de leurs forfaits. Voilà pourquoi il nous faut examiner plusieurs séries criminelles non élucidées, ainsi que d'autres « cold cases » de meurtres isolés qui peuvent offrir certaines similitudes. Dans ce chapitre et les suivants, je vais décortiquer les assassinats de New Castle et de Stowe Junction (1925-1940), ceux du Boucher fou de Kinsgbury Run ou Torso Murders de Cleveland (1934-1938 ; 1950), ainsi que les crimes isolés de Maoma Ridings (1943) et de Georgette Bauerdorf (1944).

Ma conviction s'appuie aussi sur l'avis de l'inspecteur Peter Merylo, qui a dirigé toutes les investigations sur le Boucher de Cleveland, et qui s'est rendu sur les lieux des meurtres de New Castle, en Pennsylvanie. Pour lui, le serial killer de Pennsylvanie et de l'Ohio a assassiné Beth Short. En 1947, il est déjà à la retraite depuis quatre ans lorsqu'il contacte le L.A.P.D. pour leur faire part de ses soupçons. Merylo décède à soixante-trois ans, en mai 1958. Entre-temps, il a écrit ses mémoires qui n'ont jamais été publiées.

LA DAME DU LAC

En 1930, Cleveland est la sixième ville des États-Unis, dont le nombre d'habitants dépasse les neuf cent mille. Trois cent quatre-vingt-quinze mille personnes y sont salariées et 41 % d'entre elles travaillent pour l'industrie, qui est florissante. C'est la deuxième ville industrielle du pays, juste derrière Detroit. Un an plus tard, la Dépression a fait des ravages et a mis sur le carreau plus de cent mille employés, et ce chiffre va grimper jusqu'à deux cent dix-neuf mille chômeurs, quelques années plus tard.

Le ravin connu sous le nom de Kingsbury Run est comme une cicatrice qui défigure dowtown Cleveland, la partie basse de la ville. Profond de vingt mètres à divers endroits, le lit de cette ancienne rivière asséchée est traversé par une trentaine de lignes de chemins de fer reliant les usines locales à des cités telles que Pittsburgh, Chicago ou Youngstown. Pendant la Dépression, Kingsbury Run sert de refuge aux innombrables camps de chômeurs et de vagabonds, ainsi que de terrain de jeux pour les enfants. On compte ainsi six immenses bidonvilles, rien qu'à Kingsbury Run. Vers le milieu des années 1930, ce lieu devient le point central d'un des plus célèbres « cold cases » des annales criminelles américaines.

Tout débute le 5 septembre 1934 lorsque Frank LaGassie, trente-quatre ans, fouille les berges du lac Erie, à la recherche de bois à brûler, un rituel qu'il effectue quotidiennement avant de partir au travail. Peu avant huit heures du matin, il aperçoit ce qu'il pense être un tronc d'arbre rejeté par les flots, non loin de 156th Street. Lorsqu'il s'approche, il découvre la partie inférieure d'un torse de femme, à moitié enterré dans le sable de la plage d'Euclid, à douze kilomètres de downtown. Les jambes sont coupées à hauteur des genoux et la peau décolorée par l'application d'un préservateur chimique qui donne un aspect cuivré à la peau, et qui a permis de retarder le processus de décomposition. On remarque une cicatrice abdominale qui indique une ablation de l'utérus, une opération qui date d'un an à peu près. Le médecin légiste estime qu'elle a été assassinée environ six mois plus tôt et qu'elle est âgée de vingt-cinq à trente-cinq ans. Le démembrement du corps a été effectué à l'aide d'un couteau de boucher, avec précision, à l'exception du bras droit où le meurtrier a raté la jointure entre deux os. Pour sectionner ce bras, le meurtrier change d'instrument pour s'emparer d'une scie. « Ce n'est pas un chirurgien, » explique le médecin légiste Arthur Pearce, « car il ne se serait jamais servi d'une scie. » Dans les jours qui suivent, d'autres restes émergent. Pour Pearce, l'assassin a découpé cette femme, puis a placé les restes dans des boîtes hermétiques qu'il a jetées dans le lac. Et, à chaque fois, il a pris soin de disposer de la chaux fusée qui a permis cet état de conservation, au point de faire ressembler la peau à du cuir rougeâtre. A-t-il commis une erreur en confondant deux types de chaux ? Car la chaux vive permet, elle, d'accélérer la dissolution des restes. En tout cas, c'est une manière pour le moins étrange de se débarrasser de restes humains. L'inconnue ne correspond à aucune des trente et une femmes disparues de Cleveland. Son identité reste toujours un mystère à ce jour. Par la suite, la police refuse de l'inclure dans la liste des proies du Boucher de Cleveland, aussi connu sous le surnom de « Mad Butcher of Kingsbury Run » ou du « Torso Killer ». Mais, à mes yeux, il ne fait aucun doute que cette « Dame du lac » est la première victime du serial killer de Cleveland, même s'il a peut-être déjà tué en Pennsylvanie, à New Castle, plus précisément, neuf ans plus tôt, comme nous le verrons dans le chapitre suivant.

EUCLID BEACH, LE 5 SEPTEMBRE 1934

COUP DOUBLE

Un an plus tard, le lundi 23 septembre 1935 est un agréable jour d'été indien à Cleveland, car il fait encore vingt-et-un degrés vers dix-sept heures. Du côté sud de Kingsbury Run, en haut de Jackass Hill, qui surplombe un ravin haut de plus de vingt mètres, deux adolescents de seize et douze ans jouent au softball, lorsque l'un d'eux laisse échapper la balle qui tombe au fond de la gorge, à l'à-pic très raide. Ils attendent le passage d'un train de banlieue, avant de s'élancer à toute vitesse vers le fond. Mais une vision d'horreur les attend en bas et ils rebroussent chemin, paniqués et à bout de souffle, jusqu'aux hauteurs de Jackass Hill, où ils préviennent un adulte qui alerte les autorités. Deux policiers en patrouille trouvent les corps décapités de deux hommes nus, exception faite de chaussettes noires pour le plus jeune. Ils sont tous les deux émasculés et les têtes reposent non loin des corps. Le plus vieux est décédé cinq jours avant son compagnon ; sa peau possède une teinte rougeâtre causée par un produit chimique semblable à celui de la Dame du lac. La tête de cet homme est enterrée dans le sol, à une distance d'environ sept mètres ; l'autre tête est vingt-cinq mètres plus loin. Le plus jeune arbore des traces de liens qui ne sont pas présentes sur l'autre. Les cadavres sont à dix mètres l'un de l'autre. Il n'y a pas de traces de sang sur aucun des deux hommes, ce qui indique qu'ils ont été tués ailleurs. Des vêtements tachés de sang appartenant au plus âgé des deux prouvent qu'il a été assassiné revêtu de ses habits. Les deux cadavres ont été lavés. À côté des victimes, un assemblage hétéroclite d'objets accentue encore l'aspect mystérieux de ce double crime : une lanterne de cheminot, plusieurs morceaux de corde, un seau d'une contenance de sept litres rempli d'une substance huileuse qui, après analyse, se compose d'essence, de sang en partie pourri et de longues mèches de cheveux noirs. De prime abord, les enquêteurs pensent que l'assassin a voulu brûler les corps, mais pourquoi le faire dans un tel endroit ? Le fond de ce ravin est surplombé, en haut de Jackass Hill, par une rue très passante. Transporter les corps le long d'une telle pente a été une tâche qui a nécessité une force considérable de la part du tueur. Les enquêteurs et le légiste sont formels, on n'a pas jeté les cadavres du haut de cette colline, pas plus qu'on ne les a fait rouler le long de l'à-pic. Aucune trace de poussière ni d'herbes folles ne l'indique.

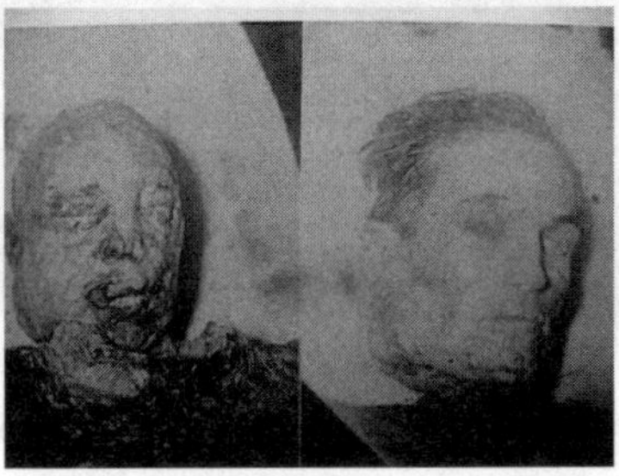

À vingt et une heures, la première victime est identifiée grâce à ses empreintes, Edward W. Andrassy, vingt-neuf ans, connu des forces de l'ordre pour un nombre incalculable de délits mineurs. Bisexuel, c'est aussi un homme à femmes, un alcoolique et un joueur invétéré. Entre 1927 et 1931, il est employé comme infirmier psychiatrique du Cleveland City Hospital. Querelleur et bagarreur, Andrassy passe un mois en prison en 1931 pour possession illégale d'une arme. C'est à l'inspecteur Peter Merylo que revient le triste privilège de prévenir la famille Andrassy du décès de leur fils. Un frère d'Edward, Joseph Junior, est déjà décédé de mort violente, la nuque brisée, lors d'une bagarre en 1922.

L'autopsie menée par le coroner Wilson Chamberlain indique qu'Andrassy a été assassiné deux ou trois jours auparavant, le vendredi 20 ou le samedi 21 septembre 1935. Le couteau à large lame a été manié avec dextérité et une grande force. Mais le résultat le plus notable est le fait particulièrement horrible que la victime a été décapitée vivante. Edward Andrassy s'est débattu avec vigueur — les brûlures des liens sur ses poignets le prouvent —, avant de succomber sous le choc traumatique. Le rapport de Chamberlain est sans équivoque : « Meurtre et mutilation. Le décès est causé par la décapitation et le choc — Homicide. »

Le corps de la seconde victime, un mètre soixante-sept pour quatre-vingt kilos, représente un plus grand challenge pour le légiste. L'individu est approximativement âgé de quarante à quarante-cinq ans. L'état de décomposition avancée ne permet pas de prélever des empreintes, mais la cause du décès est la décapitation. Elle a été faite très proprement, avec une découpe entre la deuxième et troisième vertèbre cervicale. La date de la mort remonte à une semaine et jusqu'à dix jours au maximum. Personne ne fait le lien entre l'état de la peau de cet homme et celui de la Dame du lac, alors qu'on leur a visiblement appliqué le même produit chimique sur les chairs. Autre fait curieux, il lui manque le testicule gauche, peut-être un « trophée » gardé par l'assassin ? Son identité reste à tout jamais inconnue.

Les enquêteurs concentrent leurs efforts sur la personnalité d'Edward Andrassy, ses (mauvaises) fréquentations et les rumeurs qui indiquent qu'il a cocufié bon nombre de maris. Dans les dernières semaines de son existence, il reste terré au domicile familial, craignant visiblement pour sa vie, mais ne se confie à personne. La meilleure piste provient d'une malle qui contient ses effets personnels où l'inspecteur Peter Merylo trouve quatre négatifs non développés. Une fois les photos tirées, on reconnaît Andrassy qui pose, vêtu de ses plus beaux atours, dans un décor kitsch avec des estampes, des femmes à moitié dénudées et une lampe japonaise. Les quatre clichés sont publiés dans la presse locale, avec un appel à témoins : « Reconnaissez-vous cette pièce, avec la victime du « Tueur aux torses » ? » Le lendemain, John Moessner, un célibataire endurci de cinquante-six ans, se présente pour déclarer qu'il est l'auteur de ces quatre photographies qui datent de plusieurs années. Il aurait rencontré Andrassy à cinq ou six reprises, « un chouette garçon, » dit-il. Un témoin dresse un portrait peu flatteur de Moessner qui aurait tenté de le violer, après l'avoir fait boire plus que de raison. Il a été condamné pour vol en 1929 et, lors des fouilles à son domicile, les policiers découvrent soixante-sept pièces de vaisselle en argent dérobées dans différents hôtels de Cleveland. Mais le pire est à venir...

LES ARMES UTILISÉES PAR LE "BOUCHER DE CLEVELAND"

Le plancher de son grenier présente des taches sombres et suspectes que l'on retrouve sur deux pantalons, ainsi que sur la lame longue de plus de quinze centimètres d'un couteau caché au fond d'une boîte d'effets personnels. À l'intérieur, des lettres d'amour de jeunes hommes. Un examen préliminaire du Scientific Investigation Bureau confirme qu'il s'agit bien de sang humain. John Moessner est arrêté sur le champ, même si ses deux sœurs déclarent qu'il est sujet à des saignements de nez de manière régulière et, qu'un jour, il est rentré chez lui couvert de sang, après avoir chuté de la plate-forme d'un tramway. Les enquêteurs et les médias pensent tenir leur suspect. Mais une étude plus approfondie infirme les premiers résultats, les taches du plancher et des pantalons ne sont pas du sang, et c'est de la rouille que l'on retrouve sur la lame du couteau. John Moessner est relâché, même s'il est par la suite condamné pour des faits de sodomie qui n'ont rien à voir avec les « Torso Murders ». En septembre 1936 pourtant, la photographie d'un marin trouvée à son domicile ressemble à s'y méprendre à la sixième victime du Boucher de Cleveland. Coïncidence ou non, la police l'exonère à nouveau.

UN BOUCHER, DEUX BOUCHERS, TROIS BOUCHERS…

Le dimanche 26 janvier 1936, il règne un froid polaire sur Cleveland, un temps glacial qui perdure depuis des semaines, avec des températures qui avoisinent en permanence les moins dix à moins vingt degrés. Le quartier qui englobe Central Avenue et East 20th Street a perdu de sa splendeur depuis des décennies, avec ses petites usines, quelques rares commerces, des bâtiments à l'abandon et des habitations désuètes qui côtoient de nombreuses maisons closes. Les rondes des différents veilleurs de nuit ne remarquent rien de particulier. Vers six heures du matin, des voisins de l'usine Hart Manufacturing Plant, au 2315 East 20th Street, entendent plusieurs chiens aboyer furieusement, avant que le silence ne retombe comme une chape de glace. Puis les animaux reprennent leur sérénade. Une femme, excédée, se décide à affronter le froid pour voir de quoi il s'agit. Elle fait le tour de l'usine Hart pour découvrir deux paniers en osier qui reposent dans la neige près d'un mur d'enceinte en briques. Elle examine rapidement le contenu qui est empaqueté dans du papier, avant d'emprunter une allée qui mène au White Front Meat Market, au 2002 Central Avenue. Elle aperçoit Charles Page, le propriétaire de la boucherie, et lui annonce qu'elle a trouvé des jambons derrière chez Hart. Page se précipite sur place, car il croit que sa boutique a été cambriolée. Il se rend compte que les deux paniers contiennent des membres humains gelés.

Vingt-cinq minutes plus tard, plus d'une vingtaine de policiers sont déjà sur place. Le torse inférieur d'une femme, le bras droit, deux cuisses et la main droite sont enveloppés dans des pages de papier journal du *Cleveland Plain Dealer* du 11 août 1935 et du *Cleveland News* du 25 janvier 1936. De la poussière de charbon, des cendres et des plumes de volaille adhèrent aux différents membres. Chacun des paniers a été recouvert par un sac en toile. Un sous-vêtement en coton blanc est trouvé à côté, entouré par l'édition du 19 novembre 1935 du *Cleveland News*. Un technicien du laboratoire de police prend des clichés de la main, avant que le corps ne soit conduit à la morgue à treize heures. Une demi-heure plus tard, la victime est identifiée : Florence Polillo, une prostituée de quarante et un ans, alcoolique et qui fréquente les bas-fonds de Cleveland. Son casier judiciaire mentionne plusieurs arrestations en 1931 et 1934, non seulement à Cleveland, mais aussi à Washington D.C. : « Florence Martin, alias Clara Dunn, trente-six ans, le 6 décembre

1930, un mètre soixante-dix avec ses chaussures, quatre-vingt kilos, carrure vigoureuse, teint pâle, chevelure marron foncé (teinte en rousse), yeux marrons foncés. Les dents supérieures et inférieures sont fausses, affirme être née à Ashtabula, dans l'Ohio, et d'être de descendance Irlandaise. Célibataire. Florence Martin, domiciliée au 1628 East 78th Street, employée comme serveuse. Arrêtée le 14 juin 1931 pour des services immoraux... Relâchée le 15 juin 1931. Aussi connue sous l'identité de Clara Dunn, N°48123, arrêtée à Washington D.C., le 2 mai 1934, pour racolage dans la rue. » Elle possède un nombre impressionnant d'identités différentes : Florence Sawdey, Flo Gallagher, Clara Dunn, Flo Davis, Florence Martin ou encore Clara Martin. Mrs. Ford, la propriétaire de Florence Polillo raconte à la police que sa locataire est une femme charmante lorsqu'elle ne boit pas. Dans son appartement, elle possède douze poupées qui ont toutes

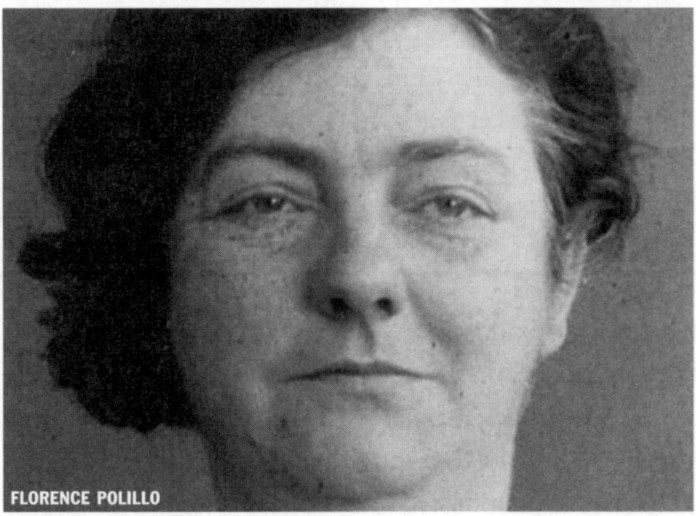
FLORENCE POLILLO

un nom. Elle les prête souvent aux filles de Mrs. Ford qui jouent souvent avec.

L'autopsie révèle qu'elle a été assassinée deux à quatre jours auparavant. Si la décapitation est précise, entre les quatrième et cinquième vertèbres, le reste du démembrement est effectué avec rage par le tueur. Il commence par découper la chair à la jointure des membres, puis, pris de fureur, il achève le travail à la main, en arrachant les bras et les jambes, ce qui a nécessité une force considérable. Le pubis de Florence Polillo est profondément entaillé et ses organes reproductifs ont été retirés lors d'une opération chirurgicale des années auparavant. Cette mutilation du pubis a-t-elle été faite de manière délibérée ou le couteau du tueur a-t-il dérapé, au moment où le meurtrier est en train de la démembrer ? Comme pour Edward Andrassy, le coroner remarque que les muscles du cou se sont rétractés, ce qui implique que Florence Polillo a été décapitée alors qu'elle est encore en vie.

Les éditions du lundi des trois quotidiens locaux font la une sur cette affaire et le *Cleveland News* fait le lien avec la découverte du corps de la Dame du lac, les enquêteurs reconnaîtront, eux, bien plus tard, pendant l'été 1936, qu'ils sont confrontés à un tueur en série.

Le vendredi 7 février 1936, il est dix-sept heures quarante-cinq lorsqu'un appel anonyme conduit une voiture de patrouille à l'arrière d'une maison abandonnée au 1419 Orange Avenue. Dans la gadoue faite de neige fondue, un trou laisse entrevoir son macabre contenu : le torse démembré d'une femme. Il est recouvert de cendres, de plumes de poulet et de foin. À deux mètres de là, près d'une barrière, les deux jambes et le bras gauche sont empilés en tas. La tête de Florence Polillo ne sera jamais retrouvée. La dernière fois qu'elle a été aperçue, c'était dans un bar minable au coin d'East 19th Street et de Scoville Avenue, où on l'a vue se disputer avec un délinquant Noir de bas-étage, surnommé One-Armed Willie.

LES RESTES DE FLORENCE POLILLO

À cette époque, les enquêteurs ne relient pas encore tous ces crimes entre eux. « Nous pensions que c'était un problème de nationalité », explique un inspecteur. « Il n'est pas inhabituel pour un Hongrois ou un Bohémien de découper des personnes, ils apprennent à le faire chez eux, pour se trancher des morceaux de viande. On s'est dit, envoyons quelques inspecteurs qui parlent leur langue sur Jackhass Hill et, après quelques questions, l'affaire sera bouclée. »

Sept mois plus tard, en septembre 1936, les inspecteurs Emil Musil et Orley May sont alertés par une informatrice, qui souhaite rester anonyme, d'une piste qu'ils prennent très au sérieux. Alors qu'elle se trouve dans un foyer pour travailleurs, une autre ouvrière, Helen O'Leary, dont le compagnon a été assassiné, se confie à elle pour lui affirmer qu'elle connaît le meurtrier de Florence Polillo, un ancien boucher du nom de Jack Wilson qui travaille dans le marché à viandes de St. Clair. Cet individu de grande taille, doté d'une force prodigieuse, se balade toujours armé d'un couteau à grande lame — similaire à celui dont le Tueur aux torses s'est servi. Connu comme un « déviant », Jack Wilson a la réputation d'être un sodomite. Malheureusement, la disparition d'un certain nombre des archives du Cleveland Police Department ne nous permet pas de savoir si cette piste a été explorée par les enquêteurs.

L'HOMME TATOUÉ

Quatre mois plus tard, le vendredi 5 juin 1936, deux garçons tombent sur une macabre découverte sous le pont de la 55ème rue qui surplombe Kingsbury Run, à quelques centaines de mètres de l'endroit où les cadavres d'Andrassy et de son compagnon ont été repérés. Entre deux lignes de chemin de fer, ils aperçoivent un

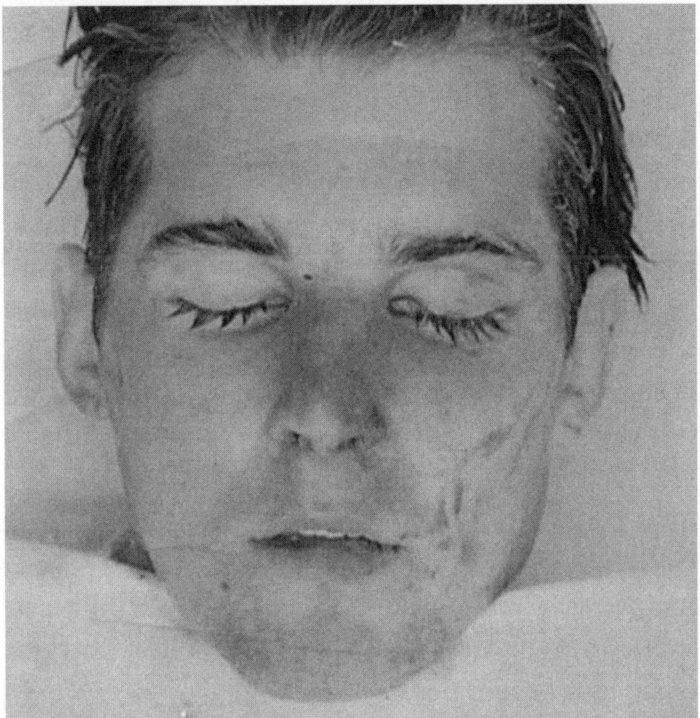
LA TÊTE DE L'HOMME TATOUÉ

pantalon de tweed roulé en boule. Lorsqu'ils déplient le vêtement pour voir ce que contiennent les poches, une tête d'homme couverte de terre les fait fuir à grandes enjambées.

Lorsque la police arrive sur place, les inspecteurs Emil Musil et Orley May trouvent plusieurs vêtements ensanglantés et déchirés enfouis dans l'une des jambes du pantalon. À six mètres de là, une paire de chaussures attachées par leurs lacets, ainsi qu'une casquette sale. Le lendemain matin, les trois quotidiens locaux font le lien entre ces différents meurtres qualifiant le tueur de « maniaque », de « démon », de « monstre », de « tueur fou » ou de « boucher ».

L'autopsie est effectuée le 5 juin 1936, à dix-neuf heures trente. C'est à nouveau le coroner Wilson Chamberlain qui est chargé de cette tâche. La victime est un rouquin âgé de vingt à vingt-cinq ans, aux yeux marron et aux traits fins. L'homme a été assassiné quarante-huit heures auparavant. La décapitation s'est effectuée sous le menton, entre la première et la seconde vertèbre. La découpe n'est pas nette, il y a beaucoup de marques qui dénotent l'hésitation du meurtrier. L'information la plus terrifiante est que cet homme a été décapité alors qu'il était encore vivant. Pour tenter d'identifier la victime, le bureau de la morgue nettoie la tête pour la montrer au public pendant deux jours. Deux mille personnes défilent devant ce macabre trophée, sans que quiconque ne reconnaisse l'inconnu.

L'après-midi du 6 juin, deux cheminots découvrent le corps d'un homme nu et décapité, recouvert de branchages, entre les rails des lignes du Nickel Plate et du New York Central, à environ trois cent mètres de l'endroit où les deux garçons ont repéré la tête coupée et à deux cent cinquante mètres du lieu où Edward Andrassy et un inconnu ont été trouvés en septembre 1935. Il y a une grande quantité de sang autour du cadavre, ce qui indique avec certitude qu'il a été tué sur place. Il y a six tatouages sur différentes parties de l'inconnu avec les initiales « W.C.G. » sur l'avant-bras gauche et deux ancres marines. Les enquêteurs sont persuadés qu'il s'agit d'un marin.

Cette nouvelle autopsie affine les informations sur cette cinquième victime (si l'on prend en compte la Dame du lac), un homme d'un mètre quatre-vingt pour quatre-vingt-deux kilos qui, contrairement à Edward Andrassy et à l'autre inconnu découvert le même jour, n'a pas été émasculé. Malgré tous ces indices, la victime de Kingsbury Run reste à tout jamais comme non identifiée.

Le 27 juin 1936, l'inauguration d'une gigantesque foire de la Great Lakes Exposition permet aux visiteurs d'apercevoir un moulage en plâtre de l'inconnu. Des dizaines de milliers de visiteurs passent devant cette tête sans la reconnaître. Ce moulage est à présent visible au Cleveland Police Historical Society Museum.

Un homme, en particulier, se montre fasciné par cette vision, un individu de très grande taille dont nous retrouverons la trace dix ans plus tard, à Los Angeles, alors qu'il est mêlé de très près à l'affaire du Dahlia Noir.

« UN JACK L'ÉVENTREUR MODERNE » ?

Il fait beau ce 22 juillet 1936 et Marie Barkley, dix-sept ans, se décide pour une promenade dans les sous-bois de Kingsbury Run, le long de la ligne de chemin de fer de la Baltimore & Ohio, où de rares habitations côtoient quelques petites exploitations rurales et des usines. Cette étendue sauvage paraît incongrue dans une cité aussi vaste que peut l'être Cleveland. Plus d'une trentaine de lignes de chemin de fer se croisent dans ce no man's land. La nuit, des flammes s'échappent des cheminées des raffineries, les lumières des poteaux de signalisation ferroviaires clignotent et les feux des camps des trimardeurs sont les seuls éclairages à percer l'obscurité ambiante. Des canettes vides en métal, qui portent l'avertissement « Ne pas avaler. Vous risquez de devenir aveugle », parsèment le sol. Leur contenu est pourtant la boisson favorite, le « smoke » comme ils l'appellent dans leur jargon, de ce peuple de SDF sans visages et sans noms. Mais il fait jour, lorsque Marie Barkley passe devant plusieurs feux de camps éteints de ces bivouacs de vagabonds, lorsqu'à onze heures trente, une odeur nauséabonde la mène jusqu'au cadavre nu d'un homme décapité, en état de décomposition avancée. Il est allongé sur le ventre, les jambes écartées. Des asticots grouillent tout autour de son anus. Marie Barkley se trouve dans une goulée entre l'usine Rayon Plant et West 98th Street.

Deux heures plus tard, les premiers enquêteurs arrivent sur place, et c'est le sergent James Finnerty qui trouve la tête à environ six mètres du corps. Elle est posée et en partie cachée par des vêtements dont certains arborent des traces sanglantes. L'individu a, selon toute vraisemblance, été tué sur place. Les inspecteurs James Hogan et Orley May rejoignent bientôt les premiers arrivants. Ils ont déjà enquêté sur la plupart des meurtres du Boucher de Cleveland. L'autopsie révèle que l'inconnu est décédé depuis deux mois environ. Il a donc été assassiné avant l'homme aux six tatouages, découvert un mois et demi plus tôt, le 5 juin 1936. Âgé de quarante ans à peu près, il pèse soixante-douze kilos pour un mètre soixante-cinq (quand il a toute sa tête, bien sûr), il a été décapité entre la troisième et quatrième vertèbre. Vu l'endroit où il a été tué, qui se situe dans une sorte de no man's land de campements de SDF et de lignes de chemins de fer qui s'entrecroisent, au sein d'une nature sauvage, les policiers estiment qu'il s'agit presque à coup sûr d'un vagabond. Et, sans identification, leur enquête est quasi impossible. Le 23 juillet 1936, le *Cleveland News* publie en Une un article digne d'un tabloïd, avec le titre : « Tueur fou ou meurtrier de sang froid ? Les policiers en quête d'indices pour les cinq décapités. » Le journaliste poursuit dans la même veine : « Un maniaque dont le Dieu est la guillotine vit-il dans notre Comté de Cuyahoga ?

« Quelle incroyable alchimie de notre esprit civilisé a-t-elle converti cet homme en un boucher ? S'imagine-t-il être la réincarnation d'un bourreau de la Révolution française ? Ou un fanatique religieux qui veut sauver la race humaine de la perdition en tranchant dans le vif, à l'aide d'une hache ? Ou un Jack l'Éventreur moderne qui a terrorisé Londres il y a plusieurs décennies ?

« Ou est-il tout simplement un meurtrier de sang-froid, calculateur, qui décapite ses proies avec la précision d'un chirurgien ?

« Dissèque-t-il ses victimes dans l'ombre d'une sinistre échoppe, avant de se débarrasser des membres dans des lieux isolés de notre Comté ?

« Ou les piège-t-il jusqu'au lieu d'exécution, avec un mobile suffisamment raisonnable dans chaque cas ? »

En tout cas, l'homme tatoué et cet inconnu ont été tués sur place, à quelques jours d'intervalle. La tête et leurs vêtements sont découverts à quelques mètres des corps décapités. Par contre, ce n'est pas le cas pour Edward Andrassy et la troisième victime qui ont été émasculés et Florence Polillo mutilée sexuellement, avant que l'assassin ne transporte les cadavres ailleurs.

UN GRAND CIRQUE MORBIDE

Le sergent James Hogan est policier depuis plus de trente ans au sein du Cleveland Police Department, il a été l'un des premiers à découvrir les restes de Florence Polillo et de l'homme tatoué. Interrogé par un journaliste du *Cleveland Press*, dans l'édition du 10 septembre 1936, l'inspecteur affirme avec certitude que le mystérieux criminel va à nouveau passer à l'acte. Il ne croit pas si bien dire puisque l'édition où figure son interview est en vente depuis quelques heures à peine, lorsqu'un vagabond Afro-Américain de vingt-cinq ans, Jerry Harris, passe le temps, assis sur la berge d'un étang aux eaux usées proche de East 37th Street, à Kingsbury Run. Il est onze heures et quart, lorsqu'il aperçoit les deux portions démembrées du torse d'un homme blanc qui flottent à la surface. Quinze minutes plus tard, le sergent Hogan, Emil Musil, Gordon Shibley et Orley May sont les premiers policiers à arriver sur place.

L'eau émerge d'un vaste tunnel pour s'accumuler dans ce réservoir boueux de plus de six mètres de profondeur. Près de l'entrée de ce tunnel, les enquêteurs découvrent des morceaux de chair. Le « Boucher » a dû jeter les différentes parties du cadavre du haut d'un promontoire qui surplombe le cloaque. Au bout de quelques heures, des milliers de curieux sont venus assister au spectacle des forces de l'ordre, aidées par des pompiers, qui sondent les fonds avec de longues perches et des crochets.

Comme pour chacun des meurtres précédents, des vêtements, qui appartiennent à la victime, sont retrouvés sur place, à environ soixante mètres du bord de la mare : un chapeau, une chemise en denim, un morceau de caleçon vert avec les initiales « J.W. ». La chemise arbore des taches de sang et des traces de coupures au col ; elle est enveloppée dans l'édition du 4 septembre 1936 du *Cleveland Plain Dealer*. Pour l'inspecteur Hogan, le crime s'est déroulé il y a trois ou quatre jours à peine. Une pierre de grande taille, qui arbore des taches suspectes, pourrait avoir servie comme support à la décapitation. À treize heures, ce jeudi 10 septembre 1936, le coroner Reuben Straus démarre l'autopsie. L'individu a entre vingt-deux et vingt-huit ans, il mesure un mètre soixante-dix-huit pour soixante-douze kilos. La décapitation s'est effectuée, avec netteté, grâce à deux coupes, l'une par l'avant, l'autre par derrière, entre la troisième et la quatrième vertèbre. L'assassin a sectionné le torse à cinq centimètres au-dessus du nombril, entre les troisième et quatrième lombaires, et, par la même occasion, il a fendu l'estomac et les deux reins. L'examen du cœur indique que l'inconnu a été décapité alors qu'il est toujours vivant. Comme pour la troisième victime et Edward Andrassy, il a été émasculé, une portion de deux centimètres de son pénis restant attachée au torse. Dans le *Cleveland News* du 11 septembre 1936, le médecin légiste précise que le Boucher a « déployé une force considérable. Il a une connaissance parfaite de l'anatomie (...), il a tranché à l'endroit exact, pour une amputation très précise. Il est possible qu'il ait suivi des études médicales. Ou qu'il soit un boucher. »

En l'absence des mains et de la tête, toute identification est impossible, ce qui oblige les enquêteurs à continuer les fouilles. Le 11 septembre 1936, la cuisse gauche est repêchée. Un plongeur de l'armée cherche en vain pendant de nombreuses heures. Le dimanche 13 septembre, près de cent mille spectateurs s'amassent sur les berges pour assister au spectacle. La morgue doit fermer ses portes à cause de l'afflux de curieux qui veulent voir le corps exposé à la vue de tous. Un lecteur du *Cleveland Plain Dealer* prend la peine de compter le nombre faramineux de mille quatre cents véhicules garés le long de 37th Street et des rues avoisinantes. Le lundi 14 septembre 1936, deux jeunes garçons découvrent des ossements qui affleurent dans un champ d'East Cleveland. Le squelette est dénué de crâne et il a été enterré dans une boîte à trente centimètres sous la surface. Tout le monde est persuadé qu'il s'agit d'une nouvelle victime du « Boucher », lorsqu'un témoin se présente pour affirmer qu'il a demandé à deux adolescents d'enterrer ce vieux squelette qui appartenait à son beau-père, et qu'il ne souhaitait pas emporter avec lui, lors de son déménagement. Le soulagement est complet pour tout le monde, sauf pour le coroner Arthur J. Pearce qui se couvre de ridicule, après avoir déclaré, dans l'édition du 15 septembre du *Cleveland Plain Dealer*, que « cette femme est décédée depuis un mois », alors que le squelette a quinze ans d'âge !

Ce même 15 septembre 1936, le nombre des victimes du « Boucher » s'élève déjà à sept personnes. Les médias vilipendent les autorités pour leur incapacité à découvrir une piste et les habitants commencent à paniquer, les restaurants et les bars se vident le soir venu. La Chambre de commerce locale fait pression sur la mairie. Le coroner Arthur J. Pearce décide qu'il faut une action forte pour rétablir la confiance. Il convoque les plus grands spécialistes en criminologie au Central Police Station, à vingt heures, pour ce qu'il appelle lui-même une « crime clinic ». Une trentaine de personnes se réunissent pour faire le point et avancer des propositions. Parmi elles, Eliot Ness, chef de la sécurité publique, le chef du Cleveland Police Department George Matowitz, le procureur du Comté de Cuyahoga Frank Culitan, les inspecteurs James Hogan, Peter Merylo, Martin Zalewski, Orley May, Emil Musil, David L. Cowles du Scientific Investigation Bureau, les psychiatres Royal H. Grossman et Guy H. Williams, le médecin légiste Reuben Straus, le coroner Samuel Gerbe, et encore beaucoup d'autres médecins et policiers. Cette réunion est ouverte à la presse et son but est, avant tout, de rassurer les habitants de Cleveland. Quand la conférence s'achève à vingt-deux heures trente, rien n'a été décidé, mis à part une fouille systématique des habitations qui bordent Kingsbury Run, une idée proposée par l'assistant d'Eliot Ness, John R. Flynn.

En ce mois de septembre 1936, le capitaine Van Buren, Paul Troutman et Anthony Kotowski et d'autres vigiles de la ligne Nickel Plate contactent le Cleveland Police Department : « Tous ces routards du rail se regroupent dans cette jungle pour boire leur smoke, avant de perdre connaissance et de devenir des cibles potentielles. C'est facile pour le « Boucher » d'en tuer un, s'il lui prend l'envie de le faire. Des types bizarres, on en voit tout le temps. On a tous entendu parler de ce mec en particulier, mais nous n'avons jamais pu le voir. Tous les clodos nous parlent de lui. Il leur fout les jetons. Il s'est installé sous une arche du pont de Lorain-Carnegie, où il s'est creusé un nid. Il a ce truc pour les chaussures de femmes. Il en possède quatre ou cinq cents paires. Et on trouve toujours plein de plumes de poulets éparpillées autour de cette bouche d'égout qui lui sert de logement. On a essayé de le surprendre là-bas, en le guettant. Mais il n'y a jamais rien à faire, il doit nous surveiller. On voit bien son empreinte de pied, une taille 46. Parfois, on découvre aussi une nouvelle bosse dans le sol et, lorsqu'on la sonde, on se rend compte que quelqu'un y a creusé un trou. Et il est toujours encombré d'un chariot ou d'une poussette. Il a pu s'en servir pour trimballer des "choses". »

Kotowski évoque le souvenir d'un Peter Merylo disponible vingt-quatre heures sur vingt-quatre et totalement obsédé par cette affaire : « On pouvait le joindre à tout moment. Il était prêt à suivre la moindre piste. Dès qu'on entendait parler d'un type bizarre, on se disait, « il faut prévenir Merylo. » Et des gens étranges, Peter Merylo en a rencontré son compte, de quoi peupler toute une existence, en l'espace de quelques années à peine. Ainsi, un jour d'été caniculaire, il croise la route d'un vagabond revêtu de deux pantalons, de trois costumes et de deux manteaux, avec trois chapeaux posés sur une serviette humide. Dans ses poches, Merylo découvre trois couteaux, trois rasoirs, des lames usagées, deux canines de chien, un sifflet, deux cuillers en argent, une matraque recouverte d'un bas de soie, un stylet fabrication maison, trois longs clous et des coupures de presse d'un journal financier. Un indic lui signale aussi le « Chicken Freak », un « sadique » qui ne peut jouir qu'en voyant un poulet se faire trancher la tête. Pendant plusieurs semaines, il traque en vain l'homme autour de Thackery, Longfellow et East 55th Street. Finalement, une prostituée l'informe avoir vu le type à onze heures, elle a aussi noté le numéro de plaque de son véhicule. Ils parviennent à l'arrêter, c'est un chauffeur de camion, un individu très costaud. « Nous l'avons interrogé au Commissariat, sur son sadisme et en tant que suspect des « Torso Murders ». Mais il a nié en bloc. Nous l'avons mis en cage, le temps de mener d'autres investigations… Il a admis avoir des tendances sadiques depuis l'âge de vingt-cinq ans, où, dans un poulailler, il a éjaculé en voyant un poulet se faire égorger. Depuis, une fois par semaine ou tous les quinze jours, il achète un poulet vivant et il se rend dans un bordel pour payer un ou deux dollars à une prostituée afin qu'elle coupe la tête de l'animal pour connaître une gratification sexuelle. La prostituée doit être nue, mais lui reste habillé. Il a aussi indiqué qu'une fois, lors d'une visite dans une maison close, où il n'avait pas apporté de poulet, il a demandé à une prostituée de frotter la lame d'un couteau de boucher sur son cou, comme si elle allait lui trancher la gorge. Et, pendant qu'elle fait ce geste, il a obtenu une satisfaction sexuelle. Après d'autres questions, nous lui avons montré différentes photos des victimes du « Tueur des torses », mais qu'il ne pouvait « pas les regarder par crainte de s'évanouir, » et qu'il ne pourrait jamais observer ou « causer du mal à un être humain. » Nous sommes convaincus que cet individu n'a rien à voir avec notre « Tueur des torses ». Cependant, nous avons pris sa photo et relevé ses empreintes, après avoir enregistré son témoignage sur ses actes sadiques. Nous l'avons relâché un peu plus tard. Il était dix-sept heures trente. »

Le 2 octobre 1936, le sergent James Hogan ordonne l'assèchement de l'étang, grâce à des pompes ultra-puissantes, mais le résultat n'apporte rien. Pendant ce temps, les enquêteurs épluchent toutes les fiches des délinquants sexuels, des pervers sadiques et de personnes souffrant de graves problèmes psychiatriques, relâchées ou évadées. Les campements de vagabonds commencent à se vider. Un moment, une piste intéressante émerge de ces recherches. En 1928, un Afro-Américain, qualifié de « voodoo man », a été mis en examen pour meurtre, car des témoins aperçoivent le chien de cet homme, domicilié sur East 40th Street, qui joue avec une tête coupée dans la cour de son immeuble. Des fouilles permettent de retrouver le cadavre décapité dans la cave. Le tueur présumé est jugé, puis acquitté par manque de preuves, notamment en ce qui concerne l'identification de la victime. Et l'individu est à présent introuvable.

ELIOT NESS, DES « INCORRUPTIBLES » AUX « INCONNUS »

Depuis le 12 décembre 1935, Eliot Ness a été nommé chef de la sécurité publique par le maire nouvellement élu de Cleveland, Harold Burton. Mais les prérogatives de ce poste, créé spécialement pour lui, n'ont pas été clairement établies, car il existe déjà un « Chief », George Matowitz, qui dirige les forces de l'ordre dans la ville. Ness doit éradiquer la corruption au sein de la police et annihiler les gangs de criminels qui ont transformé la ville en une sorte de mini Chicago. Avant d'aborder le volet Cleveland de la carrière de Ness, il convient de revenir sur son rôle passé à Chicago.

ELIOT NESS (À GAUCHE) PRÊTE SERMENT À CLEVELAND

Dès les premières pages de ses mémoires, *Les Incorruptibles*, Eliot Ness et son co-auteur Oscar Fraley décrivent une visite du jeune Ness à un homme de loi de Chicago, en lutte active contre les gangsters. Lorsqu'il apprend que Ness est un agent du Bureau de la Prohibition, l'avocat se montre sur-le-champ froid et distant. Durant cette année 1929, on estime à environ un tiers les agents directement rétribués par les bandes de Chicago.

Ce n'est pas le cas d'Eliot Ness qui, tout au long de son existence, se montre d'une intolérance absolue face à la corruption. À ses yeux, un employé corrompu du gouvernement est bien plus détestable que le criminel qui enfreint ouvertement la loi. Cette attitude de Ness est encore renforcée par une croyance absolue du caractère sacré de la Loi. Ces vertus trouvent leur origine dans l'éducation stricte de ses parents immigrés. Peter Ness est un boulanger norvégien qui arrive à Chicago en 1881. Il a cinquante ans à la naissance d'Eliot, le 19 avril 1903, qui est le dernier rejeton d'une famille de cinq enfants.

L'existence d'Eliot Ness comporte aussi de nombreuses zones d'ombre, dont il préfère ne pas parler dans ses livres, qu'il s'agisse de ses échecs sentimentaux et de ses divorces, de son revers politique ou de l'accident de voiture survenu en 1942 qui lui vaut d'être inculpé en tant que chauffard.

Après des études de droit et de sciences politiques à l'université de Chicago, où il obtient son diplôme en 1925, Eliot Ness travaille un an à vérifier les lignes de crédit des clients d'une compagnie d'assurances. Dégoûté par la bureaucratie, il suit des cours du soir en criminologie, avant de réussir, en 1927, l'examen d'entrée pour devenir agent spécial du Département du Trésor. Quelques mois plus tard, il est transféré au Département de la Justice, où il est affecté au Bureau de la Prohibition de Chicago.

La ville est en proie à une guerre sauvage entre Al Capone et le gang du North Side, dirigé par « Bugs » Moran (Bugs se traduit par cafard) qui, rien que pour l'année 1928, laisse soixante-douze gangsters sur le carreau. Le Massacre de la Saint-Valentin, le 14 février 1929, est le point culminant de ce conflit, doublé d'une grave erreur tactique de Capone. La population, les journalistes et les autorités sont outrés par l'emprise des criminels sur leur cité.

Le président Herbert Hoover mandate l'agent spécial du Département du Trésor, Frank Wilson, pour mettre sur pied une équipe chargée de dénicher des preuves contre Capone. La sélection de tels hommes est une tâche difficile, vu le degré de corruption des agents du Bureau de la Prohibition. Entre 1921 et 1928, sept cents d'entre eux ont été renvoyés à travers les États-Unis, et plus de deux cent cinquante sont poursuivis pour corruption.

LES ANNÉES CAPONE

Le 28 septembre 1929, le procureur général George Johnson choisit Eliot Ness et l'informe, le jour même, de sa décision de le laisser diriger les opérations contre Capone. À l'époque, Ness a vingt-six ans et il gagne deux mille huit cents dollars par an. Il vit toujours chez ses parents, bien qu'il ait une fiancée, Edna Staley, qu'il finit par épouser. Pour l'aider dans sa croisade contre le crime, Ness choisit neuf célibataires, qui ont tous un minimum de deux ans de service au sein du Département de la Justice : Lyle Chapman, Thomas Friel, Martin Lahart, Samuel Seager, Barney Cloohan, William Gardner, Michael King, Joseph Leeson et Paul Robsky. Le plus âgé d'entre eux a trente ans.

À la mi-octobre 1929, ils sont prêts à lutter contre l'Empire du Mal. Au bout de six mois d'efforts, les agents se rendent compte de l'ampleur de la tâche : ils ont réussi à démanteler six brasseries et dix-neuf distilleries clandestines, mais ce n'est qu'une goutte d'eau par rapport au consortium de Capone. Pis encore, les raids de Ness n'ont pas engendré une seule arrestation.

En juin 1930, des émissaires du Milieu tentent en vain d'acheter Ness, Seager et Lahart. Le jour même, Ness organise une conférence de presse pour annoncer la nouvelle. C'est en écrivant un compte-rendu de ces événements qu'un journaliste du *Chicago Tribune* invente le surnom d' « Incorruptibles ». Petit à petit, les efforts des Incorruptibles portent leurs fruits grâce à de nombreuses écoutes téléphoniques et des informations données par des membres des gangs rivaux de Capone. Ils élaborent de nouvelles tactiques pour leurs raids où Ness, soucieux de son image de marque, convoque toujours les journalistes.

Le 12 juin 1931, Ness dépose devant un grand jury fédéral : il obtient l'inculpation de Capone et de soixante-huit membres de son gang pour plus de cinq mille violations des lois contre la Prohibition. Mais Capone ne sera jamais poursuivi pour ces crimes, car les agents du Département du Trésor ont battu les Incorruptibles d'une semaine en le faisant inculper pour fraude fiscale. Le procès se déroule à partir du 6 octobre et Scarface (le Balafré, surnom d'Al Capone à cause d'une cicatrice qui lui barre la joue) est condamné à onze années de prison.

Pendant ce temps, la guerre avec le gang de Capone s'intensifie : un ex-prisonnier, ami et informateur de Ness, est retrouvé mort près de Chicago Heights ; on l'a longuement torturé avant de l'achever d'une balle

dans la tête. Eliot Ness échappe de peu à trois tentatives d'assassinat. Le 3 mai 1932, les Incorruptibles escortent Al Capone de la prison du comté de Cook jusqu'à la gare de Dearborn, où ils prennent un train en direction du pénitencier d'Atlanta. Il s'agit de la dernière mission de Ness et de ses hommes dont l'équipe est démantelée peu de temps après.

LES « INCONNUS »

En reconnaissance des services rendus, Eliot Ness est nommé enquêteur en chef du Bureau de la Prohibition de Chicago. Mais la Prohibition se termine et l'administration place Ness à Cincinnati, où il doit mettre fin aux activités de milliers de distilleries clandestines des collines du Kentucky, du Tennessee et de l'Ohio.

Homme des villes, Ness se sent perdu dans cet environnement hostile, où son rôle n'a pas l'aspect flamboyant qu'il avait à Chicago. Il ne trouve plus d'échos favorables dans la presse comme du temps de Capone où les journalistes épiaient ses moindres faits et gestes. En juillet 1934, Ness demande et obtient son transfert à Cleveland, une cité de plus d'un million d'habitants connue comme la plus corrompue des États-Unis. Le crime organisé y règne en maître absolu, avec de multiples bandes, dont la plus célèbre est le Mayfield Road Gang.

Le 5 novembre 1935, un nouveau maire est élu, Harold Burton, qui a basé sa campagne électorale sur la lutte contre la corruption et le crime. L'une de ses premières décisions consiste à nommer Eliot Ness à la direction de la sécurité publique. Lorsque Ness débute dans sa fonction, le 12 décembre 1935, il ne perd pas de temps, comme à son habitude. Dix jours plus tard, il commence une purge au sein des forces de l'ordre ; cent vingt-deux policiers sont transférés, parmi eux un capitaine et vingt-sept lieutenants. Petit à petit, Ness parvient à nettoyer Cleveland avec l'aide d'une petite équipe dont les méthodes s'inspirent de celles des Incorruptibles.

Pour leur assurer un maximum d'efficacité, Ness cache leur identité et la presse les surnomme les « Inconnus ». Entre décembre 1935 et juin 1937, les crimes diminuent de 25 % et les arrestations augmentent de 20 %.

Jusqu'à cet été 1936, Eliot Ness se tient à l'écart de l'enquête sur le Boucher de Cleveland, peut-être parce qu'il sait qu'un échec est envisageable. On sait qu'il aime beaucoup que l'on parle de lui (en bien) dans la presse et que les investigations sur ce criminel n'augurent rien de bon.

Depuis la Dame du lac, il y a eu sept assassinats non résolus et la police ne possède aucune piste concrète. Ces deux derniers mois, les trois quotidiens de Cleveland font leur une du jour sur le « Boucher ». Des élus locaux répercutent les attentes des habitants auprès du maire Harold Burton. La Chambre de Commerce et le comité Venez à Cleveland font pression, la situation devient intenable. Le maire doit absolument faire quelque chose, une décision qui va calmer les esprits. Le 12 septembre 1936, Burton annonce qu'Eliot Ness prend en charge les « Torso Murders », ce qui peut créer une situation explosive au sein des forces de l'ordre. Qui va commander ? Eliot Ness ou le chef de la police de Cleveland, George Matowitz ? Ne vont-ils pas se marcher sur les pieds ? Y aura-t-il une guerre d'ego ? Le même jour, Ness met en place une opération de grande envergure à laquelle, comme d'habitude, il va convier la presse. Une énorme rafle de la population des SDF, vagabonds, routards et trimardeurs qui peuplent Kingsbury Run. Dans les années qui vont suivre, l'ancien Incorruptible s'entoure d'une petite armée dirigée par son assistant personnel John R. Flynn et de l'un des meilleurs experts de police technique et scientifique du pays, David L. Cowles. Ainsi, John Flynn explore toutes les pistes et il n'hésite pas à se rendre à New Castle, en Pennsylvanie, lorsque des crimes par décapitation s'y déroulent. Dès le départ, Eliot Ness décide de garder ses investigations secrètes, sans prévenir les hommes du chef George Matowitz. Ce dernier, de son côté, et pour ne pas être en reste, appointe, le 10 septembre 1936, Peter Merylo pour diriger l'enquête sur le « Boucher ». Il est assisté par son fidèle partenaire, Martin Zalewski. Tous les deux connaissent Kingsbury Run comme leur poche pour y avoir mené des opérations d'infiltration, déguisés en clochards. À eux deux, ils parlent une dizaine de langues étrangères, ce qui leur facilite le contact au sein d'une population ouvrière fortement marquée par l'immigration.

UNE DEUXIÈME « DAME DU LAC »

LE 6 JUILLET 1937, SUR LES BERGES DE LA CUYAHOGA RIVER

Le 23 février 1937, il fait un froid glacial et le ciel est gris au-dessus du lac Erié. Robert Smith, cinquante-cinq ans, se promène sur la plage d'Euclid, après avoir inspecté son voilier qui passe l'hiver à l'abri d'une grange. Comme son voisin et ami Frank LaGassie, qui a découvert la Dame du lac, le 5 septembre 1934, Smith est en quête de bois à brûler lorsqu'il aperçoit un objet blanc. Lorsqu'il s'approche, il se rend compte qu'il s'agit du tronc inférieur d'une femme que les flots ont rejeté sur le sable. Il est treize heures quarante, non loin d'East 156th Street.

Les premiers policiers arrivent très vite, William Sargent, Orley May, James Hogan et Joseph M. Sweeney. Près du bord du lac, la partie supérieure de ce corps sans tête et sans bras flotte au gré de la houle. James Hogan se précipite dans les flots glacés pour le récupérer. À l'exception des pas de Robert Smith, il n'y a aucune autre empreinte sur le sable. Le torse a été jeté ailleurs par l'assassin.

Il est quinze heures trente lorsque le Dr. Reuben Strauss démarre l'autopsie. C'est une femme blanche d'environ vingt-cinq à trente-cinq ans qui mesure entre un mètre soixante-cinq et un mètre soixante-douze, pour environ soixante kilos. Elle a été tuée entre deux et quatre jours auparavant. Elle est déjà morte lorsqu'elle est décapitée à l'aide d'un couteau à la lame très large. La cause du décès ne peut pas être déterminée. Par contre, la découpe n'est pas aussi nette, ni précise que pour les autres victimes. Il y a beaucoup de signes d'hésitation dans le démembrement. Parmi les enquêteurs, les opinions divergent : cette « seconde Dame du lac » fait-elle partie de la série du « Boucher » ou non ?

La pression médiatique exercée sur les forces de l'ordre produit un effet inattendu, comme le confirme le chef de la police George Matowitz dans un entretien, le 30 mai 1937, avec le *Cleveland Plain Dealer* : « Même si le « tueur des torses » parvient à nous échapper pour le moment, on peut se consoler en se disant que nos efforts ont permis l'arrestation de dizaines de criminels parmi les plus dangereux, à la suite des investigations concernant l'affaire de Kingsbury. » Parmi ces personnes arrêtées ou internées, un étrange couple qui habite une cabane en ruines au bord de Kingsbury. L'homme, un ancien catcheur bossu, se balade en permanence avec un tablier de boucher ensanglanté et il possède cinq couteaux particulièrement affûtés, ainsi qu'une hache. Dans son salon, on aperçoit un tableau d'une décapitation médiévale et beaucoup de magazines pornographiques. L'individu explique que les couteaux lui servent à « couper les macaronis ». Rien ne permet de l'inculper dans ces meurtres. L'organisation criminelle mise en place par le serial killer de Cleveland va, de toute évidence, à l'encontre d'un comportement psychotique. Le tueur n'est pas un fou.

Le 5 mai 1937, un plaisancier repêche la partie supérieure d'un corps de femme, soit trois mois environ après la première découverte. L'autopsie démontre que les deux morceaux appartiennent bien à la deuxième Dame du lac. Les pieds, les bras et la tête de cette inconnue ne seront jamais retrouvés. Elle est la huitième victime depuis 1934.

UNE QUATRIÈME FEMME

Il est dix-sept heures quarante en ce 6 juin 1937, lorsque Russell Lauer, quatorze ans, décide de prendre un raccourci pour rentrer chez lui à Scranton Road. Il emprunte Stone's Levee, un terrain vague qui sert quelquefois de déchetterie sauvage, à l'ouest de la Cuyahoga River. Alors qu'il vient de passer sous l'arche du pont de Lorain-Carnegie, l'adolescent a le regard attiré par quelque chose qui brille sous le soleil déclinant. Lorsque Russell s'approche, il se rend compte qu'il s'agit de dents en or d'un crâne humain, à moitié enterré sous la poussière et les gravats.

À dix-huit heures vingt, les inspecteurs James Hogan, James McDonald, Walter Kearry, Orley May et Harvey Wetzel sont sur place pour procéder aux premières constatations. En déterrant la tête, ils mettent à jour un sac de toile saturé de poudre blanche et attaché par un bout de ficelle pourrie. A l'intérieur, un squelette sans bras ni jambes, ainsi qu'un article déchiré du *Cleveland Plain Dealer* qui mentionne le show de « Nils T.

Grantlund et ses danseuses, au Palace Theatre ». Plus loin, une casquette en laine, la manche d'une robe et une épaisse touffe de cheveux noirs. La scène est familière : elle rappelle la découverte des restes de Florence Polillo. Interrogé par les journalistes, le détective Orley May résume bien le désespoir des policiers : « Il nous en donne une (victime) régulièrement tous les cinq mois. »

Le lendemain matin, il est onze heures trente lorsque les légistes Samuel Gerber, Windgate Todd et Reuben Straus procèdent à un examen du squelette qui est celui d'une femme Afro-Américaine dont l'âge se situe entre vingt-cinq et quarante ans et qui mesure à peu près un mètre cinquante-deux pour cinquante kilos. Il est impossible de déterminer la cause exacte du décès mais les médecins mentionnent dans leur rapport que « des marques de couteau sont visibles » et qu'il y a « des preuves de hachage et de découpe ». Ils estiment la date de la mort à un an environ. Cette femme a donc été tuée avant les deux précédentes victimes. L'article qui parle du show date de juin 1936. L'unique chance d'identifier cette personne réside dans sa dentition qui présente trois dents en or.

Dix jours plus tard, Peter Merylo parvient à mettre un nom sur l'inconnue qui est Rose Wallace, quarante ans, et qui disparaît le 21 août 1936 de son domicile du 2027 Scoville Avenue. L'identification est confirmée dix mois plus tard, en avril 1938, par le fils de Rose. Plusieurs témoignages permettent de retracer ses ultimes faits et gestes. L'après-midi de sa disparition, Rose Wallace lave du linge quand un ami vient lui dire qu'un homme veut la voir au bar qui fait le coin de Scoville Avenue et d'East 19th Street. D'après des clients, elle quitte l'établissement en compagnie d'un certain « Bob », un blanc au teint olivâtre, pour aller à une fête. Un peu plus tard, une voisine l'aperçoit en compagnie de trois hommes blancs dans un véhicule, avant que l'on perde définitivement sa trace. Un informateur indique à Peter Merylo que Rose Wallace est une prostituée alcoolique qui a parfois vécu avec « One-Armed Willie », un délinquant de race noire qui fréquente les bas-fonds. Et « One-Armed Willie » est ce même individu qui s'est disputé avec Florence Polillo, à la veille de son assassinat. Mais cette piste ne donne rien non plus, car il n'a pas du tout l'envergure pour être le Boucher de Cleveland.

MACABRES DÉCOUVERTES DANS LA CUYAHOGA RIVER

Depuis la mi-juin 1937, une grève dans les aciéries débouche sur de violentes confrontations entre des briseurs de grève et des ouvriers syndiqués. La situation s'envenime au point que le maire Harold Burton décide de faire appel à la Garde Nationale pour la reprise du travail dans l'usine Republic Steel, prévue pour le 6 juillet au matin. Deux soldats en patrouille le long des berges de la Cuyahoga River aperçoivent d'abord le torse inférieur d'un homme dans les flots boueux, puis un sac de toile qui contient l'autre moitié du corps. Le sac est repêché et ouvert avant l'arrivée des inspecteurs Emil Musil, James Hogan et Orley May sur les lieux. Il est environ dix heures trente. Vers onze heures, un agent repère la cuisse droite qui s'est coincée contre un pilier du West Third Street Bridge. Dans les minutes qui suivent, l'autre cuisse, le pied et le bras gauche sont aussi récupérés. La partie supérieure du torse est enveloppée dans du papier journal, tandis que le sac de toile arbore une étiquette de la marque de nourriture pour volaille Purina. Il est intéressant de se souvenir que les restes de Florence Polillo présentaient aussi des plumes de poulet. Le serial killer travaille-t-il dans un élevage de volailles ? Est-ce un boucher ? Ou un employé chargé d'abattre ces animaux ? En tout cas, cette piste n'a semble-t-il jamais été explorée par les enquêteurs.

Mais ce sac contient aussi plusieurs indices qui laissent les policiers perplexes. Un bas de soie de femme, un poil de chien et plusieurs cheveux blonds.

Le lendemain, le 7 juillet, à midi quinze, l'inspecteur James Hogan récupère les deux avant-bras, avec les mains encore attachées. La partie supérieure du bras droit émerge le 10 juillet, tandis que le pied droit est découvert quatre jours plus tard. La tête ne sera jamais retrouvée.

Pour l'autopsie, Peter Merylo demande au Dr. Hubert Reichle, patron du département de médecine légale du City Hospital, d'y assister. Le policier veut savoir si la découpe du tueur en série peut ressembler à des modes opératoires enseignés dans les écoles de médecine ou à des pratiques de dissection habituelles.

Mais Reichle est formel, le « Boucher » n'utilise pas des techniques médicales, même s'il possède de bonnes connaissances anatomiques. L'autopsie est effectuée par le coroner Reuben Straus pour qui l'inconnu est un homme bien proportionné qui mesure entre un mètre soixante-douze et un mètre soixante-dix-sept pour environ soixante-quinze à quatre-vingt kilos. Les parties génitales sont intactes, comme cela a été le cas pour la cinquième victime, l'homme aux six tatouages.

Dans ce cas précis, le « Boucher » mérite vraiment son surnom car il a encore monté d'un cran son niveau de sauvagerie bestiale. La décapitation est beaucoup plus hésitante : est-ce le couteau qui s'émousse ou la fébrilité du tueur qui sont en cause ? À l'image de Jack l'Eventreur en 1888, il a éventré la partie inférieure du torse pour en retirer tous les organes internes. Puis il a découpé de manière très propre la poitrine pour en ôter le cœur, à la base de l'aorte. Aucun de ces organes ne sera jamais retrouvé. L'inconnu a été assassiné le samedi 3 ou dimanche 4 juillet 1937. Il ne sera jamais identifié.

Lors d'une convention nationale des médecins légistes qui se tient à Cleveland au mois d'août 1937, le coroner Samuel Gerber présente des photos de toutes les victimes du « Boucher », dans l'espoir qu'un de ses collègues puisse le mettre sur une piste. Là aussi, c'est un échec.

Le 17 octobre 1937, le magazine *Official Detective Stories* offre une récompense de cinq mille dollars pour quiconque permettrait l'arrestation du criminel. C'est la première fois aux États-Unis que l'on propose une telle prime dans un cas de serial killer. Mais cette tentative n'aboutit à rien de concret non plus.

Peter Merylo et Martin Zalewski se concentrent en gros sur trois catégories différentes de suspects : les médecins, des individus pointés du doigt par des témoins ou des indics et, enfin, tout type de personnages au comportement étrange qui fréquentent Kingsbury Run. D'ailleurs, les deux détectives n'hésitent pas à donner de leur personne en se déguisant en vagabonds pour se mêler aux SDF du quartier. Rien qu'en 1938, Merylo et Zalewski questionnent eux-mêmes mille cinq cents suspects. Pour l'ensemble du Cleveland Police Department, ce nombre s'élève à cinq mille personnes, un chiffre considérable qui démontre l'ampleur des investigations. Un entrepreneur de pompes funèbres d'un autre État suggère aux policiers de se pencher sur des membres de sa profession : « Nous possédons les mêmes instruments qu'un chirurgien. On nous a appris à faire des incisions précises, et nous sommes des maîtres du scalpel à l'égal de M. Le Chirurgien. La dissection est quelque chose qu'on nous enseigne dans toutes les écoles de notre profession. Nous avons la manière la plus logique et la plus aisée de nous débarrasser de toute cette bouillie sanglante. Quant au transport d'un cadavre, nous disposons de draps en plastique étanches, en bref, de tout l'équipement nécessaire. Et n'oubliez pas que les vagabonds sont habitués à venir nous quémander les vêtements et les chaussures des personnes décédées que les proches ne souhaitent pas récupérer. Quoi de plus facile pour nous de les éliminer. »

Le 8 avril 1938, Steve Morosky, trente-cinq ans, rend visite à un ami qui habite une cabane près de la Cuyahoga River. Il est quatorze heures quinze, lorsqu'il descend la colline à Superior Avenue pour passer devant une énorme bouche d'égout où il repère une masse blanche qu'il prend tout d'abord pour un poisson mort. Mais quand il la retourne avec un bâton, Morosky constate qu'il s'agit de la partie inférieure d'une jambe humaine, amputée au genou et à la cheville. Six longs cheveux blonds adhèrent encore au membre coupé. Cela fait neuf mois que le « Boucher » n'a plus fait parler de lui, du moins à Cleveland. Le serial killer est-il un homme blond, puisque cela fait deux fois que l'on trouve des cheveux d'une telle couleur près des restes des victimes ?

David Cowles du Scientific Investigation Bureau et l'inspecteur Joseph Sweeney sont les premiers sur place, bientôt rejoints par Orley May et Emil Musil. Les premières constatations leur laissent penser qu'il s'agit d'une femme âgée de vingt-cinq à trente-cinq ans qui a été assassinée deux ou trois jours auparavant. Les fouilles des jours suivants ne permettent pas de retrouver le reste du cadavre.

La pression permanente de toutes ces années d'enquête commence à faire craquer certains des protagonistes. Peter Merylo et son partenaire Martin Zalewski se querellent pour savoir s'il faut interroger ou garder sous surveillance une ancienne connaissance d'Edward Andrassy. La confrontation dégénère à un point tel que Zalewski demande à être retiré de ses fonctions. Dans le même temps, Robert Chamberlin, un assistant personnel d'Eliot Ness, met en doute certaines des conclusions médico-légales du coroner Samuel Gerber, et il n'hésite pas à en faire part à la presse.

Plus de trois semaines se sont écoulées, le 2 mai 1938, quand James Hogan et deux de ses hommes reçoivent un appel du responsable d'un pont fluvial de West 3rd Street. Il est quatorze heures et il a remarqué une cuisse flottant à quinze mètres de l'édifice. Des agents récupèrent le membre, ainsi qu'un sac de toile portant la marque de pommes de terre Wheel Brand de Bangor, dans le Maine. Samuel Gerber se déplace pour en inventorier le contenu : les deux moitiés d'un torse décapité, une autre cuisse et un pied gauche. Vu l'état de décomposition, il lui est impossible de déterminer sur-le-champ le sexe. De retour à la morgue, il se rend compte que les restes du jour et la jambe gauche récupérée le 8 avril appartiennent à la même femme. Comme pour la victime précédente du 6 juillet 1937, la découpe est hasardeuse, il y a beaucoup de traces d'hésitation de la part du criminel. Il semble avoir perdu de sa maîtrise, peut-être à cause de la sauvagerie qu'il ressent vis-à-vis de cette femme. Des lacérations ante-mortem sont visibles sur les cuisses et il a brisé des côtes à mains nues, ce qui nécessite une force prodigieuse. Comme pour la plupart des autres victimes, le corps a été lavé et drainé de son sang. Un examen toxicologique démontre la présence de drogue chez cette inconnue. Était-elle une toxicomane ? Ou a-t-elle été intoxiquée par le « Boucher » ?

Une phrase du rapport de police est particulièrement laconique et effroyable : « La victime a été décapitée vivante. Le meurtrier n'a pas réussi à couper entièrement la tête. Il l'a arrachée à mains nues. »

UN DOUBLE MEURTRE

Le 16 août 1938, il est seize heures, lorsque trois Afro-Américains, Edward Smith, James Dawson et James McShack, finissent leur journée de ramassage de métaux au coin d'East 9th Street et de Lake Shore Drive, où se trouve une déchetterie sauvage. « J'étais allé chercher le camion pour y mettre le fer récolté pour la revente, » explique James Dawson, « lorsque je suis passé devant une ravine où j'ai vu ce qui me semblait être un manteau sous les gravats. »

Au fond du trou, qui fait un mètre cinquante de profondeur, il trébuche sur des blocs de béton, avant de découvrir un empilage grotesque de vêtements, de papiers et de restes humains. Une odeur de putréfaction s'échappe lorsque les trois hommes retirent les pierres qui surmontent les débris. Une nuée de mouches bourdonnent tout autour de leurs têtes.

EDWARD SMITH, JAMES DAWSON ET JAMES MCSHACK, LE 16 AOÛT 1938

Vers seize heures quarante-cinq, les inspecteurs Peter Merylo et James Hogan sont sur les lieux, accompagnés du légiste Samuel Gerber. Pourtant habitués à visiter les scènes de crime du « Boucher », les policiers sont choqués par l'effroyable vision qui s'offre à eux. Un torse humain est enveloppé dans une première couche de papier marron, du même type que celui qu'utilisent les bouchers, puis dans une veste d'homme déchirée, une couverture en patchwork coloré et cousue main enrobant le tout. Enfoui à l'abri des rocs et sous le tronc, le même papier de boucher contient les cuisses, maintenues ensemble par un gros ruban en caoutchouc. À un mètre cinquante de là, un paquet similaire entoure la tête coupée. Un peu plus loin, un carton laisse entrevoir les pieds et les bras. Deux sacs en toile et une page arrachée de *Collier's Magazine* du 5 mars 1938 sont également repérés près des restes. Pour la première fois depuis la sixième victime, le serial killer a laissé un corps entier.

UN POLICIER EXAMINE LA COUVERTURE EN PATCHWORK COLORÉ

Pour le coroner Samuel Gerber, cette femme a été tuée six mois auparavant et il se demande si certains membres n'ont pas séjourné dans un congélateur ou un Frigidaire. L'autopsie, qui démarre à dix-huit heures, révèle qu'il s'agit d'une femme blonde âgée entre trente et quarante ans, qui mesure un mètre soixante-deux pour soixante kilos. La décapitation est précise et s'est effectuée entre la troisième et quatrième vertèbre.

Il est dix-neuf heures lorsque Tod Bartholomew, un machiniste de trente-neuf ans, et son épouse Cecilia, garent leur véhicule sous un panneau publicitaire de

Lake Shore Drive pour voir pourquoi tant de curieux se sont amassés dans cette déchetterie. Installé près d'une bouche d'égout, le couple est incommodé par une odeur nauséabonde. Bartholomew se penche par-dessus une balustrade qui surplombe les lieux pour apercevoir des restes humains. Il est plus de vingt heures lorsque James Hogan et Samuel Gerber reviennent sur place, à peine quelques heures après avoir emporté les membres de la douzième victime jusqu'à la morgue. Cet homme a été tué sept à neuf mois auparavant et les débris se composent d'un torse, de vertèbres, d'os pelviens et d'un crâne dans une boîte, qui ont été déposés à soixante-dix mètres de l'inconnue. Les mains et les pieds ne seront jamais retrouvés. L'inconnu est âgé de trente-cinq à quarante ans, il mesure entre un mètre soixante-huit et un mètre soixante-douze pour soixante-huit à soixante-quinze kilos. En tout, la police recueille quarante ossements différents dont vingt-deux côtes, sept vertèbres dorsales et trois cervicales.

Deux jours plus tard, le 18 août 1938, Eliot Ness décide qu'il faut une opération d'envergure pour rassurer les habitants de Cleveland. Il est minuit quarante lorsqu'il dirige en personne une fouille et une rafle de tous les vagabonds qui peuplent les bidonvilles de Kingsbury Run. Vingt-cinq inspecteurs mènent des dizaines d'agents en uniformes pour réveiller en sursaut les SDF, afin de les amener dans les différents commissariats. De gigantesques projecteurs installés sur des camions de pompiers illuminent cette scène dantesque. Eliot Ness ordonne ensuite la destruction de ces cabanes qui sont brûlées par les soldats du feu. Quelques jours plus tard, un éditorial du *Cleveland Press* donne le ton : « Le résultat de ce raid du Directeur de la sûreté est proche du néant, il a détruit quelques misérables huttes et mis sous les verrous leurs occupants. Nous ne trouvons aucune justification à un tel acte. Emprisonner sans raison des miséreux et détruire leurs maigres possessions est un acte inexcusable. »

Ce mois d'août marque le début du désamour de la ville de Cleveland pour son directeur de la sûreté, mais le reste de l'année 1938 est catastrophique pour Eliot Ness. Son union se désagrège et Edna Staley demande le divorce au bout de neuf ans de mariage. La presse l'accuse d'activités antisyndicales et pointe du doigt son manque d'efficacité dans l'enquête sur les crimes du « Boucher ». Mais son image de marque resplendit à nouveau le 26 avril 1939, lorsqu'il fait inculper vingt-trois gangsters du gang de Mayfield Road. Les journaux parlent souvent des virées nocturnes de Ness dans les night-clubs et de sa relation avec un ex-mannequin de vingt-sept ans, Evaline McAndrew, qu'il épouse le 14 octobre 1939.

En 1940, Eliot Ness remporte la guerre contre les gangs de Cleveland, mais il connaît par la suite toute une série d'échecs professionnels et dans sa vie sentimentale.

En mars 1942, après un dîner très arrosé en compagnie de son épouse, Eliot Ness heurte un autre véhicule vers quatre heures trente du matin, avant de commettre un délit de fuite, soi-disant pour ramener une Evaline commotionnée à la maison. Malgré des explications convaincantes, son image d' « Incorruptible » est ternie et il présente sa démission le 30 avril 1942.

Quelques mois plus tard, Ness est nommé à la tête du Federal Social Protection Program qu'il dirige de Washington pendant plus de deux ans. Il s'occupe de faire le ménage dans les bases militaires pour les vider de la présence de prostituées. Mais, en 1944, Evaline l'abandonne pour partir s'installer à New York. Un divorce est bientôt prononcé. Eliot Ness démissionne de son poste et il renonce à mener une carrière dans le service public pour se lancer dans le privé. Grâce à ses relations, il devient, en juin 1944, directeur général de Diebold, une importante société spécialisée dans la fabrication de coffres-forts. Le 31 janvier 1946, il épouse Elizabeth Seaver, une divorcée de Cleveland et, un an plus tard, le couple adopte un fils, Robert Warren Ness. En cette année 1946, Ness semble installé dans le succès : il possède un bureau au Rockfeller Center, dans le coeur de Manhattan, et gagne près de vingt-cinq mille dollars par an.

Depuis qu'il a quitté Cleveland, la ville est dirigée par les Démocrates et les Républicains cherchent désespérément un candidat. Des contacts sont établis et Ness accepte de se présenter contre le maire sortant, Thomas Burke. Le 4 novembre 1947, l'élection marque une très sévère défaite d'Eliot Ness qui obtient 85 990 votes en regard des 168 412 électeurs qui ont élu Burke.

Un éditorialiste constate : « Nous aimons tous Eliot et nous l'admirons pour son honnêteté et sa

compétence. Il n'y a jamais eu quelqu'un comme lui à Cleveland. Il a captivé l'imagination du public pendant ses premières années, au point de devenir un héros. Mais Eliot a manqué le coche. Il aurait dû se présenter à l'élection de 1941, contre Frank Lausche, qui était peu connu et affublé d'un nom imprononçable. Il aurait battu Lausche car, à cette époque, Ness était l'homme le plus célèbre et le plus admiré de la ville ».

Cette campagne électorale a éloigné Ness des réalités du privé et affecté son statut chez Diebold, qui vient de changer de propriétaire : Ness est mis en minorité et il est obligé de quitter ses fonctions. Il fonde la Middle East Company, dont il est le vice-président, mais l'entreprise fait faillite en ce début d'année 1948. Peu de temps après, Ness retourne à Cleveland pour quémander auprès d'un ami un emploi à soixante dollars la semaine, mais il n'obtient pas le poste. Eliot Ness quitte Cleveland pour ne plus jamais y remettre les pieds.

Avec ses économies, il investit dans plusieurs affaires qui sont autant d'échecs. En 1953, il s'associe à parts égales avec Joseph Phelps dans la Guaranty Paper Corporation, une compagnie de Pennsylvanie qui vient d'inventer un système de chèques à filigranes, afin de prévenir la contrefaçon. En tant que président, Ness gagne le maigre salaire de cent cinquante dollars par semaine, ce qui lui permet tout juste de subvenir aux besoins de sa famille.

À l'automne 1955, il accompagne Joseph Phelps pour un voyage d'affaires à New York, où ce dernier rencontre, lors d'un dîner, un copain d'enfance, Oscar

Fraley. Journaliste indépendant, Fraley, qui ignore tout d'Eliot Ness et des Incorruptibles, est fasciné par les récits de cette époque mouvementée de Chicago. Il suggère à Ness l'idée d'en faire un livre. À la suite d'une nouvelle rencontre entre Fraley et Ness, ce dernier lui fait parvenir une montagne de dossiers, notes et coupures de presse qui relatent sa carrière.

Pendant plusieurs mois, Ness ne reçoit aucune nouvelle d'Oscar Fraley et il s'installe en août 1956 avec sa famille dans le village de Coudersport, en Pennsylvanie. Dans le courant du mois de décembre, Fraley téléphone pour lui annoncer qu'un éditeur a accepté le projet d'un livre sur les Incorruptibles, en se basant sur la lecture de quelques chapitres écrits par Fraley. Une semaine plus tard, les deux hommes s'installent dans une chambre d'hôtel de Coudersport et travaillent sans répit sur le manuscrit.

Quelques jours après son cinquante-quatrième anniversaire, Eliot Ness corrige les épreuves de son livre qui doit sortir en automne. Le soir du 16 mai 1957, il meurt dans sa cuisine d'une foudroyante crise cardiaque, sans savoir que son livre va devenir un best-seller et, à partir du 15 octobre 1959, une série vedette de la télévision américaine. À sa mort, sa situation financière est critique : il a plus de dix mille dollars de dettes et son compte en banque est crédité de deux cent soixante-treize dollars, auxquels s'ajoutent les deux cents dollars d'avance de son éditeur, Julian Messner.

UN PRIVÉ À LA RESCOUSSE

Pendant l'été 1938, un détective privé, Lawrence J. Lyons, plus connu sous son surnom de « Pat » Lyons, s'intéresse à ces « cold cases » de Cleveland. Après une étude approfondie des rapports de police et d'autopsies, il émet l'hypothèse que le « Boucher » possède un « laboratoire » bien équipé en plein cœur de Kingsbury Run, pour y pratiquer ses dissections, car, d'un point de vue géographique, presque toutes les victimes proviennent de la même zone d'East Cleveland. « Ce laboratoire doit être insonorisé, facile à nettoyer, et il possède très certainement un entrepôt réfrigéré. Il ne doit pas y avoir beaucoup d'endroits comme cela à Kingsbury Run. S'il en existe un, il devrait être facile à repérer. » Vu son statut de détective privé, Lyons ne peut pas explorer cette piste sans une autorisation officielle. Il fait part de sa théorie au shérif du Comté de Cuyahoga, Martin L. O'Donnell, qui se montre très enthousiaste. Il ordonne sur le champ à ses adjoints Paul McDevitt et John Gillepsie de collaborer avec « Pat » Lyons.

Les trois hommes vérifient avec minutie le quartier, rue après rue, mais sans trouver la moindre trace d'un quelconque « laboratoire ». Entre-temps, ils développent une seconde théorie. Vu la proximité géographique des différentes victimes, certaines d'entre elles ont pu se connaître et connaître une même personne qui a su gagner leur confiance. Leurs recherches se focalisent sur un groupe d'une vingtaine de personnes, des hommes et des femmes, qui fréquentent un même débit de boissons de seconde zone, au coin de Central Avenue et d'East 20th Street. Parmi eux, des mendiants, des SDF, des prostituées et quelques salariés. Grâce à des échanges avec ces piliers de comptoir, Lyons apprend que Florence Polillo et Rose Wallace ne se contentent pas seulement de venir boire dans ce bar, mais qu'elles étaient amies. Et Edward Andrassy, une troisième victime du « Boucher », était aussi un habitué des lieux. Lyons, McDevitt et Gillepsie sentent qu'ils tiennent une piste intéressante, lorsqu'un indic, un marchand de fruits du quartier, leur parle d'un certain « Frank », qui porte toujours des couteaux sur lui et qui aime les brandir, en menaçant de s'en servir sur des personnes de sa connaissance. Ce « Frank » est identifié comme un maçon de cinquante-deux ans, Frank Dolezal, qui vit dans un petit appartement de quatre pièces sur Central Avenue, en plein coeur de Kingsbury Run. Une fouille au domicile du suspect permet de découvrir des taches suspectes sur le plancher de la salle de bain. Est-ce ce fameux « laboratoire » du Boucher de Cleveland ? Lyons gratte quelques échantillons qu'il fait analyser par son frère chimiste, G.V. Lyons. Et il s'agit bien de sang.

« Ensuite, nous avons trouvé d'autres éléments à charge, » explique Lyons. « Florence Polillo a vécu un temps avec Frank Dolezal. Nous avons appris que le maçon a rendu une fois visite à Rose Wallace. Un indic nous a signalé avoir aperçu Dolezal et Mrs Polillo, le soir du 24 janvier 1936. » (Son cadavre a été découvert le

26 janvier, au matin.) Deux des quatre couteaux de Dolezal portent des traces de sang séché. D'autres témoignages de voisins confirment que Florence Polillo et Rose Wallace se sont rendues chez Frank Dolezal, au 1908 Central Avenue, S.E. On l'aurait également aperçu en compagnie d'un marin. Souvenons-nous que l'inconnu aux six tatouages pourrait être un marin, d'après les hypothèses émises par la police.

Les présomptions de culpabilité s'accumulent à la charge du maçon. Le mercredi 5 juillet 1939, le shérif O'Donnell donne l'ordre à ses hommes d'arrêter Frank Dolezal. Le soir même, il est sous les verrous. Cette décision est aussi précipitée parce que son adjoint, Paul McDevitt, le prévient qu'il est l'objet d'une surveillance de la part de l'inspecteur Peter Merylo du Cleveland

LE DR. ENRIQUE ECKER ET LE SHÉRIF MARTIN O'DONNELL EXAMINENT LA BAIGNOIRE DE FRANK DOLEZAL

Police Department, une juridiction indépendante du bureau du shérif du Comté de Cuyahoga. Deux jours plus tard, c'est un Martin L. O'Donnell rayonnant qui convoque tous les médias : « Bon, les garçons, j'ai une grande nouvelle à vous annoncer. Les aveux signés pour un des Torso Murders ! » À quatorze heures, ce vendredi 7 juillet, le County Detective Harry S. Brown est parvenu à soutirer des aveux précis de Frank Dolezal pour le meurtre de Florence Sawdey Polillo. Les flashs crépitent, les caméras se mettent en action, afin de ne rien rater de l'entrée du suspect, un homme costaud et de petite taille, un mètre soixante-douze pour soixante-treize kilos, d'origine slave, qui semble épuisé, les yeux braqués dans le vide. Sa chemise est tachée de sueur et il arbore une barbe de trois jours. Il est venu de Bohême s'installer à Cleveland, à l'âge de seize ans. Avant de devenir maçon, il a été employé dans un abattoir local.

Le détenu reconnaît avoir bu un coup en compagnie de Rose Wallace et d'Edward Andrassy. Il a eu une querelle avec Florence Polillo, deux jours avant qu'on ne découvre son corps mutilé. « Nous étions chez moi à boire le vendredi soir. Deux verres chacun. Elle était sur son 31 et voulait sortir. Elle avait besoin d'argent. Elle a pris dix dollars dans la poche de mon pantalon. Je l'ai engueulée car ce n'était pas la première fois qu'elle agissait ainsi. Mais je ne l'ai pas tuée. Je n'ai tué personne. » À cet instant, Frank Dolezal reste muet. On lui sert un repas, avant de reprendre l'interrogatoire.

– Elle vous a frappé ? demande Harry Brown.

CONFÉRENCE DE PRESSE DU 7 JUILLET 1939

– Elle s'est précipitée sur moi avec un couteau de boucher.

– Et vous l'avez aussi cognée ?

– Ouais. Avec mon poing. Elle est tombée en arrière et son crâne a heurté la baignoire. J'ai crû qu'elle était clamecée. Je l'ai allongée au fond de la baignoire. Puis, j'ai pris un couteau de petite taille, et je l'ai décapitée. Puis les jambes. Et les bras. »

Selon ses dires, la dispute et la chute dans la baignoire se sont déroulées entre deux et quatre heures du matin. Dolezal affirme avoir déposé certains membres derrière l'usine Hart Manufacturing Company, au 2315 East 20th Street, avec son manteau et ses chaussures. Les autres habits ont été brûlés. Le maçon a ensuite emporté le reste du corps, la tête, les pieds et le bras gauche, dans deux paniers dans le lac Érié, à environ cinq kilomètres de son appartement. Une partie de l'étendue d'eau étant gelée, il a marché sur la glace pour se débarrasser des membres dans les flots. Plus tard, il est retourné sur place pour constater qu'aucun des restes n'a été rejeté sur le rivage.

Lors de la conférence de presse, le shérif O'Donnell précise que le domicile de Dolezal se situe à moins de cent mètres de l'usine Hart, où les premiers membres ont été repérés. Le squelette de Rose Wallace a été mis à jour sous le pont de Lorain-Central, dans la Cuyahoga River, à quelques pâtés de maisons de l'adresse du maçon.

Beau joueur, Eliot Ness déclare : « Le shérif doit être félicité pour son enquête. Les pistes qu'il a suivies devront, bien sûr, être validées, entre le cas Polillo et les autres affaires. » Mais le shérif O'Donnell n'est pas tout à fait satisfait de la confession du suspect. Ses aveux ne coïncident pas avec tous les faits, loin de là. Dolezal affirme avoir jeté la tête, les pieds et le bras gauche de Florence Polillo dans le lac Érié, or ces membres, à l'exception de la tête, ont été trouvés derrière un immeuble abandonné d'Orange Avenue, près de East 14th Street. Si Dolezal dit la vérité, comment expliquer cette contradiction ? Le manteau et les chaussures de la victime n'ont pas été déposés derrière l'usine Hart, non plus. On ne les a jamais retrouvés.

FRANK DOLEZAL (AU CENTRE, LES MAINS CROISÉES)

Cinq jours plus tard, le mercredi 12 juillet 1939, Fred Soukup, l'avocat de Dolezal, fait savoir que son client s'est rétracté et qu'il était dans un « brouillard complet » lorsqu'il a avoué. Un coup fatal aux accusations du bureau du shérif émane du professeur E.E. Ecker, pathologiste de la Cleveland's Western Reserve University, qui indique « sans le moindre doute possible » que les traces suspectes grattées sur le plancher de la salle de bains de Frank Dolezal ne sont pas du sang séché. Le 17 juillet, le suspect passe devant la cour de justice pour être seulement inculpé d'homicide involontaire. Plus personne ne s'intéresse au sort du maçon qui est exonéré de la série de crimes du « Boucher de Cleveland », mais qui reste, malgré tout, enfermé derrière les barreaux. Les événements dramatiques qui se déroulent en Europe et en Asie avec le déclenchement de la Seconde Guerre mondiale relèguent l'affaire dans les dernières pages des quotidiens locaux. Sauf que le jeudi 24 août 1939, Frank Dolezal fait à nouveau la Une des journaux.

Il est treize heures quarante-huit lorsque le shérif adjoint Hugh Crawford constate que le détenu s'est pendu dans sa cellule. Il est resté sans surveillance, l'espace de trois minutes environ. Pour bon nombre d'observateurs, le suicide paraît étrange car Dolezal s'est pendu à un crochet qui est à un mètre soixante-cinq de hauteur alors que lui-même mesure un mètre soixante-douze. Certains estiment même qu'il a « été suicidé », afin d'éviter des embarras supplémentaires au bureau du Comté de Cuyahoga. Pour balayer les doutes, le shérif Martin O'Donnell donne sa propre version des faits : « Dolezal a fabriqué une corde avec des chiffons de nettoyage et il a passé la tête dans le nœud coulant, avant de projeter son corps en avant. »

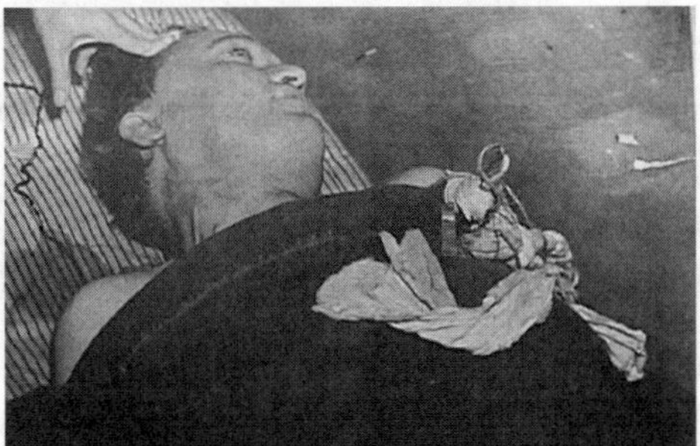
FRANK DOLEZAL AVEC LA CORDE UTILISÉE POUR SE PENDRE

Une autopsie, effectuée le lendemain par trois éminents médecins légistes, les docteurs Samuel Gerber, Harry Goldblatt et Reuben Strauss, révèle que Frank Dolezal a six côtes fracturées. Son avocat ajoute que le maçon « a travaillé sans arrêt jusqu'au jour de son arrestation le 5 juillet. Il n'aurait pas pu faire ce boulot avec six côtes dans cet état. Quelqu'un l'a frappé, depuis qu'il a été incarcéré. » Lors de l'enquête qui suit, le shérif O'Donnell indique que le détenu avait déjà tenté à deux reprises de se suicider, avant de tomber par terre et de heurter un banc de sa cellule. « Nous n'avons jamais commis d'acte de violence à son encontre. Nous l'avons trop bien traité. Nous n'avons rien à cacher. Il a dû avoir peur d'affronter les jurés lors du procès. Nous avons fait de notre mieux. Je suis sûr que nous avons trouvé le coupable. Nous avons obtenu des aveux et nous en étions en bonne voie pour l'inculper des autres « Torso Murders ». Il n'était pas dépressif. Nous avons tout fait pour l'empêcher de se suicider. Nous ne l'avons jamais menacé. »

Le décès de Frank Dolezal ne résoud rien. Il ne fait qu'ajouter un mystère de plus à cette affaire. Est-il l'auteur de plusieurs des crimes attribués au « Boucher » ? A-t-il tué Florence Polillo par accident lors d'une querelle entre alcooliques ? A-t-il avoué sous la pression de six jours d'interrogatoires consécutifs ? L'a-t-on frappé pour ensuite le pousser au suicide, voire même le « suicider » ? Nous ne le saurons jamais, même si je peux affirmer que Frank Dolezal est probablement la quinzième victime — indirecte, celle-là — du « Boucher fou de Cleveland », pour reprendre le titre d'un ouvrage de James Jessen Badal, « *Though Murder Has No Tongue — The Lost Victim of Cleveland's Mad Butcher* ».

« JE SUIS PARTI PASSER L'HIVER EN CALIFORNIE »

Entre-temps, un curieux courrier est posté à Los Angeles, le 22 décembre 1938. Il est adressé au Chef de la police Matowitz, à Cleveland, dans l'Ohio. La lettre arrive le lendemain de Noël à son destinataire. La manière dont l'enveloppe est écrite à la main est étrange. Sur la première ligne on lit « Chief Matowitz, », ensuite « Chief of Police, » et, pour finir « Cleveland, Ohio. » La ponctuation avec des virgules à la fin des deux premières lignes est tout à fait inhabituelle, c'est quelque chose que personne ne fait aux Etats-Unis. À l'exception, notamment, de l'assassinat d'Elizabeth Short, où une enveloppe du « Black Dahlia Avenger » présente le même type de ponctuation. Le courrier est lui tapé à la machine et il ne sera divulgué par le « *Cleveland Press* » qu'en janvier 1939 :

« Au Chef de la Police Matowitz,

« Vous pouvez dormir sur vos deux oreilles, car je suis parti pour passer l'hiver au soleil de Californie. Ça m'a fait mal au coeur de devoir opérer ces personnes mais la science se doit de progresser. Je vais stupéfier le monde médical.

« Leurs vies n'ont-elles pas peu d'importance en regard des centaines de gens malades qui souffrent ? Ce sont juste des spécimens de laboratoires que l'on trouve à n'importe quel coin de rue. Personne ne les a regrettés lorsque mes expériences ont échouées. Mon dernier cas fut une réussite. Je sais maintenant ce que Pasteur, Thoreau et les autres pionniers ont pu ressentir.

« En ce moment, j'ai un volontaire qui va prouver le bien-fondé de ma théorie. On me dit fou et boucher, mais la vérité éclatera un jour.

« J'ai manqué mon premier coup ici. Le corps n'a pas été découvert et ne le sera jamais, mais la tête est enterrée sur Century Boulevard, entre Western et Crenshaw. J'ai le sentiment qu'il est de mon devoir de me débarrasser ainsi des corps. C'est la volonté de Dieu de ne pas les faire souffrir. »

« X »

À l'époque, les policiers sont plutôt partagés quant à l'authenticité de la missive. La majorité pense que c'est l'œuvre d'un plaisantin. D'autres, comme l'inspecteur Peter Merylo, estiment qu'elle a été écrite par le « Boucher », avant qu'il n'émette, lui aussi, des doutes. Le Cleveland Police Department transmet le courrier à leurs collègues de Californie qui prennent l'information au sérieux. Ils effectuent des fouilles, mais ils ne découvrent aucune tête coupée au coin de Century Boulevard et de Crenshaw. Des ossements sont découverts sur les lieux, mais il s'agit d'une fausse alerte. Le spécialiste de la police technique et scientifique Ray Pinker, celui-là même qui travaillera sept ans plus tard sur l'assassinat de Beth Short, se déplace également pour examiner cette piste.

C'est à posteriori que cette missive acquiert de la crédibilité. Quand elle est envoyée, cela fait près de six mois que le « Boucher » n'a plus fait parler de lui, et il ne tuera plus à Cleveland, si l'on excepte un meurtre avec décapitation en juillet 1950. Le fait que le correspondant annonce qu'il est parti sous d'autres cieux et qu'il n'y aura plus d'autres assassinats ne manque pas d'interpeller. Il y a, bien sûr, les trois meurtres du 3 mai 1940 à Stowe Township, mais c'est en Pennsylvanie, et non plus dans l'Ohio (voir le chapitre suivant).

La date d'envoi de cette lettre, en décembre 1938, est également significative. Le « Boucher de Cleveland » s'est manifesté pour la dernière fois le 16 août (découverte des restes de deux corps), même si cet homme et cette femme ont été tués entre six et neuf mois auparavant. Son dernier assassinat date en fait de début avril 1938, le cadavre de cette inconnue étant trouvé le 8 avril. Le 17 août de la même année, l'inspecteur Charles Nevel affirme avec force à tous les policiers des différents commissariats que ces meurtres sont la priorité numéro un du Cleveland Police Department. La nuit du 18 août, Eliot Ness ordonne une rafle systématique des vagabonds du Kingsbury Run, ainsi que la destruction de leurs cabanes de fortune. Le lundi 22 août, l'ancien « Incorruptible » met sur pied une opération illégale de fouille systématique de toutes les habitations allant de la Cuyahoga River jusqu'à East 55th Street et Prospect Avenue. Six équipes sont formées pour cette tâche, qui couvre à peu près vingt-six mille kilomètres carrés. L'idée est de découvrir le fameux « laboratoire » où le « Boucher » dissèque ses victimes. Elle est hors la loi car ils ne disposent pas de mandats de perquisition et les recherches s'exercent sous le prétexte d'une visite de routine de sécurité incendie. Evidemment, ces fouilles sont gardées secrètes pour ne pas alerter le tueur en série. Une récompense astronomique (pour l'époque) de dix mille dollars est proposée pour toute information qui permettrait l'arrestation du criminel. Cinq mille personnes sont questionnées par la police de Cleveland rien que pour l'année 1938. Des dizaines de policiers en civils patrouillent pendant la nuit les vastes espaces désolés de Kingsbury Run. Toutes ces initiatives ont sûrement poussé le « Boucher » à stopper ses forfaits à Cleveland pour s'installer ailleurs, par crainte d'être repéré.

Quand j'examine une carte de Los Angeles, je suis frappé de la proximité géographique entre le croisement de Century Boulevard et de Crenshaw, mentionné dans le courrier au chef Matowitz, avec South Norton Avenue où le Dahlia Noir sera assassiné sept ans plus tard. Crenshaw mène d'ailleurs directement à ce quartier de Leimert Park. Il faut à peine quelques minutes

LE CORONER SAMUEL GERBER ET LA CORDE DU SUICIDÉ FRANK DOLEZAL

pour franchir cette distance en voiture, ce qui est fort peu pour une mégalopole de la taille de Los Angeles.

UN ULTIME FORFAIT DU « BOUCHER DE CLEVELAND » ?

Douze années se sont écoulées depuis les derniers crimes du « Boucher », avant que l'affaire ne rebondisse le 22 juillet 1950. L'entreprise de déménagement des frères Norris est au 2138 Davenport Avenue, près du lac Erié et d'East 22nd Street, qui se situe dans une zone industrielle plutôt délabrée et fréquentée, pour l'essentiel, par des SDF. Deux résidents se promènent près des entrepôts de la Norris Brothers Company lorsqu'ils remarquent une jambe humaine en décomposition. Quand la police arrive sur les lieux, les agents trouvent le torse démembré d'un homme de race blanche, l'autre pied et les deux bras, sous une pile de débris. La tête est manquante. Sous les restes humains, des pages du *Cleveland News* de mai 1949, ainsi que deux feuilles arrachées d'un bottin, à la lettre K. Un peu plus loin, des vêtements. La victime est âgée d'une quarantaine d'années et elle a été assassinée six à huit semaines auparavant. D'autres recherches dirigées par le coroner Samuel Gerber permettent de retrouver la tête quatre jours plus tard, à environ huit mètres de distance du torse. Un appel à témoins dans tous les journaux, grâce à une reconstruction faciale, donne des résultats. L'individu en question est finalement identifié comme un certain Robert Robertson, quarante-quatre ans, dont le casier judiciaire est rempli d'arrestations pour ébriété et outrage à agents. Comme pour toutes les autres victimes du « Boucher de Cleveland », l'enquête ne donne rien, à l'exception de la date de sa disparition, le 12 juin 1950.

Je me suis demandé pourquoi le serial killer frappe à nouveau, après douze années de rémission, ce qui, en soit, n'est pas quelque chose d'inhabituel chez ce type de criminels. A-t-il été emprisonné pour d'autres délits ? Est-il resté à Los Angeles comme l'indique cette lettre de décembre 1938 ? Ou a-t-il continué à tuer ailleurs, en Pennsylvanie, peut-être ? A mon avis, il y a une autre raison qui est liée à la personnalité même du « Boucher ». Dès 1935, il est dans une attitude de provocation vis-à-vis des autorités. Il dépose les cadavres dans des lieux publics où il sait fort bien qu'on va les retrouver, il a envie de choquer les habitants de Cleveland. Le fait de continuer à utiliser Kingsbury Run comme lieu de « dépôt » montre qu'il s'estime très supérieur à ceux qui le traquent. À chaque fois ou presque, les membres désarticulés sont accompagnés de pages de journaux arrachées. Il est évident qu'il se délecte de la publicité qu'on lui accorde et qu'il doit collectionner tous les articles qui parlent de lui. Il possède un ego surdimensionné et il vit dans un sentiment de toute puissance. Or, en novembre 1949, le très populaire *Harper's Magazine*, qui existe depuis 1850 et qui poursuit toujours son existence à l'heure actuelle, publie un long article de quatorze pages sur l'affaire dans son numéro 199, « Butcher's Dozen : The Cleveland Torso Murders », signé John Bartlow Martin. A cette époque, chaque numéro de *Harper's Magazine* se vend à plus de trois cent mille exemplaires. L'éditeur new-yorkais Harper & Brothers reprend ce texte et plusieurs autres du même écrivain sous le titre de *Butcher's Dozen and Other Murders* pour une édition grand format qui est copyrightée en date du 1er janvier 1950. Une version poche paraît chez New American Library en 1952. Je suis sûr que le « Boucher » a lu le numéro de *Harper's Magazine* ou l'édition « hardcover » qui sont sortis avant la disparition de Robert Robertson, au mois de juin de la même année. Et il a tué cet homme pour se rappeler au bon souvenir des habitants de Cleveland. Un autre serial killer, Dennis Rader, surnommé le « BTK Strangler », a agi de la même façon, lorsqu'un journal local de Wichita, dans le Kansas, *The Wichita Eagle*, a publié en 2004 un article qui évoque le trentième anniversaire de ses premiers crimes, le massacre de Joseph Otero et de sa famille en 1974.

Pour nous résumer, il est évident que le chasseur de têtes assassine au moins treize hommes et femmes entre 1934 et 1939. Il est aussi très certainement responsable du décès de Robert Robertson, en 1950. En Pennsylvanie, ce même individu pourrait avoir tué quatre personnes entre 1936 et 1940.

UN PROFIL PSYCHOLOGIQUE DU « BOUCHER »

Trois des principaux protagonistes de l'affaire ont tenté de dresser un portrait du serial killer, le coroner Samuel

Gerber, l'inspecteur Peter Merylo et le chef de la sûreté de Cleveland, Eliot Ness, a même écrit avoir identifié le criminel. Dans un rapport intitulé « Quelle sorte de personne est le tueur aux torses ? », le médecin légiste précise : « Tous les faits récoltés grâce aux examens anatomiques des victimes, des lieux où les corps ont été découverts et du background de celles qui ont été identifiées me laissent penser qu'elles proviennent des couches les plus défavorisées de la société. Ou qu'elles sont tombées de plus haut, à cause d'accidents de parcours dans leur existence.

« En conséquence, le meurtrier doit être une personne qui s'associe avec cette couche de la société. En toute probabilité, il devait fréquenter les sphères les plus élevées, avant de tomber au plus bas. Par le passé, il a pu être un médecin, un interne, un boucher, un ostéopathe, un chiropracteur, un infirmier ou un chasseur, ce qui lui a permis d'effectuer des dissections avec une telle finesse.

« L'assassin a gagné la confiance et, probablement, l'amitié de ses victimes avant de les tuer. Ce type de personnes provient de trois catégories différentes : (1) ceux qui sont réellement fous, tels les paranoïdes, qui vont passer à l'acte à cause de délires de persécution. Le schizophrène tue sans mobile apparent et sans passion. (2) Le psychopathe est aux limites de la démence, ce sont des individus qui ne savent pas différencier le bien du mal. Leur désir de meurtre s'accompagne d'une pulsion sexuelle anormale, comme une certaine forme de perversion. (3) Les faibles d'esprit commettent leurs crimes pour posséder un objet, de l'argent ou quoi que ce soit d'autre, à l'instant où ils accomplissent le forfait.

« En me basant sur l'examen anatomique des douze victimes du « Tueur aux torses », l'assassin est probablement un schizophrène, si l'on considère le sang-froid (nécessaire) de sa méthode de tuer, de disséquer les restes et d'en disposer par la suite. Lors des premiers crimes, il y a eu des mutilations génitales et il est concevable que le meurtrier appartienne à ce groupe borderline de la folie, le psychopathe constitutionnel. »

L'inspecteur Peter Merylo est beaucoup plus direct — et moins technique dans ses assertions : « Je suis d'avis que le meurtrier est un dégénéré sexuel atteint de nécrophilie, d'aphrodisie ou d'érotomanie, qui a peut-être travaillé au sein du département de pathologie d'un hôpital, d'une morgue ou d'une université, où il a eu l'occasion de manipuler un grand nombre de cadavres, à moins qu'il n'ait été employé dans une entreprise de pompes funèbres. Et c'est là qu'il a pu développer cette manie pour les corps nus et décapités. L'assassin parvient à une gratification sexuelle en regardant le sang jaillir de la veine jugulaire qu'il vient de trancher. Il est peut-être fasciné par les statues sans tête ni bras, à l'image de cet employé dans un hôpital de Key West, en Floride, Carl Tansler Van Cosel, qui était devenu si subjugué par une statue qu'il avait vu lors d'une visite à Rome, au point de déterrer le corps d'une femme pour dormir à ses côtés pendant sept ans, car elle ressemblait à cette statue. Je crois aussi que le Meurtrier est un solitaire et qu'il a peut-être abandonné ses études après le lycée. Il lit les journaux et les magazines de faits divers, surtout ceux qui parlent de meurtres. Il passe tout son temps parmi les routards et les camps de vagabonds, et il voyage à bord de trains de marchandises entre Cleveland et Pittsburgh, en Pennsylvanie, peut-être même jusqu'à l'Etat voisin de Virginie. Je suis persuadé que cet homme ne s'arrêtera pas de tuer, tant qu'il est en liberté, et vivant… Jamais je ne lâcherai cette affaire des « Torso Murders. » Je pense qu'il a commis trente-trois ou trente-quatre meurtres et qu'il est également l'assassin du Dahlia Noir. »

À mon tour maintenant d'essayer de cerner la personnalité de ce serial killer. Entre 1934 et 1950, il accomplit une tâche assez incroyable, celle d'assassiner quatorze personnes, sans laisser le moindre indice, à l'exception de quelques cheveux blonds et d'une empreinte de pied taille 46, dans une grande cité, alors que tout le monde connaît son existence — de tueur en série — depuis le cinquième meurtre, en juin 1936. Aucune empreinte digitale, pas le moindre témoin, tout cela dénote une organisation sans failles. Nous savons qu'il est bisexuel — six femmes et huit hommes figurent parmi ses victimes — et qu'il est très certainement nécrophile, d'où cette volonté de garder des parties de corps, des « trophées », pour des jeux érotiques. Par expérience, je sais qu'un serial killer nécrophile et décapiteur, tel qu'Ed Kemper, aime à jouir dans la bouche des têtes coupées de ses victimes. Or, on n'a jamais retrouvé cinq des quatorze têtes. Il est doté d'une force considérable, puisqu'il est capable de transporter des corps le long d'une pente très raide et de briser des côtes, voire même d'arracher des membres à mains nues. Il possède ou dispose d'un lieu à l'écart, ce « laboratoire » qu'évoquent Peter Merylo et Eliot Ness, ainsi qu'une voiture, ce qui n'est pas encore commun à cette époque, car comment imaginer autrement le transport des restes humains qu'il dépose ça et là. Il aime garder des « trophées » appartenant à ses victimes dont on sait que certaines parties ont été congelées ou conservées au froid. Même si le congélateur est inventé en 1830, la possession d'un tel outil est encore rare aux États-Unis, un siècle plus tard. C'est donc quelqu'un qui dispose de certains moyens, ce n'est absolument pas un vagabond ou un trimardeur du Kingsbury Run.

Comment approche-t-il ses proies ? Quatre des quatorze victimes seulement ont été identifiées. Les deux femmes, Florence Polillo et Rose Wallace, sont des prostituées qui fréquentent des rades autour de Central Avenue, East 20th Street ou Coville Avenue. Edward Andrassy est aussi client dans le même bar que ces deux femmes. Robert Robertson a été arrêté une douzaine de fois en état d'ébriété. Il est presque certain que le « Boucher » les a approchés dans de tels établissements, et qu'il a peut-être gagné leur confiance en leur offrant des tournées.

Nous savons que le « Boucher » est quelqu'un de très costaud, mais comment fait-il pour tuer ses victimes ? Il les décapite, ce qui exige beaucoup d'efforts et l'utilisation des deux mains pour agir car, ne l'oublions pas, la plupart de ses cibles sont encore vivantes lorsqu'il leur tranche la tête. Il est quasi impossible de les maintenir d'une main et de les décapiter de l'autre, même si on est quelqu'un de très fort. Il n'y a qu'une personne, la femme du 8 avril 1938, sur qui on a retrouvé de la drogue et encore, rien n'indique que ce soit le tueur qui soit responsable de cette injection. Même si vous êtes fortement alcoolisé, une telle « opération » ne peut pas s'effectuer sans que vous vous défendiez. Pour deux victimes, dont l'homme tatoué du 5 juin 1936, les constatations médico-légales indiquent qu'elles ont eu la gorge tranchée. Mais pour les autres ? Ce qui est frappant, c'est l'absence de blessures de défense chez toutes ces victimes, sauf dans le cas d'Edward Andrassy où l'on remarque de fortes abrasions au niveau des poignets : il a été ligoté et s'est très violemment débattu pendant que le « Boucher » le découpait vivant. Personne n'a jamais entendu de cris ou de hurlements non plus. J'estime que l'assassin a d'abord rendu ses proies inconscientes en les étranglant, avant de procéder à la décapitation. Voilà pourquoi l'une de ses victimes était déjà morte lorsqu'il lui tranche la tête, car cette femme est petite et fragile et, s'il l'a étranglée un peu trop fort, elle en est morte.

Pourquoi cette fascination du tueur pour la décapitation ? Le visage représente l'identité d'un individu, sa personnalité. La tête parle et les oreilles écoutent. L'assassin est intéressé par un corps en tant qu'objet, il veut dépersonnaliser la victime. Il ne souhaite pas qu'elle l'entende et il ne veut surtout pas qu'elle lui dise certaines choses. Ed Kemper, décapiteur en série, ne supportait pas la voix de sa mère qui l'asticotait et le rabaissait en permanence par ses paroles. Pour un tueur en série, qui n'aime pas ce que les autres pensent de lui, c'est un moyen de les faire taire. C'est aussi une manière d'exprimer sa toute puissance. Dans les guerres, les vainqueurs avaient pour habitude de décapiter ceux qu'ils avaient défaits.

Comme pour « Jack the Ripper », plusieurs des médecins légistes ont écrit dans leurs rapports que le meurtrier possède des connaissances précises en anatomie, ce qui n'en fait pas un médecin ou un chirurgien pour autant. Le 7 juillet 1937, l'inspecteur Peter Merylo demande à l'éminent professeur de médecine, le docteur Reichle, d'assister à l'autopsie de la victime trouvée le jour précédent. Reichle est formel, le « Boucher » n'utilise pas des techniques enseignées dans les écoles médicales. Comme l'a suggéré une lettre anonyme, le tueur est peut être un employé des pompes funèbres, une théorie similaire est avancée par l'écrivain Craig Rice pour caractériser le meurtrier du Dahlia Noir. Ou un boucher ? Souvenons-nous des plumes de poulet retrouvées près des restes de Florence Polillo. De la proximité avec le marché à viandes de St. Clair. De ce témoin qui dénonce le serial killer comme étant un certain boucher « sodomite » du nom de Jack Wilson. Du sac en toile contenant des membres et qui porte le nom de la marque Purina, des graines destinées à nourrir les volailles. Ou encore du papier de boucher qui enveloppe les débris de la victime du 16 août 1938.

Sa façon de disséquer les cadavres nous en dit beaucoup sur sa personnalité. Même si cela ne prouve en rien sa « qualité « chirurgicale », elle nous suggère quelqu'un d'ordonné, de calculateur, épris de patience et méthodique, qui retire une fierté certaine de ses macabres exploits. Il lit tous les articles qui le concerne et en collectionne les coupures de presse. On peut penser qu'il est présent parmi les badauds lorsque les policiers effectuent les premières constatations. Tout comme les tueurs en série Ed Kemper et le BTK Strangler, il a peut-être fréquenté les bars, proches du commissariat, où les inspecteurs Merylo, Zalewski, Hogan, May et Musil boivent un coup après leur journée de travail, afin de se tenir au courant des derniers développements de l'affaire. Il est aussi possible qu'il leur ait offert une tournée pour se mêler à leur conversation. Cette spécificité du « Boucher » se reflète sur les lieux où il dépose les restes de ses victimes, notamment pour les premières, qu'il aligne avec soin, la tête de l'homme tatoué est entourée de son pantalon, ses chaussures sont bien rangées et attachées par leurs lacets, le torse de la onzième victime, une femme, est enveloppé dans une première couche de papier marron, puis dans une veste d'homme déchirée, une couverture en patchwork coloré et cousue main enrobant le tout, tandis que les cuisses sont ficelées comme un paquet avec du ruban caoutchouté.

Il paraît presque inconcevable de parler de propreté et de ce désir d'ordre lorsqu'on est confronté à un individu qui décapite et démembre ses proies, mais c'est bien l'une de ses caractéristiques. Il prend soin de drainer le sang de la plupart des cadavres, de les nettoyer et de les laver, ce qui est une « signature », un rituel particulier très rare chez les criminels ou serial killers. À ma connaissance, je ne vois guère que deux autres cas aux États-Unis avec l'assassinat d'Elizabeth Short en 1947 et celui d'un tueur en série pédophile que l'on a surnommé « The Baby-Sitter », où quatre enfants des deux sexes, âgés entre dix et douze ans, sont violés et assassinés dans le comté d'Oakland (Michigan), entre le 13 février 1976 et le 11 mars 1977. Un point commun relie ces quatre affaires : les corps ont été lavés et les ongles manucurés après la mort, d'où le surnom de « Baby-Sitter » pour ce meurtrier non identifié à ce jour. L'eau, qu'il s'agisse du nettoyage des cadavres, de les déposer dans un lac, un fleuve, une rivière, un étang stagnant ou un marais, est un élément clé autour du « Boucher de Cleveland ». Si l'on prend en compte les assassinats commis en Pennsylvanie entre 1925 et 1940 et ceux de Cleveland entre 1934 et 1950, on remarque que l'élément liquide est présent à douze reprises :

– un homme en partie brûlé dans le « Murder Swamp », à New Castle (Pennsylvanie), le 6 octobre 1925 ;

– une femme dans le « Murder Swamp », à New Castle (Pennsylvanie), le 19 octobre 1925 ;

– la « Dame du lac », sur le rivage du lac Erié, à Cleveland, le 5 septembre 1934 ;

– un homme au bord de la Beaver River, à New Castle (Pennsylvanie), le 16 octobre 1934 ;

– un homme dans un étang de Kingsbury Run, près d'East 37th Street, à Cleveland, le 10 septembre 1936 ;

– une seconde « Dame du lac », au lac Erié, à Cleveland, le 23 février 1937 ;

– un homme dans la Cuyahoga River, près de West 3rd Street, à Cleveland, le 6 juillet 1937 ;

– une femme dans la Cuyahoga River, à Cleveland, le 8 avril 1938 ;

– une femme et un homme à Lakeshore Drive et East 9th Street, près du lac Erié, à Cleveland, le 16 août 1938 ;

– un homme dans le « Murder Swamp », à New Castle (Pennsylvanie), le 13 octobre 1939 ;

– Robert Robertson, au 2138 Davenport Avenue, près du lac Erié, à Cleveland, le 22 juillet 1950.

L'inspecteur Peter Merylo a toujours été convaincu que le « Boucher de Cleveland » et le responsable des crimes perpétrés en Pennsylvanie entre 1925 et 1940 ne font qu'une seule et même personne. À ses yeux, ce serial killer a tué trente-quatre personnes au minimum. Pour moi, ce même tueur est responsable de quatorze morts à Cleveland, de quatre en Pennsylvanie, d'une victime en Indiana et de deux autres en Californie, soit en tout, vingt-et-un meurtres. Le responsable des investigations est persuadé que l'assassin est un employé des chemins de fer — ou un usager — qui rencontre ses proies dans les camps de fortune établis le long des rails ou des routards (« hoboes ») qu'il croise à bord des wagons de marchandises. Il les tue à bord de ces convois qui lui servent de « laboratoire » pour les disséquer. Là aussi, quand on examine en détail la liste des victimes, on remarque que le chemin de fer ou des wagons sont associés aux crimes suivants :

– Edward Andrassy et un autre homme, près de la ligne de « Shaker Heights », à Jackhass Hill, Cleveland, le 23 septembre 1935 ;

– l'homme aux six tatouages, près de la ligne du « New York Central Railroad », à Cleveland, le 5 juin 1936 ;

– un homme sur la ligne « Pennsylvania & Lake Erie », à New Castle, en Pennsylvanie, le 1er juillet 1936 ;

– un homme, au croisement de plusieurs lignes, à Kingsbury Run, le 22 juillet 1936 ;

– Rose Wallace, à Cleveland, le 6 juin 1937 ;

– la tête d'un homme dans un wagon, à New Castle (Pennsylvanie), le 13 octobre 1939 ;

– un homme sur la ligne « Pennsylvania & Lake Erie », à New Castle, en Pennsylvanie, le 19 octobre 1939 ;

– deux hommes et une femme dans des wagons, à Stowe Junction, en Pennsylvanie, le 3 mai 1940 ;

– Robert Robertson, près de six lignes de chemins de fer, à Cleveland, le 22 juillet 1950.

Soit douze victimes associées, de près ou de loin, au chemin de fer. Plusieurs des corps sont à la fois découverts près d'un cours d'eau et de rails.

LE SUSPECT D'ELIOT NESS

Dans *Quatre contre la pègre*, Oscar Fraley et Eliot Ness prétendent que le Chef de la sûreté de Cleveland a identifié le « Boucher » en 1938. Désigné sous le pseudonyme de « Gaylord Sundheim », le suspect est décrit comme un étudiant en médecine homosexuel, membre d'une riche famille de Cleveland. Interrogé par Ness, en automne 1938, « Sundheim » échappe à la justice par un subterfuge en se faisant interner de son propre chef dans un asile, où il décède en 1940 ou 1941. Pendant son séjour en hôpital psychiatrique, le « Boucher » harcèle Ness par l'envoi de lettres de menaces et de cartes postales parsemées d'écrits obscènes.

À première vue, l'hypothèse semble plausible, puisque ces missives anonymes sont conservées par Ness et elles peuvent être consultées dans les archives municipales de Cleveland, si l'on bénéficie d'une autorisation spéciale. Mais de nombreux faits contredisent cette théorie.

Pourquoi les médecins légistes et des policiers, tels que l'inspecteur Peter Merylo, insistent-ils pour inclure les trois victimes des wagons de Pennsylvanie parmi les victimes du « Boucher », alors que « Gaylord Sundheim » est enfermé depuis plus d'un an ? Si Ness est aussi certain de la culpabilité de son suspect, pourquoi laisse-t-il les policiers tabasser (et peut-être tuer) Frank Dolezal, en 1939 ? Si le cas a été résolu en 1938, pourquoi l'enquêteur en chef Peter Merylo traque-t-il encore le criminel après sa retraite, dans les années 1950, et pourquoi déclare-t-il que le serial killer a tué des dizaines de personnes entre 1925 et 1947 ?

Même s'il a changé le nom et altéré les faits — « Gaylord Sundheim » n'est pas mort en 1940 ou 1941 —, le suspect d'Eliot Ness a été identifié. Francis Edward Sweeney est né le 5 mai 1894, il est le cinquième sur six enfants du couple Martin et Delia Sweeney.

Dès le début de son existence, le petit Francis est marqué par le malheur qui s'abat sur cette famille d'ouvriers. Trois de ses frères décèdent, l'un à l'âge de trois ans, un autre en 1912 et le dernier (et unique survivant) en 1939. Sa mère Delia meurt d'une crise cardiaque en 1903, son père est hospitalisé en 1910, souffrant de tuberculose, ce qui oblige le reste des enfants à être dispersés. En 1920, Martin Sweeney est admis dans un hôpital psychiatrique où il périt d'une artériosclérose, trois ans plus tard. En octobre 1917, Francis s'engage dans l'U.S. Army pour combattre dans la Première guerre mondiale, où il est employé à fournir des médicaments aux troupes. En 1919, il doit quitter le service à cause d'un handicap (inconnu), évalué à 25 %, ce qui lui vaut une pension gouvernementale qui lui permet de faire des études de pharmacie et de médecine à Saint-Louis et d'y obtenir ses diplômes en 1928. Entre-temps, il épouse Mary Sokol, une infirmière de vingt-sept ans. Le couple s'installe à Cleveland où ils auront deux fils, dont l'un meurt dans un accident automobile en 1947, l'année du décès du Dahlia Noir. Francis Sweeney s'installe à son compte et il semble incarner l'image parfaite du rêve américain. Parti d'une famille ouvrière, il est à présent un médecin et un chirurgien, avec son propre cabinet.

À partir de 1930, l'attitude de Francis, un homme intelligent, passionné, dévoué et plein d'humour, change complètement. Il commence à boire plus que de raison, au point de négliger sa famille et son cabinet médical. Il devient irritable, violent envers sa femme et ses enfants, et il souffre d'hallucinations. En décembre

POST CARD
ELIOT (HEAD MAN) NESS
UNION-COMMERCE BLDG
CLEVELAND.
OHIO
WHO-IS-TOTHER-GUY? YOUR
ASTRAL-PREEMINENCE?
[MSS 3699]
IN-DAS-FREUDIOLOGY
THIS-ORGAN-HAS
THE-EMINENCE
OF-A-REAMER
WHETHER-THE-CHIMES
PEAL-THE-NOTE-FOR
BELL-RINGING-EFFECT
OR-NOT-IS-THE
MACBETHEAN-QUESTION
POST CARD
ELIOT-DIRECT-UM
NESS
MUTUAL-XCHANGE
IN-STOCKS-BONDS.
UNION-COMMERCE BLDG.
DOWNTOWN-
CLEVELAND-OHIO
HARDY SWISS GIANT
5 PANSY PLANTS 25c
RAINBOW COLORS EASY TO GROW
GOOD-CHEER
THE-AMERICAN
SWEENEY
POST CARD
ELIOT AMBIG-U-OUS
NESS!
UNION COMMERCE
BUILDING
CLEVELAND-OHIO
U.S.A.

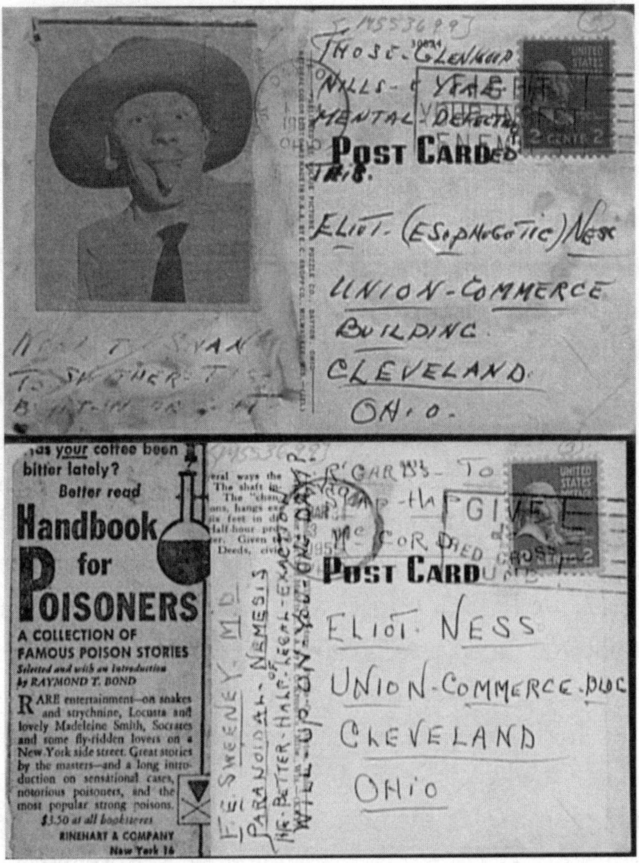

1933, Mary, son épouse, exige une évaluation psychiatrique. Il est interné pendant un mois pour soigner son addiction à l'alcool. Le 3 janvier 1934, Francis est confié à la garde de sa femme qui revient en Cour, une semaine plus tard, pour se plaindre à nouveau. Comme le juge refuse de la suivre, elle abandonne le domicile conjugal avec leurs deux enfants pour se réfugier chez sa sœur. Elle demande le divorce en septembre 1934, ainsi que la garde des deux garçons, ce qui lui est accordé en 1936. Le comportement du docteur Sweeney lui vaut aussi de perdre sa place à l'hôpital Saint Alexis, en cette même année 1934.

À partir de cette date et jusqu'en 1938, on ne trouve plus trace de Francis Sweeney. En février et avril 1938, un ami dentiste et sa sœur aînée demandent, chacun à leur tour, son internement. Examiné par trois psychiatres, le médecin est déclaré sain d'esprit.

À la mi-mars 1938, un chien qui appartient à Mrs. Janet Jones, à Bogart, dans la banlieue de Sandusky (Ohio), qui se situe à environ quatre-vingt kilomètres à l'ouest de Cleveland, rapporte à sa maîtresse une jambe coupée. Le médecin légiste E.J. Meckstroth déclare au *Cleveland Plain Dealer* : « Ce pied de femme a été amputé de façon très précise. L'opération date de plusieurs mois. » Personne n'est déclaré comme disparu et le shérif local contacte les autorités de Cleveland. David Cowles et Reuben Straus se rendent sur place pour examiner le membre. À ce moment-là, neuf personnes ont déjà été assassinées par le « Boucher », à Cleveland. En 1938, le docteur Francis Sweeney effectue de fréquents séjours au Sailors and Soldiers Home, une maison de repos et de désintoxication, dans cette même ville de Sandusky. C'est apparemment cet événement mystérieux qui décide Eliot Ness à passer à l'action vis-à-vis du docteur Francis Sweeney, sans que l'on sache en quoi cette jambe coupée est liée au médecin. À ce jour, il n'existe aucune trace écrite d'un quelconque dossier d'investigations sur le mystérieux docteur

Sweeney. N'oublions pas non plus qu'Eliot Ness mène son enquête dans le secret le plus absolu, avec sa garde rapprochée, et qu'il ne tient pas au courant le Cleveland Police Department, pas plus que les hommes du shérif du Comté de Cuyahoga, de ses investigations. Les seuls éléments concrets que nous possédons sont des interviews réalisées par les auteurs Marilyn Bardsley et James Jessen Badal, à la fin des années 1990, avec trois protagonistes directs de l'affaire, David Cowles du Scientific Investigation Bureau (des extraits audio de son entretien figurent sur ce site internet : http://www.clevelandmagazine.com/ME2/dirmod.asp?sid=E73ABD6180B44874871A91F6BA5C249C&nm=&type=Publishing&mod=Publications::Article&mid=1578600D80804596A222593669321019&tier=4&id=787EFD80E2954205AAD059BA6724F957,) du psychiatre le Dr. Royal Grossman et de l'agent spécial Arnold Sagalyn qui fait partie de l'équipe des « Inconnus », placée sous les ordres directs d'Eliot Ness. Sagalyn a été chargé de filer Francis Sweeney à de très nombreuses reprises lors de ses déplacements à Cleveland. Il affirme que le médecin est considéré comme le suspect n°1 des crimes du « Boucher » dès l'année 1935, alors qu'il n'a commis que trois assassinats à cette date — du moins à Cleveland —, car Ness ne prend connaissance des meurtres de New Castle, en Pennsylvanie, que vers le fin de l'année 1936, au moment où il envoie son assistant personnel John Flynn sur place en début de l'année 1937. Il existe une autre raison qui pousse le Chef de la sûreté à garder secrètes ses recherches. Le cousin du docteur suspecté, Martin Sweeney, est un Démocrate, membre élu et très influent du Congrès, tandis qu'Eliot Ness appartient au parti opposé, et qu'il se présente même aux élections à Cleveland pour le compte des Républicains.

Arnold Sagalyn raconte que le docteur Sweeney s'amuse beaucoup à être considéré comme le principal suspect des meurtres du « Boucher ». Il adresse de nombreuses coupures de presse qui relatent des assassinats à David Cowles, afin que ce dernier les place dans « son dossier ». Il envoie une photo d'un arbre dans un champ à Eliot Ness sur le tronc duquel il a dessiné un X avec pour instructions de « creusez ici ». Une autre fois, c'est un croquis de la morgue du Comté avec un panneau accroché à la porte d'entrée qui lit « Plus De Corps ». À chaque fois que le médecin se rend compte qu'il est pris en filature, il s'arrange pour transformer l'opération en gag. Une fois, il se retourne brusquement et il vient serrer la main de l'agent en se présentant. Une autre fois, il pénètre dans un bar et lorsqu'il aperçoit son suiveur y pénétrer également, il commande un verre pour lui et « son ombre blanche ». Et lorsqu'il parvient à échapper à son poursuivant en changeant constamment de lignes de tramway, il téléphone au quartier général de la police de Cleveland pour indiquer qu'on pourra le retrouver à quatorze heures dans le hall de tel ou tel grand magasin.

Vers la fin du mois de mai 1938, un rebondissement stupéfiant se produit lorsqu'Eliot Ness décide de séquestrer Francis Sweeney dans une suite du Cleveland

Hotel, pendant une dizaine de jours. Une opération qui est tout à fait illégale. Autour du médecin, qui est ivre mort et qui a avalé des barbituriques auxquels il est devenu accro, Eliot Ness, le Dr. Royal Grossman, psychiatre pour le Comté de Cuyahoga, et David Cowles du Scientific Investigation Bureau, tandis que des agents à la solde du Chef de la sûreté se relaient en permanence dans le couloir de l'hôtel pour garder les lieux. Dans son interview de 1997, Grossman précise qu'il faut attendre trois jours pour que Sweeney dessoûle. Il mesure un mètre quatre-vingt, mais il a pris beaucoup de poids ces dernières années, avec ses différentes addictions, au point de peser cent dix kilos. Au bout de quatre jours, il est enfin capable de répondre aux questions de l'inspecteur Ray Oldag et de David Cowles, à raison de huit heures par jour, pendant plus d'une semaine, mais ils n'obtiennent pas la moindre confession.

Pour en avoir le cœur net, Eliot Ness fait venir le Dr. Leonard Keeler de la Northwestern University qui est l'inventeur et le plus grand spécialiste américain du polygraphe ou détecteur de mensonges. Ness a déjà eu recours à ses services lors de sa lutte contre les gangs à Chicago. Keeler a pratiqué plus de trente mille tests lorsqu'il interroge Francis Sweeney. À chacune de ses questions, Sweeney répond par une moquerie. Par exemple, quand Keeler lui demande son nom, le médecin répond : « Gaylord Sundheim ! ». Tout est à l'avenant et, à la fin de deux tests, le spécialiste est tout à fait certain que le suspect d'Eliot Ness est bien le « Boucher de Cleveland ». Dans ses mémoires, *Quatre contre la pègre*, le Chef de la sûreté raconte ce qui se passe lorsqu'il confronte « Sundheim » avec les résultats :

– Je crois que vous êtes coupable de ces crimes, avoua Ness.

– Vous croyez ? s'écria l'autre en lui riant au nez. Essayez de le prouver. Figurez-vous que je sais que ces examens-là ne sont pas acceptés en justice.

LE DOCTEUR FRANCIS SWEENEY

« Sundheim » ricanait en jouant distraitement avec un couteau à la lame effilée, et considérait Ness d'un œil qui donnait le frisson. Si « Manski » et « Davis » ne s'étaient pas trouvés dans la chambre voisine, le directeur de la Sécurité publique eût été extrêmement inquiet.

Enfin, tandis que « Sundheim » tripotait toujours le couteau, Ness lui dit :

– Ma foi, ce sera tout, je pense. Vous pouvez partir… pour le moment.

« Sundheim » rit tout bas, jeta le couteau sur la table et sortit d'un pas léger.

Ness essuya ses mains moites sur son pantalon et alla ouvrir la porte de communication.

Il resta bouche bée en voyant la chambre déserte.

Il avait déjeuné en tête à tête avec l'homme qu'il croyait fermement être le « Boucher fou de Kingsbury Run » — et le maniaque n'avait pas cessé de jouer avec un couteau !

– Bon Dieu, fulmina-t-il quand ses deux agents réapparurent, où diable étiez-vous passés tous les deux ?

– Ben quoi, Eliot, on vous a entendu commander à déjeuner, alors nous, on est descendu manger un morceau.

L'incident provoque un fou rire nerveux, et puis Ness s'attaqua résolument au problème. Il fit fouiller le passé de « Sundheim » et ordonna la mise sous surveillance constante de l'homme qui, il n'en doutait pas un instant, était l'assassin dément.

Mais « Sundheim » fut le plus malin.

Le colosse railleur se fit admettre peu de temps après dans une maison de santé et se plaça ainsi hors d'atteinte de la police. »

Eliot Ness sait fort bien qu'il n'a pas assez de preuves pour inculper le suspect, mais il le confronte tout de même, en face à face, les poings serrés dans la poche de sa veste, en le regardant droit dans les yeux :

HOTEL
CLEVELAND

– Je pense que vous avez tué toutes ces personnes.

– Vous le pensez ? Alors, prouvez-le ! ricana le médecin. »

Trois mois après cet interrogatoire, le 16 août 1938, les douzième et treizième victimes sont découvertes dans une déchetterie proche d'East 9th Street. Neuf jours plus tard, le 25 août, Francis Sweeney demande à être volontairement interné dans la maison de repos de « Sandusky Soldiers and Sailors Home ». Son statut d'interné volontaire l'autorise à quitter l'établissement dès qu'il l'entend. Mais, à chaque fois qu'il est de sortie, la police de Sandusky et de Cleveland doivent être notifiées sur-le-champ. L'assistant de Ness, Arnold Sagalyn, se souvient l'avoir suivi à plusieurs reprises, à Cleveland, pendant l'été 1939, alors que le docteur est en permission de sortie.

En 1963, un médecin du Veterans Administration Center à Dayton, dans l'Ohio, écrit : « Frank Sweeney fait partie de notre centre depuis 1946. En 1956, il a été hospitalisé au Chilicothe Veterans Administration Hospital avec les diagnostics de personnalité schizoïde, de maladie cardiaque et d'hypertrophie du cœur. Depuis lors, il a été souvent admis au Brown Hospital, principalement pour des problèmes d'intoxication alcoolique (il est traité en ce moment pour ce type de problème au sein de notre service psychiatrique). C'est aussi un toxicomane, avec une addiction aux barbituriques. Il est considéré comme incompétent par la Veterans Administration. »

Francis Sweeney décède en 1964.

En août 1938, un mois décidément très chargé en événements dans l'histoire du « Tueur aux torses », les quotidiens de Cleveland évoquent le récit d'Emil Fronek, un ancien vagabond devenu débardeur à Chicago. En fin d'année 1934, il erre dans les rues glaciales autour de Broadway et d'East 55th Street, à la recherche de chaleur, de nourriture et d'une paire de chaussures. Au fond d'une arrière-cour, un escalier le mène jusqu'au premier étage, devant le cabinet d'un médecin où le propriétaire des lieux lui propose un repas chaud et du café. Alors qu'il avale goulûment la nourriture, Fronek commence à se sentir mal et à avoir des vertiges. Il pense avoir été drogué et il se précipite dehors. Le docteur tente de le rattraper, mais il poursuit son chemin jusqu'à Kingsbury Run, où il s'effondre dans un wagon de marchandises vide, pour ne se réveiller que trois jours plus tard. « Je suis retourné sur place, » déclare-t-il à un journaliste du *Cleveland Press*, « mais les bureaux étaient vides. » Quelques années plus tard, alors qu'il est toujours un SDF, Fronek croise la route d'un autre vagabond qui lui raconte avoir vécu une expérience similaire. Il montre à Fronek son abdomen et sa poitrine qui sont couverts de profondes cicatrices. Il s'est réveillé dans un « hôpital privé » avec des coupures partout sur le corps, avant de parvenir à s'échapper. Après la parution de ces articles, les inspecteurs Emil Musil et Peter Merylo se rendent à Chicago pour revenir à Cleveland en compagnie d'Emil Fronek, maintenant âgé de cinquante-deux ans. Il accepte d'arpenter Broadway Avenue en compagnie des inspecteurs Robert Carter et Orley May, à la recherche du cabinet de ce médecin. Il est certain que les bureaux se situent entre East 50th et East 55th Street, mais il est incapable de pointer du doigt l'endroit exact. Eliot Ness l'interroge aussi pendant une heure. Son témoignage paraît crédible à tous ces policiers. Cependant, ils ne pensent pas que Fronek a croisé la route du « Boucher » car, pour eux, son « laboratoire » se situe plutôt vers Central Market, non loin de Kingsbury Run. East 55th Street et Broadway sont beaucoup plus à l'est et au sud. N'oublions pas non plus que les enquêteurs estiment à cette époque que le serial killer débute sa carrière criminelle avec la double découverte d'Edward Andrassy et d'un inconnu le 23 septembre 1935, soit près d'un an après les événements narrés par Emil Fronek. Pour eux, la Dame du lac du 5 septembre 1934 ne fait pas (encore) partie des crimes du « Tueur aux torses ». En 1934, le docteur Francis Sweeney partage des bureaux avec le Dr. Edward Peterka au 5026 Broadway, qui se situe entre East 49th et East 55th Street, presque au croisement avec Pershing Avenue, ce qui peut nous laisser croire que le médecin qui a croisé la route d'Emil Fronek est bien Francis Sweeney. Cette année 1934 est une année très difficile pour le médecin d'un point de vue personnel et professionnel. Son épouse a tenté de le faire déclarer fou, elle a demandé le divorce et quitté le domicile familial avec leurs deux garçons, tandis que l'hôpital Saint Alexis lui a demandé de quitter son poste. Je sais, par mes recherches, qu'une situation de stress intense est souvent l'élément déclencheur d'un passage à l'acte chez un serial killer. Francis Sweeney est soumis à une énorme pression en cette fin d'année 1934, tandis que ses addictions à l'alcool et à la drogue deviennent de plus en plus fortes. Le récit d'Emil Fronek est intéressant car il nous apporte peut-être une explication quant à l'absence de blessures de défense sur les corps des victimes du « Boucher », alors qu'ils sont, pour la plupart, décapités vivants. À la lumière du récit d'Emil Fronek, le mode opératoire du serial killer consiste peut-être à les droguer, avant de les tuer, à l'exception d'Edward Andrassy. Presque tous les cadavres ont été lavés et drainés de leur sang, si bien qu'aucun légiste ne pense nécessaire de procéder à des tests toxicologiques, la cause du décès étant évidente, avec ces décapitations. Quand un tel examen est effectué pour la treizième victime, le 16 août 1938, on note une forte présence de drogue dans le corps.

Le 5 février 1940, Peter Merylo et Martin Zalewski rencontrent Francis Sweeney pour la première fois, à la suggestion de David Cowles du Scientific Investigation Bureau, qui fait partie de l'équipe d'enquêteurs d'Eliot Ness, soit près de deux ans après qu'il a été séquestré par le Chef de la sûreté et ses hommes dans un hôtel de Cleveland. Cela démontre que les inspecteurs du Cleveland Police Department ne sont pas du tout tenus au courant de l'enquête secrète d'Eliot Ness et de son unité. Bien qu'interné au Sandusky Soldiers and Sailors Home, Sweeney réside chez sa sœur sur East 65th Street car sa nièce doit être opérée dans son ancien hôpital de Saint Alexis. Dans un rapport écrit le lendemain, Peter Merylo indique que « pendant notre interrogatoire, le Dr. Sweeney marche de long en large, sans interruption, comme s'il était en train de dicter un courrier. Il souffre d'un fort complexe de supériorité. Après notre conversation avec le Dr. Sweeney, notre opinion est qu'il n'a rien à voir avec les « Torso Murders ». L'homme est délicat, obèse et mollasson, ce n'est pas le type d'individu capable de se mêler à une population de vagabonds, près des lignes de chemins de fer et des marais. »

Quels arguments peut-on avancer pour affirmer qu'il y a un seul et unique tueur en série pour toutes ces affaires ? Une scène de crime ritualisée pour Elizabeth Short et deux corps allongés côte à côte à Cleveland, bien que leur posture soit tout à fait différente. Le cadavre du Dahlia Noir est vidé de son sang et lavé, un procédé plutôt rare dans les affaires de meurtres, et que l'on retrouve dans la plupart des crimes de Cleveland et de Pennsylvanie. La découpe est l'œuvre d'une main experte et un couteau à large lame a été utilisé dans les différents cas (six victimes coupées en deux à Cleveland). On découvre des traces de liens sur plusieurs des victimes de Cleveland et de Pennsylvanie, et il en est de même en 1947. À Cleveland, à New Castle et à Los Angeles, les victimes sont tuées à un certain endroit pour être déposées ailleurs, et le tueur a probablement commis des actes de sodomie post-mortem. L'assassin de Cleveland a transporté les cadavres dans un sac de toile et Elizabeth Short l'a été dans un sac de ciment. Le tueur de Kingsbury Run a inséré une poche de pantalon découpée dans l'anus d'une de ses victimes féminines, là où celui du Dahlia Noir a enfoui un morceau de chair prélevé sur sa cuisse. Par ailleurs, le Boucher de Cleveland effectue des lacérations sur les cuisses de sa onzième victime alors que Florence Polillo présente une incision longitudinale sur le pubis, des types de blessures que l'on retrouve sur le cadavre d'Elizabeth Short. La bissection des corps est présente à Cleveland, en Pennsylvanie et à Los Angeles, de même que cette volonté sadique de torturer les victimes pendant qu'elles sont encore vivantes. Enfin, dans les deux affaires de Cleveland et de Los Angeles, le meurtrier a défié les autorités et la police. Si nous sommes confrontés à un même serial killer pour la Pennsylvanie (1936-1940), Cleveland (1934-1950), Indianapolis (1943) et Los Angeles (1944 et 1947), je me pose la question de savoir pourquoi il n'y a pas eu de décapitation pour Elizabeth Short, alors que c'est la signature primordiale du « Tueur aux torses » ? Le Dahlia Noir est la seule des victimes à avoir été gardée vivante aussi longtemps. Elizabeth Short est une femme d'une grande beauté, ce qui n'est pas le cas de Florence Polillo ou de Rose Wallace, les seules femmes identifiées dont on possède une photo. Les victimes décapitées deviennent, aux yeux du tueur en série, de simples objets, elles sont chosifiées, déshumanisées, puisqu'elles n'ont plus de visages. Il ne veut pas les entendre ni croiser leur regard. Peut-être a-t-il « aimé » à sa façon Beth Short, a-t-il essayé de la séduire pour qu'elle vienne à « lui » et, devant son refus, peut-être accompagné de paroles méprisantes ou railleuses à son égard, il décide de la punir, de la torturer, notamment par là où elle a fauté. Par ces mots qui l'ont blessé, cette moue dédaigneuse, ce sourire supérieur… Pris de rage, il lui lacère la bouche et transforme le charmant sourire qu'on lui connaît en une hideuse grimace à la Joker.

UN ÉPILOGUE POUR LE BOUCHER DE CLEVELAND ?

Le 16 mai 1957, lorsqu'Eliot Ness décède croulant sous les dettes, sa famille possède à peine l'argent nécessaire pour le faire incinérer. Ses cendres, ainsi que celles d'Elizabeth son épouse et de Robert, son fils adoptif, n'ont jamais été enterrées. Afin de lui rendre hommage, la Société historique de la police de Cleveland décide de réunir les fonds nécessaires à une cérémonie. Celle-ci se déroule le 10 septembre 1997, quarante ans après son décès, lorsque les cendres de la famille Ness sont dispersées dans le lac Wade devant des centaines de policiers et d'habitants de la ville de Cleveland. Un mois plus tard, le 8 octobre 1997, c'est au tour d'Edward Andrassy, la seconde victime du Boucher de Cleveland, d'être honorée lorsque sa fille et ses petits-enfants peuvent venir se recueillir pour la première fois sur sa tombe, dont l'emplacement était perdu depuis plus de cinquante ans.

En septembre 2003, le *Cleveland Plain Dealer* annonce que le laboratoire de police scientifique désire analyser l'ADN qui pourrait être retrouvé sur les cinq cartes postales envoyées à Eliot Ness dans les années 1950 et le relier à un suspect éventuel des quatorze assassinats du « Tueur aux torses ». Pour arriver à ses fins, la coroner Elizabeth Baraj doit découper un coin du timbre à deux cents pour essayer de prélever la salive de l'individu qui a posté les cartes. Il a toujours été supposé que ces missives sont l'œuvre du docteur Francis Sweeney, après son internement volontaire à Dayton, dans l'Ohio. Mais la Western Reserve Historical Society, qui détient les cinq cartes dans ses collections, a fait savoir par son porte-parole John Grabowski, qu'elle s'oppose à une telle procédure : « Retirer les timbres détruirait les cartes postales et ne résoudrait en rien cette série de crimes. Cela indiquera seulement si la personne suspectée est bien l'auteur de ces missives. Ces cartes sont beaucoup trop précieuses pour être endommagées. Il est certain que s'il existait de l'ADN provenant des scènes de crimes, notre opinion serait tout à fait différente. Mais ce n'est pas le cas. » En août 2014, ces recherches ADN n'ont toujours pas été effectuées.

La question que l'on peut se poser est de savoir si nos moyens de police technique et scientifique modernes — fichiers ADN, bases de données informatiques, recours à des profilers, etc. — auraient permis l'arrestation du serial killer ? Et si l'enquête a bien été menée à l'époque ? De récentes affaires de crimes en série ont démontré l'ampleur de la tâche à laquelle sont confrontés les enquêteurs. Il a fallu trente ans pour arrêter le BTK Strangler Dennis Rader, vingt-neuf ans avant de juger Emile Louis pour les Disparues de l'Yonne, vingt-six ans pour que le procès de Pierre Chanal se déroule pour les Disparus de Mourmelon et dix-neuf ans afin de faire condamner Gary Ridgway, le Green River Killer. Le Boucher de Cleveland n'a jamais laissé la moindre empreinte digitale, une unique trace de chaussure (pointure 46), aucun témoin ne l'a jamais vu se débarrasser des cadavres ou les transporter, et il a pris soin de nettoyer et de laver les corps de ses victimes, qu'il s'agisse d'un rituel purificatoire ou d'une volonté délibérée de ne pas laisser d'indices. Cela dénote une organisation sans failles qu'il a été capable de reproduire à quatorze reprises à Cleveland — et à dix-huit reprises, si l'on ajoute les crimes de New Castle et de Stowe Junction. Est-ce que l'enquête a été bien menée à l'époque ? Je réponds oui. Les différentes équipes de police en action se sont dotées des meilleurs outils et des plus grands spécialistes en la matière, David Cowles du Scientific Investigation Bureau, qui met au point une nouvelle méthode pour prélever les empreintes digitales, le Dr. Leonard Keeler et son tout nouveau polygraphe, qui est le plus grand spécialiste américain du détecteur de mensonges pour tester Francis Sweeney, ou le coroner Samuel Gerber et sa méthode innovante de reconstruction faciale qui permet l'identification de Robert Robertson en 1950. Les enquêteurs n'hésitent pas à consulter des psychiatres, afin de dresser un profil psychologique de l'assassin, ce qui est révolutionnaire dans les années 1930, quand ce n'est pas l'inspecteur Peter Merylo lui-même qui s'y attache. Il y a, bien sûr, des aspects négatifs dans cette enquête — ou plutôt ces enquêtes —, et c'est bien là que réside le problème. Une terrible guerre d'ego se déroule entre les différents services, avec Martin O'Donnell, le shérif du Comté de Cuyahoga, Eliot Ness et ses Inconnus, ainsi que George Matowitz, le chef du Cleveland Police Department. Chacun mène ses investigations en franc-tireur, sans prendre la peine de prévenir les deux autres. Ce manque de communication, que les anglo-saxons qualifient de « linkage blindness », a bien évidemment profité au tueur. Il faut presque deux ans à l'inspecteur Peter Merylo pour apprendre qu'Eliot Ness a un suspect sérieux dans le collimateur. Des dissensions internes éclatent aussi entre les divers protagonistes, la querelle entre Peter Merylo et Martin Zaleswki, la démission de John R. Flynn, l'adjoint d'Eliot Ness, ou la jalousie professionnelle entre les différents médecins légistes. Quand on regarde les clichés des médias de l'époque, on reste stupéfait de constater qu'aucune scène de crime n'est sécurisée. Les policiers effectuent les fouilles au milieu de centaines de badauds. Il faut également deux ans avant que les policiers ne reconnaissent le lien qui unit la Dame du lac du 5 septembre 1934, Edward Andrassy et l'inconnu du 23 septembre 1935, Florence Polillo, le 26 janvier 1936 et l'homme aux six tatouages du 5 juin 1936, alors que la presse locale a déjà relié ces affaires dès l'assassinat de Florence Polillo, et qu'ils admettent être confrontés à l'un des pires serial killer de l'histoire criminelle américaine. À ma connaissance, l'affaire du Boucher de Cleveland reste le « cold case » non élucidé le plus important de toute l'histoire criminelle américaine, si l'on considère le nombre des victimes.

THREE MEN ARE SLAIN BY BUTCHER

Torso Slayer Is Hunted From Cleveland To Pittsburgh By Grim Police

CHAPITRE

"HEADLESS SWAMP" : LE MARAIS DE LA MORT DE NEW CASTLE

PENNSYLVANIE (1925-1940)

XIV

La région de New Castle est connue pour ses nombreuses carrières de calcaire qui attirent une forte immigration d'ouvriers italiens au début du XXème siècle. Parmi eux, des éléments criminels forment une société secrète, la Main Noire (The Black Hand), moins connue que la Cosa Nostra sicilienne ou la 'Ndrangheta calabraise, dont les revenus proviennent presque exclusivement du racket. La personne visée reçoit un courrier avec une main noire dessinée qui l'exhorte à payer une certaine somme. Si elle ne s'exécute pas, elle est passée à tabac ou même tuée. En 1907, deux personnes sont ainsi assassinées à New Castle. En 1920, la Prohibition aggrave la situation et les règlements de compte entre gangs rivaux se multiplient dans la région, ainsi qu'à Cleveland et Youngstown, dans l'Ohio, et à Pittsburgh, toujours en Pennsylvanie. New Castle se situe à la jonction de deux lignes de chemin de fer, la Pennsylvania & Lake Erie (P&LE) et la Baltimore & Ohio (B&O), et d'un fleuve, la Beaver River. De nombreux routards (hoboes) empruntent ces lignes de Cleveland (Ohio) jusqu'à Pittsburgh (Pennsylvanie), où ils établissent des campements de fortune, proches des diverses villes qui leur permettent de monter à bord des wagons de marchandises. Entre les voies ferrés et la Beaver River, un no man's land hostile composé de bois à la végétation dense et de zones marécageuses devient un lieu propice pour se débarrasser des corps de victimes de règlements de compte entre bandes rivales. Dans les années 1920 et 1930, ces marais sont surnommés « Murder Swamp » ou « Hell's Half Acre » par les médias locaux, avant de devenir « Headless Swamp » (« Le marais des décapités ») à partir des années 1925.

L'après-midi du mardi 6 octobre 1925, Samuel Hares, ouvrier dans une aciérie, est parti à la chasse au canard dans un endroit isolé au nord de West Pittsburgh. Le lieu sert aussi de déchetterie sauvage pour les aciéries. Sous un tronc d'arbre, Hares remarque un cadavre qui est en partie enterré. Il retourne en ville pour prévenir les autorités. La victime est un homme nu de race blanche qui a été décapité avec précision. Le meurtre s'est déroulé ailleurs, il y a deux ou trois semaines. Le chemin accessible le plus proche se situe à plus de deux kilomètres. Il a fallu un individu doté d'une grande force physique pour transporter le cadavre jusqu'à ce sous-bois très dense. Fait étrange, le meurtrier est retourné sur les lieux pour couvrir encore plus la victime, car les feuillages sont récents. Autre élément curieux, le corps a été nettoyé (lavé ?) de toute trace de sang, avant d'être enfoui. Des fouilles sont organisées pour essayer de retrouver la tête.

Deux jours plus tard, le 8 octobre 1925, le *New Castle News* indique que « peu avant quinze heures, l'inspecteur C.W. Hicks se trouve près du tronc où le cadavre a été trouvé et il remarque une odeur beaucoup plus forte que la veille. Il commence à creuser avec une pelle sous le tronc et met à jour la tête coupée. Elle est recouverte de terre et se situe là où les jambes reposent. La face est tournée vers le haut. La terre humide colle aux cheveux et au visage, au point de rendre les traits difficilement discernables. » Entre-temps, un chapeau, un bout de corde d'un mètre cinquante et des vêtements brûlés sont aussi trouvés non loin de là, dont une chemise ensanglantée qui appartient sûrement à l'assassin. La tête est photographiée sur place, puis à la morgue d'Offutt. Les clichés sont rendus publics, mais personne n'identifie la victime.

Onze jours plus tard, le samedi 17 octobre 1925, quatre adolescents de West Pittsburgh, partis à la chasse aux canards, décident de visiter les lieux où le cadavre a été découvert. À quelques dizaines de mètres plus au nord, alors qu'ils doivent écarter les branches des sous-bois qui leur barrent le chemin, ils remarquent ce qui paraît être un os en partie enfoui sous un buisson. Un squelette de très grande taille, plus d'un mètre quatre-vingt-cinq, est encore vêtu d'une chemise bleue et d'une sous-chemise. Là encore, la tête est manquante. Des chaussures et un couteau rouillé se trouvent non loin de là. L'autopsie indique que l'individu est mort il y a quatre mois environ et que la décapitation est nette et précise. La victime est de grande taille, dotée d'une forte carrure, et il a fallu déployer des efforts considérables pour la transporter dans un tel lieu.

Deux jours plus tard, le lundi 19 octobre, vers midi, des fouilles permettent de découvrir le reste des vêtements de cet inconnu de grande taille, ainsi qu'un crâne humain. Tout le monde pense qu'il appartient au second corps, mais le médecin légiste leur apprend qu'il s'agit d'une troisième victime, une femme âgée, cette fois-ci, qui est décédée depuis un an environ.

Le lendemain matin, une fouille systématique des marais est organisée par la police d'État de Pennsylvanie. Des centaines de volontaires s'éparpillent avec de longs bâtons pour fouiller les buissons, les sous-bois et sonder les mares stagnantes. Un article à la une du *New Castle News* du 21 octobre 1925 évoque, « la découverte, non loin du crâne de la troisième victime, de la mâchoire inférieure manquante, de deux vertèbres, de quinze petits ossements qui pourraient être des doigts ou des orteils, d'un morceau de chair humaine desséchée, d'une mèche de cheveux ensanglantés, ainsi qu'une casquette bleue. » Le troisième crâne n'est jamais retrouvé et aucune des trois victimes n'est identifiée.

La police en est réduite à des spéculations sur les mobiles du tueur. En tout cas, l'homme est doté d'une grande force physique, il est habile dans le maniement du couteau ou d'une scie, il connaît le marais et il ne s'inquiète pas de savoir que l'on puisse découvrir les corps. Pour certains enquêteurs, l'assassin est un employé des chemins de fer, familier de New Castle Junction.

HEADLESS BODY IS DISCOVERED

Torso Found Near New Castle's Famous 'Murder Swamp'

Special to The Pittsburgh Press

NEW CASTLE, Pa., July 3—Authorities today sought the murderer and identity of a man whose headless body was found in a box car near New Castle's famous "murder swamp."

The discovery of the badly-decomposed body was made a few miles from the swamp where three torsos and parts of two other bodies were foun din 1925. Sheriff Edward D. Pritchard, announcing that the

Toute la publicité faite autour de cette affaire engendre un effet bénéfique pour les habitants de la région de New Castle. L'assassin prend peur et il déménage peut-être ailleurs, afin de poursuivre ses activités criminelles — à Cleveland ?

LE RETOUR DU « COUPEUR DE TÊTES »

Pendant neuf ans, il ne se passe rien ou presque à New Castle, jusqu'au retour de ce fatal mois d'octobre 1934 — toutes les découvertes de corps, ou presque, se déroulent en octobre, dans cette cité de Pennsylvanie. Le lundi 16, deux adolescents promènent leurs chiens dans le marais situé au nord de West Pittsburgh lorsqu'ils aperçoivent les restes d'un homme nu, en état de décomposition avancée. Cette fois-ci, la tête est attachée au reste du cadavre. Les mêmes enquêteurs qu'en 1925 se rendent sur place. Le *New Castle News* du 16 octobre 1934 indique « qu'il a été enterré face contre terre, mais pas entièrement recouvert de terre, juste en bordure de la Beaver River. » Le médecin légiste estime qu'il est décédé depuis quatre mois, mais, au vu de l'état de décomposition, il est incapable de se prononcer sur la manière dont l'inconnu a été assassiné. Sous le corps, il y a une bouteille de whisky et une lance en fer. Comme toutes les autres victimes précédentes, il reste un « John Doe », non identifié à ce jour.

Le 1er juillet 1936, deux cheminots de la ligne Pennsylvania & Lake Erie sont en tournée d'inspection de vieux wagons de marchandises laissés à l'abandon depuis cinq ans à New Castle Junction lorsqu'ils remarquent que la porte de l'un d'eux est ouverte. Ils montent à bord et ils trouvent les restes d'un cadavre décapité en état de décomposition. Il s'agit d'un homme nu qui est recouvert d'un large sac de toile. Sous le corps, une blague à tabac et des pages ensanglantées de trois journaux de juillet 1933 — deux proviennent du *Pittsburgh Press*, le troisième du *Cleveland Plain Dealer.* Le slip plein de taches de sang est trouvé à trente mètres des rails, dans le marais. À cette époque, le Boucher fou de Cleveland a déjà assassiné six personnes en les décapitant et en les mutilant, depuis la découverte de la première victime, le 23 septembre 1935, dans le ravin de Kingsbury Run. Plusieurs corps sont trouvés près de rails du chemin de fer de la ligne qui relie Cleveland à New Castle Junction.

Pour la première fois, les policiers de Cleveland entendent parler des cinq meurtres de New Castle, une ville pourtant située à environ cent cinquante kilomètres seulement. Et ce sont des journalistes qui relaient l'information, car les enquêteurs locaux pensent toujours qu'ils sont en présence de règlements de compte entre gangs rivaux alors que le « Boucher fou » est un déviant sexuel. En début d'année 1937, l'adjoint d'Eliot Ness à Cleveland, John Flynn, se rend à New Castle pour rencontrer les enquêteurs locaux. Il est consterné par l'absence de dossiers sur les trois assassinats de 1925.

Comme les constatations du coroner ont démontré que les meurtres se sont déroulés ailleurs, le *New Castle Police Department* n'a pas poursuivi plus loin ses investigations. Quelques mois plus tard, l'inspecteur Peter Merylo profite de ses vacances pour se rendre à New Castle et y mener sa propre enquête. Dans ses mémoires (non publiés), sa conviction est faite : « Après m'être rendu à New Castle, et dans l'incapacité de découvrir de nouvelles pistes, je suis retourné chez moi (à Cleveland) pour informer le Chef Matowitz (patron de la police locale) que je suis convaincu, sans l'ombre d'un doute, que les meurtres de New Castle sont identiques à ceux de Cleveland. Et je suis sûr que le tueur se sert de wagons pour disséquer les corps. Je crois que le même individu est responsable des meurtres de New Castle et de Cleveland, et qu'il voyage à bord de trains de marchandises. »

Nous sommes à nouveau en octobre à New Castle, mais, cette fois-ci, trois ans plus tard, le vendredi 13 octobre 1939, il est quinze heures trente, lorsque trois garçons de West Pittsburgh, qui ramassent des noix le long d'une berge du Murder Swamp, font une macabre découverte. Au milieu d'un champ d'herbes hautes, le corps décapité et décomposé d'un jeune homme nu repose sur un feu de papier journal éteint. Le *New Castle News* du 14 octobre précise : « L'assassin a transporté le cadavre dans les bois pour le brûler sur un tas de journaux, dont l'édition du 28 septembre du *Youngstown Vindicator*. Du papier a été roulé en boule entre ses mains, probablement dans le but d'effacer ses empreintes. » Pour le médecin légiste, la décapitation s'est effectuée à l'aide d'une scie, avec une certaine précision dans le geste. Cet homme, âgé de dix-huit à vingt ans, de petite taille, a été assassiné sur place, certainement deux semaines plus tôt. Les vêtements et les chaussures sont trouvés non loin de là.

Six jours plus tard, le 19 octobre 1939, un cheminot de la compagnie P &LE remarque une odeur nauséabonde qui émane d'un wagon de marchandises plat. Lorsqu'il monte à bord, il voit dans un coin un tas de feuilles, d'où provient cette puanteur. En écartant la végétation, il se trouve nez à nez avec une tête coupée. Le train se situe à environ deux cent cinquante mètres du lieu où le reste du cadavre a été découvert. Averti par la police locale, l'inspecteur Peter Merylo se rend sur place et il fait une découverte intéressante, en fouillant avec soin le wagon. Dans son rapport daté du 21 octobre, il indique : « Les recherches m'ont permis de repérer des cheveux bouclés très courts qui proviennent, sans aucun doute possible, de la région du pénis de la victime. » Malheureusement, il ne donne pas d'explications sur ce fait étrange. Pourquoi des poils pubiens se trouvent-ils à côté d'une tête coupée ? Encore une fois, Merylo exprime sa certitude quant à l'existence d'un même meurtrier en série pour les crimes de New Castle et ceux du « Torso Killer » : « Il (l'inspecteur Bannon de la police de New Castle) nous en a dit suffisamment (sur les précédentes victimes de Pennsylvanie) pour nous convaincre, sans l'ombre d'un doute, que les victimes décapitées de Murder Swamp ont été assassinées

DISCOVER SECOND 'SWAMP' MURDER

NEW CASTLE, Pa., Oct. 16.—(AP)—Authorities were confronted today with the possibility of another murder mystery in "death Swamp."

Two boys told police they had seen the body of a man in the desolate stretch of weeds and quagmire at New Castle Junction which was the scene of unsolved slayings seven years ago. At that time the bodies of two men, who had been beaten and shot to death, were found buried in the swamp. The mystery of their deaths was never unraveled. They were never even completely identified.

Authorities started a search of the three-mile stretch of swamp land for the body the two boys said they saw there late yesterday.

The boys were taking their dogs for a walk when, they told police, they saw the body. Frightened they hurried home and told their parents.

par le Boucher de Cleveland. Bannon est du même avis, ainsi que le District Attorney, les détectives du Comté et ceux de la police d'État de Pennsylvanie. » Il est aussi persuadé que le criminel en question est lié, d'une façon ou d'une autre, au chemin de fer qui relie Cleveland à New Castle. Un cheminot ? Un trimardeur ? Un vagabond du rail ? Un routard du crime ?

Cette conviction est encore renforcée par une conversation entre Merylo et Edward Fritz, un journaliste du *New Castle News*, qui a couvert tous les crimes du marais depuis les années 1920, y compris celui d'Emma Jackson, en 1921, où il commet une erreur en mentionnant qu'elle a été décapitée — alors qu'elle a eu la gorge tranchée. « Une source interne à l'enquête lui affirme qu'un métis, à moitié noir et à moitié Mexicain, » écrit Merylo dans son rapport du 21 octobre, « a tué cette femme, sans qu'aucune arrestation ne puisse se faire, par manque de preuves. Ce meurtrier travaille à l'époque pour la compagnie de chemins de fer et il est toujours employé sur cette ligne. »

À Cleveland, où il n'y a plus eu de meurtres depuis la découverte du dernier corps le 16 août 1938, l'enquête en est au point mort malgré l'interrogatoire de plus d'un millier de suspects. C'est à nouveau en Pennsylvanie que l'affaire va rebondir, le 3 mai 1940, à Stowe Township, dans la banlieue de Pittsburgh, à environ soixante kilomètres de New Castle. Deux cheminots de la compagnie P & LE inspectent dix-neuf wagons de marchandises qui sont destinés à la casse. Depuis plusieurs mois, ils sont sur une voie de garage à McKees Rocks, à quelques kilomètres de là. Il est neuf heures vingt lorsque les deux hommes montent à bord du wagon 80179 qui dégage une odeur pestilentielle. Dans un recoin, ils trouvent un torse nu démembré. À côté, un sac de toile contient les bras et les jambes, l'ensemble est découpé en sept morceaux. Le cadavre grouille d'asticots à un point tel qu'il est impossible, de prime abord, de déterminer son sexe. Il n'y a pas de vêtements et la tête est absente. Pendant que deux légistes et des policiers effectuent les premières constatations sur place, les deux cheminots poursuivent leur tournée d'inspection, jusqu'au wagon 51224, trois fourgons plus loin que le n° 80179, où une vision d'horreur les attend à nouveau. Il est onze heures et quart. Comme pour le premier fourgon, le second corps est décapité et démembré. « Les jambes et un bras reposent sur le plancher, » indique le rapport de police, « le meurtrier y a ensuite déposé le torse, avec les épaules pointant en direction de la porte. » Une volonté du tueur de choquer ceux qui vont faire cette découverte ? Aucun vêtement n'est présent, pas plus que la tête. Il y a juste quarante sacs en papier de la marque Evert Fuel Co.

Il est midi et d'autres policiers arrivent en renfort accompagné par un autre légiste. Cinq minutes plus tard, les deux cheminots reviennent effarés, avec l'annonce d'un troisième cadavre reposant dans le wagon n° 33850. Aucun écrivain de pulp n'aurait pu imaginer un tel scénario, trois corps dans trois fourgons différents, et tous sont décapités. Cette ultime découverte est la pire des trois : il y a du sang partout, une énorme flaque sur le plancher et sur l'un des murs qui est complètement éclaboussé. Un homme nu et décapité, en état de décomposition avancée, est en partie recouvert de papier d'emballage. Il repose sur le dos. Au contraire des deux autres, il n'a pas été démembré et il est toujours ligoté. Sur sa poitrine, le meurtrier a profondément gravé le mot « NAZI » en majuscules, avec le Z inversé. Au milieu du wagon, un tas de cendres et des pages de journaux brûlées ; on distingue encore l'édition du 11 décembre 1939 du *Youngstown Vindicator*. Sur l'une des pages du quotidien, une empreinte ensanglantée de grande taille, celle de l'assassin ? Si c'est lui qui a marché sur le papier, il doit mesurer au moins un mètre quatre-vingt-cinq, voire plus.

L'enquête démontre que le train de marchandises, destiné à la casse, est resté à Youngstown, dans l'Ohio, de décembre 1938 au 19 avril 1940, avant d'être déplacé vers la Pennsylvanie. Les trois victimes ont donc été tuées à Youngstown, vu l'état de décomposition des cadavres. Le relevé des empreintes par un expert permet l'identification du troisième corps qui figure au casier judiciaire de l'État de l'Ohio. James David Nicholson, trente ans, alias James Henderson, James Nickelson, James Nichols, Leslie Nicholson, a débuté sa carrière criminelle en 1928 par un cambriolage à Kenosha, dans le Wisconsin, à l'âge de dix-huit ans. Il poursuit ses activités illicites dans l'Illinois, le Michigan, le Wisconsin, la Virginie et la Caroline du Sud. À sa sortie de prison fin 1939, cet homosexuel disparaît totalement dans la nature. Personne ne sait ce qu'il devient. Plusieurs témoignages semblent indiquer qu'il est devenu un SDF qui trace la route, comme passager clandestin de trains de marchandises. Un profil et une destinée qui ressemblent beaucoup à toutes les victimes du « Boucher Fou de Kingsbury Run » à Cleveland.

Un examen au microscope des vertèbres d'une des victimes tend à prouver qu'elle a été décapitée, non pas à l'aide d'un couteau à large lame, mais avec une scie Gigli. C'est une scie formée d'un câble relié à deux poignées que les chirurgiens utilisent notamment pour des amputations. Cet outil aurait été très difficile à employer par le tueur sur une surface plane, s'il souhaitait décapiter sa victime, car il lui faut effectuer un mouvement de va-et-vient pour trancher l'os.

LA CHRONOLOGIE DES MEURTRES DE PENNSYLVANIE

16 MARS 1921

Emma Jackson, soixante-treize ans, est égorgée dans la ferme familiale de Wampun, en Pennsylvanie, au sud de New Castle. Elle aurait été violée.

Le Boucher de Cleveland n'a jamais tué une personne aussi âgée. Elle n'est pas décapitée, ni mutilée. La victime est morte sur place, le corps n'a pas été déplacé. Le serial killer n'a jamais commis de forfait à l'intérieur du domicile de ses proies.

À mes yeux, Emma Jackson ne fait pas partie de cette série criminelle.

11 JUILLET 1923

Une fillette non identifiée de six ans est découverte dans la Beaver River. Elle est décapitée et démembrée. Aucun des membres n'est retrouvé.

1ER OCTOBRE 1923

Le corps décapité de Charles McGregor, vingt-et-un ans, est découvert dans une cabine pour femmes de la piscine municipale de Pittsburgh, en bordure de la Monongahela River. La tête est retrouvée un peu plus tard le même jour.

Il est tué sur place et à l'intérieur d'un bâtiment. Pour moi, Charles McGregor n'est pas une victime du Boucher de Cleveland.

11 FÉVRIER 1924

La tête et les quatre membres brûlés d'un homme âgé de trente-cinq ans environ sont trouvés dans un wagon de marchandises à Weirton Junction, en Virginie. À la mi-janvier, ce convoi est en Pennsylvanie, où la victime est tuée. Le torse n'est pas retrouvé. La victime n'a jamais été identifiée.

Bien que la victime ait été décapitée et démembrée, et que les restes soient récupérés dans un fourgon, je ne pense pas qu'elle fasse partie de la série, car le « Torso Killer » éprouve une fascination morbide pour les têtes, et non pas pour les torses.

1er JANVIER 1925

Le torse brûlé de Luigi Norchesi, quatorze ans, est trouvé dans une cabane incendiée au nord d'Ellwood City. La tête et les membres n'ont jamais été récupérés.

Le « Boucher Fou de Kingsbury Run » a assassiné des personnes des deux sexes et de races différentes, mais il n'a jamais tué d'enfant. Luigi Norchesi ne fait pas partie des meurtres du serial killer de Cleveland. Par contre, il a peut-être été la victime du même criminel que la fillette de six ans, le 11 juillet 1923. La proximité géographique et temporelle, ainsi que le mode opératoire de la décapitation rendent cette hypothèse probable.

6 OCTOBRE 1925

Un homme nu de race blanche et décapité est trouvé à moitié enterré dans les marais de New Castle. Il n'est jamais identifié. Il n'a pas été tué sur place.

17 OCTOBRE 1925

Un homme non identifié de grande taille a été décapité. La tête n'est jamais retrouvée. Il n'a pas été tué sur place.

19 OCTOBRE 1925

Un crâne de femme âgée est trouvé dans les marais. Elle n'a jamais été identifiée. Le reste du corps est introuvable.

Les deux victimes masculines sont nues et n'ont pas été tuées sur place, l'assassin les a transportées sur une longue distance, ce qui a occasionné beaucoup d'efforts, notamment pour le second corps, un individu de grande taille et à la forte carrure. Les corps sont partiellement enterrés et/ou cachés dans des endroits difficilement accessibles. La décapitation est l'œuvre de quelqu'un qui agit avec précision.

Certes, des similitudes avec les assassinats de Cleveland sont présentes. Nous sommes neuf ans avant les meurtres de Kingsbury Run et le criminel a pu évoluer dans ses fantasmes. Quand on examine de manière chronologique les crimes d'un serial killer, on se rend compte qu'il est le plus vulnérable au début de sa série. Il n'est pas encore sûr lui, il va tuer dans une « comfort zone », une zone de confiance, proche de son domicile ou de son lieu de travail. Il a peur de se faire prendre et, en conséquence, il va chercher à cacher ses actes — donc les corps. Peut-être sommes nous en présence des premiers forfaits du Boucher de Cleveland. Et, comme il craint d'être identifié, car il croit avoir bien caché les victimes, il s'abstient de commettre de nouveaux actes, du moins dans cette région. Par contre, un laps de temps de neuf ans s'écoule entre ces crimes et la découverte de la Dame du lac », ce qui est beaucoup pour un tueur en série tel que le « Boucher ». J'estime que ces trois assassinats ne font pas partie de la série du « Tueur aux torses » de Cleveland.

16 OCTOBRE 1934

Le corps d'un homme nu et non identifié est découvert dans les marais. Il est en partie recouvert de terre. Il n'a pas été décapité.

Ici, aucun doute n'est possible. Cette victime n'appartient pas à la série des forfaits du « Torso Killer » de Cleveland.

1ER JUILLET 1936

Un homme nu et décapité est découvert dans un wagon à l'abandon près du marais de New Castle. Un sac de toile le recouvre. Il n'est pas identifié et la tête n'est jamais retrouvée.

À cette époque, le « Boucher fou de Kingsbury Run » est en pleine activité, le 3 ou 4 juin, il a déposé un corps nu et décapité devant le bureau de la police du rail de la ligne qui relie Cleveland à New Castle Junction. La victime de New Castle est couchée sur une édition de juillet 1933 du *Cleveland Plain Dealer*.

Tout comme l'inspecteur Peter Merylo, j'estime que ces deux crimes sont liés.

13 OCTOBRE 1939

Un homme non identifié de dix-huit à vingt ans est découvert en partie brûlé dans un champ d'herbes folles du marais de New Castle. Sa tête coupée est trouvée dans un fourgon de marchandises, six jours plus tard.

L'assassin a pris soin d'effacer les empreintes digitales en lui brûlant les mains, afin que l'inconnu ne soit pas identifié. Le « Torso Killer » de Cleveland n'a jamais pris ce type de précaution. Pour le coroner, la décapitation s'est effectuée à l'aide d'une scie qui n'est pas le mode opératoire habituel de notre serial killer. Contrairement à Peter Merylo, j'estime que cette victime ne fait pas partie de la série criminelle.

3 MAI 1940

La découverte de trois cadavres nus et décapités dans trois wagons différents à Stowe Township.

Si les victimes sont trouvées en Pennsylvanie, elles ont été assassinées à Youngstown, dans l'Ohio, près de Cleveland, les deux villes étant reliées par une ligne de chemin de fer. Le tueur en série ne cherche pas à cacher les cadavres lorsqu'il les place dans ces fourgons car il sait fort bien qu'ils vont être découverts. Quand il empile les morceaux ou qu'il grave le mot « NAZI », il veut faire passer un message, et il veut choquer.

Les ressemblances entre les meurtres de Cleveland (dont la série s'est achevée deux ans auparavant) et les trois crimes de Stowe Junction sont frappantes :

les cadavres sont nus et décapités ; les membres sont parfois fourrés dans des sacs ; l'empilage du second corps évoque un rituel similaire aux forfaits du Boucher de Cleveland en 1935 et 1936 ; les têtes ne sont pas retrouvées et il existe un lien avec le chemin de fer qui relie Cleveland à la Pennsylvanie.

Pour moi, ces trois victimes appartiennent à la série du « Boucher Fou de Kingsbury Run ».

En résumé, entre 1925 et 1940, quatre personnes tuées en Pennsylvanie ont très certainement été assassinées par le « Torso Killer » de Cleveland. Nous savons que cet homme est un familier des lieux, qu'il est doté d'une force prodigieuse puisqu'il est capable de porter des corps à travers une nature hostile et sur une longue distance, que l'individu est de grande taille à cause de l'empreinte sanglante qu'il a laissée sur un papier journal, qu'il sait manier le couteau ou la scie de manière précise, voire chirurgicale, qu'il aime choquer ceux qui vont découvrir les corps et qu'il est lié, d'une façon ou d'une autre, au chemin de fer.

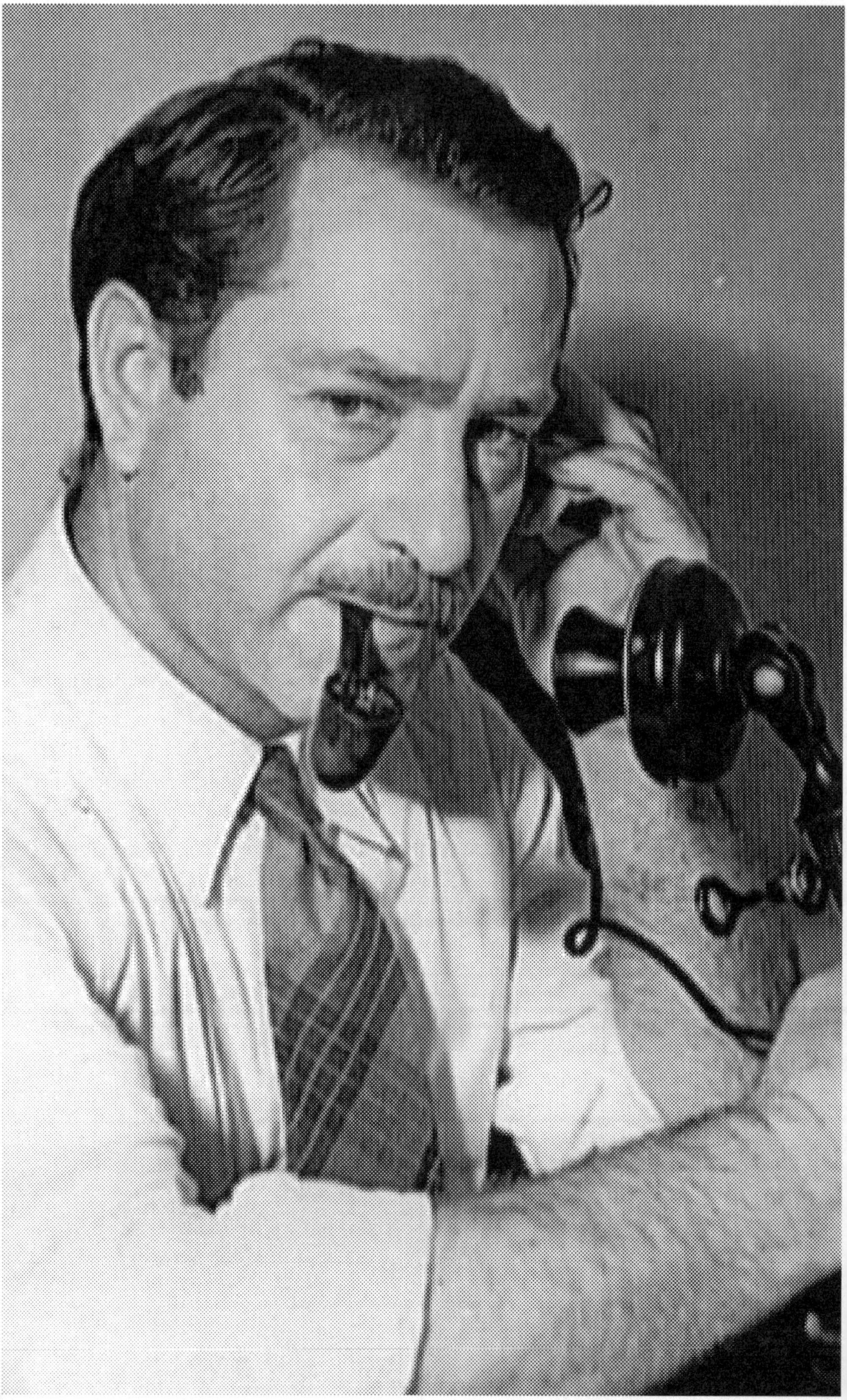

CHAPITRE

LE MEURTRE DU HOLLYWOOD CANTEEN

XV

Le Hollywood Canteen est un club créé à l'initiative des acteurs Bette Davis et John Garfield pour divertir les soldats en permission pendant la Seconde Guerre mondiale. Il leur offre des boissons non alcoolisées, des repas et la possibilité de danser avec des célébrités hollywoodiennes. Plus de trois mille acteurs, musiciens ou danseurs se portent volontaires pour servir, cuisiner et distraire les militaires. Le 15 septembre 1943, le Hollywood Canteen accueille son millionième visiteur qui a la possibilité de danser avec Marlene Dietrich. Situé au 1451 Cahuenga Boulevard, dans le quartier de West Hollywood, ce club éphémère ouvre ses portes le 3 octobre 1942 et il stoppe ses activités le 22 novembre 1945. Le bâtiment n'existe plus et il a été transformé en parking pour les bureaux du 6430 Sunset Boulevard, à Los Angeles. Toutes ces volontaires font l'objet d'une enquête du F.B.I., afin d'éviter tout risque d'espionnage auprès des soldats U.S., et elles reçoivent une carte avec leur photo et empreinte digitale. Parmi elles, Georgette Bauerdorf, vingt ans, est la riche héritière d'un magnat du pétrole et exploitant minier, ami proche du tout-puissant William Randolph Hearst qui possède, notamment, le journal *The Los Angeles Herald-Examiner*, celui-là même qui a « confisqué » l'enquête du Dahlia Noir. Employée au *Los Angeles Times*, Georgette se rend tous les mercredis soir au Hollywood Canteen, en tant qu' hôtesse « junior ». Elle habite dans un duplex du somptueux El Palacio, à l'architecture baroque, au 8493 Fountain Avenue. Au rez-de-chaussée, il y a un salon, une spacieuse salle à manger et une cuisine qui donne sur un patio et un jardin privé. À l'étage, une salle de bains et deux chambres à coucher. Elle a à son service une femme de ménage et un concierge privé, un ex-boxeur professionnel de seconde zone. Elle bénéficie également des services de Rose Gilbert, la secrétaire personnelle de son père George Bauerdorf.

Née le 6 mai 1924, elle est éduquée dans un couvent de Long Island, avant de poursuivre ses études à Los Angeles. Georgette est charmante, souriante et abordable, parfois un peu trop naïve et tête en l'air. Pendant la Seconde Guerre mondiale, elle s'entiche de soldats, de marins ou d'aviateurs, dont elle note consciencieusement les noms dans son journal intime à la couverture rouge vif. Juste avant l'entrée en guerre des États-Unis, elle voyage longtemps avec ses parents en Europe. En 1944, elle se rend à San Francisco, puis prend le train de Los Angeles à New York, en s'arrêtant à El Paso et à Juarez, au Mexique. Elle accompagne son père à Shreveport en Louisiane où il est en voyage d'affaires. Elle en profite pour adresser des cartes postales à sa meilleure amie June Zeigler qui habite à Eagle Rock, une commune située au nord de Los Angeles : « Est-ce que tu vas toujours au Canteen ? J'y passe tous les mercredis soirs, même si on y croise presque toujours des nouilles. » Elle arrive à New York le 7 mars 1944 pour s'installer à l'hôtel Vanderbilt, où son père et sa sœur Connie viennent la rejoindre le lendemain. Sa chambre donne sur l'East River. Georgette adore New York, « remplie de garde-côtes et de marins, » où « tout est plus grand et plus lumineux qu'à Hollywood. » Fin avril, elle retourne à son domicile de Los Angeles où elle n'a plus vécu depuis quatre ans. Le 3 juillet 1944, elle écrit à nouveau à June : « Nous jouons au bridge où je perds comme d'habitude. Peut-être que je serai heureuse en amour puisque je suis malheureuse au jeu. » Elle s'inscrit à l'université de UCLA pour la rentrée, avant de partir quelque temps à San Diego. De retour chez elle, Georgette héberge sa famille qui repart en août à New York. Elle passe le reste de l'été seule à L.A. et visite le Hollywood Canteen tous les mercredis soirs. Elle a pour projet de prendre un vol pour El Paso en octobre afin d'y rejoindre Jerry Brown, un ami soldat stationné à Fort Bliss, qu'elle a rencontré le 13 juin 1944 au Hollywood Canteen.

GEORGETTE GAVE TIME TO WAR EFFORT

Georgette Bauerdorf ne le sait pas encore mais son voyage suivant sera un voyage dont on ne revient jamais, un voyage pour l'éternité.

HOLLYWOOD CANTEEN

La décoration intérieure du Hollywood Canteen est du plus pur style western avec des roues de chariots qui pendent du plafond pour illuminer l'immense salle. Tout y est gratuit pour les militaires, on y sert des doughnuts, des sandwiches, du lait et du café à volonté. Mais pas d'alcool qui est strictement interdit, ce qui n'empêche pas les soldats d'en apporter en douce, caché dans des flasques. Les jeunes femmes volontaires, les hôtesses, n'ont pas le droit de venir accompagnées d'un homme ou de repartir avec l'un de ces militaires. Pourtant, Georgette Bauerdorf enfreint souvent cette règle en donnant rendez-vous aux soldats à l'extérieur du bâtiment pour les raccompagner ou les inviter au restaurant. C'est toujours elle qui paie la note. Parfois, elle leur propose de venir boire un verre à El Palacio, mais elle n'est presque jamais seule quand elle le fait. Pleine de vie, Georgette Bauerdorf n'est pas une nature méfiante. Elle n'hésite pas à prendre des hommes qui font du stop, même tard la nuit, dans les rues de Los Angeles.

Le mercredi 11 octobre 1944, il fait un temps splendide sur la Cité des Anges et Georgette Bauerdorf déjeune dehors avec son amie Rose Gilbert : « Nous avons fait des courses et elle semblait heureuse. J'étais avec elle jusqu'à quatorze heures, où elle avait rendez-vous chez le coiffeur. » Elle passe ensuite à la banque pour retirer cent soixante quinze dollars en liquide et s'acheter un billet d'avion pour El Paso. Une fois de retour à El Palacio, elle discute quelques instants avec le concierge et homme à tout faire Frederick Atwood, pour le remercier d'avoir descendu pour elle quelques boîtes à la cave. En fin d'après-midi, June Zeigler retrouve Georgette qui est assise au volant de sa voiture, en train de coudre. Les deux femmes restent une demi-heure à discuter dans le véhicule avant de pénétrer dans le club. Georgette paraît extrêmement nerveuse et demande avec insistance à June de venir passer la soirée chez elle. Mais elle ne précise pas la raison de sa nervosité à son amie. À dix-neuf heures, elles font leur entrée au Hollywood Canteen.

Toutes deux dansent avec les soldats, mais June remarque qu'un homme, Cosmo Volpe, insiste souvent pour danser le jitterbug avec Georgette. June préfère les danses plus classiques, la valse entre autre. Cosmo Volpe l'invite aussi mais il la rend très nerveuse, sans qu'elle puisse s'expliquer pourquoi. À vingt-trois heures trente, les deux femmes signent l'obligatoire formulaire de départ du Hollywood Canteen. Elles se disent au revoir sur le trottoir et Georgette part seule au volant de son Oldsmobile. Il est aux alentours de minuit lorsqu'elle se gare au El Palacio. Elle a faim et se prépare un melon et des haricots verts dans la cuisine, avant de faire la vaisselle. Frederick Atwood, le concierge, entend le bruit de ses talons hauts cliqueter sur le plancher de son appartement. Quelques minutes plus tard, il perçoit ce qu'il croit être le bruit d'un plateau qui chute par terre.

À deux heures trente du matin, un voisin entend une femme hurler : « Arrête, arrête ! Tu es en train de me tuer ! »

Comme le silence retombe aussitôt, l'homme pense avoir rêvé, et il se rendort.

Mais c'était bien un silence de mort.

À onze heures du matin, une voisine de Georgette Bauerdorf trouve étrange que la porte de son appartement soit entrouverte et elle prévient Frederick Atwood. Il monte avec son épouse Lulu jusqu'à l'appartement. Ils entendent un robinet dans la salle de bains qui semble fuir, goutte à goutte. Dans la baignoire à moitié remplie, Georgette, face contre le fond, est morte. Elle porte le haut de son pyjama. Le bas se trouve au bas de son lit, déchiré, comme si quelqu'un l'avait arraché avec violence. Une tache de sang qui paraît avoir été essuyée se trouve près du lit. Plusieurs cendriers avec de nombreux mégots de cigarette et deux verres vides sur une table attestent que Georgette a reçu une visite. Cette nuit-là ? Ou le jour précédent ? Les mégots ne portent pas de traces de rouge à lèvres alors que la victime en a encore lorsque son cadavre est sorti de la baignoire.

Les policiers arrivés sur place en compagnie de l'inspecteur Penprase pensent à un décès accidentel, même si le nez de la jeune femme est endommagé. Elle est peut-être tombée près du lit ou a saigné du nez, d'où cette tache essuyée sur le tapis du plancher. Une crise d'épilepsie ? Un coup de fil à son père George Bauerdorf leur apprend qu'elle souffre parfois de crampes et de douleurs à la poitrine. A-t-elle chuté accidentellement dans la baignoire, au point de perdre connaissance et de s'y noyer ? L'autopsie ne se déroule pas le 12 octobre car c'est jour férié, avec la date anniversaire où Christophe

Colomb a découvert l'Amérique (Columbus Day). Un premier examen du médecin légiste Frank Webb indique tout de suite aux enquêteurs que Georgette Bauerdorf a été assassinée. À dix centimètres au fond de sa gorge, on lui a enfoncé un tissu enroulé. C'est ce qui a entraîné sa mort par asphyxie. L'assassin a tenté de récupérer ce morceau de tissu, mais il était trop profondément enfoncé et les mâchoires de Georgette se sont bloquées, du coup le linge se déchire lorsqu'il veut le retirer. Elle est déjà décédée lorsqu'on la dépose dans la baignoire. Et elle a subi des violences sexuelles après sa mort : « Le vagin contient un grand nombre de spermatozoïdes. La partie basse de l'entrée du vagin, le frenum, est déchiré, ce qui a entraîné une hémorragie à la suite de cette déchirure. » Son cadavre présente deux hématomes, l'un au-dessus de l'œil, l'autre sur l'épaule droite, sa cuisse droite est lacérée par des griffures, le côté droit de son visage a été frappé et l'on remarque des blessures de défense sur ses mains. Après analyse, le bout de tissu provient d'un bandage fabriqué en Europe, avant la Seconde Guerre mondiale. Il a pu être rapporté par un soldat en permission. L'agenda rouge de Georgette indique à la date du 12 octobre 1944, un nom, « Mr Wade », c'est la dernière ligne consignée de sa main. La ligne précédente mentionne pour le 11 octobre, « June et moi, Canteen. » Une note écrite au crayon est sur la table de nuit : « 1:45, Ann-Meredith. »

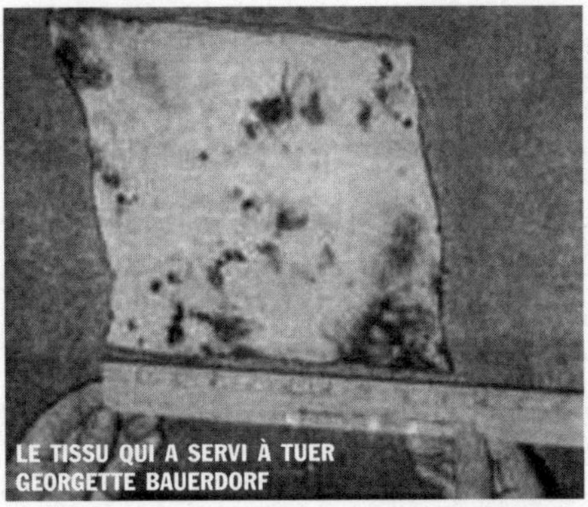

LE TISSU QUI A SERVI À TUER GEORGETTE BAUERDORF

Dans le vestibule, devant la porte d'entrée du duplex de Georgette, les policiers remarquent que l'éclairage du plafonnier ne fonctionne plus. On a donné deux tours de vis à l'ampoule afin que l'interrupteur ne puisse plus s'allumer. L'assassin a préparé son geste, mais ce plafonnier se situe à près d'un mètre quatre-vingt dix de hauteur. Il n'y a aucune chaise ou fauteuil qui permette d'y accéder. Il est difficile d'imaginer que le tueur ait emporté un escabeau ou une échelle avec lui. Une empreinte digitale est prélevée sur l'ampoule.

À moins que le criminel ne soit lui-même un individu de très grande taille…

La voiture de Georgette Bauerdorf a disparu. On retrouve l'Oldsmobile à une quinzaine de kilomètres, garée sur East 25th Street, près de San Pedro, le réservoir vide et les clefs sur le tableau de bord. Des empreintes sont recueillies qui coïncident avec celle de l'ampoule. L'endroit se situe à environ dix à douze minutes en voiture du terrain vague de South Norton Avenue, où Beth Short sera découverte tuée moins de trois ans plus tard.

Le meurtrier de la jeune femme a laissé les bijoux et l'argent liquide dans son duplex d' El Palacio. Le mobile du crime n'est pas le vol.

Lorsque les journaux publient l'information sur l'assassinat de la jeune femme, Cosmo Volpe, « l'inquiétant » sergent, qui a monopolisé June Zeigler et George Bauerdorf au Hollywood Canteen, se présente spontanément aux autorités. Il est disculpé car il est de retour sur sa base militaire bien avant l'assassinat de la jeune femme.

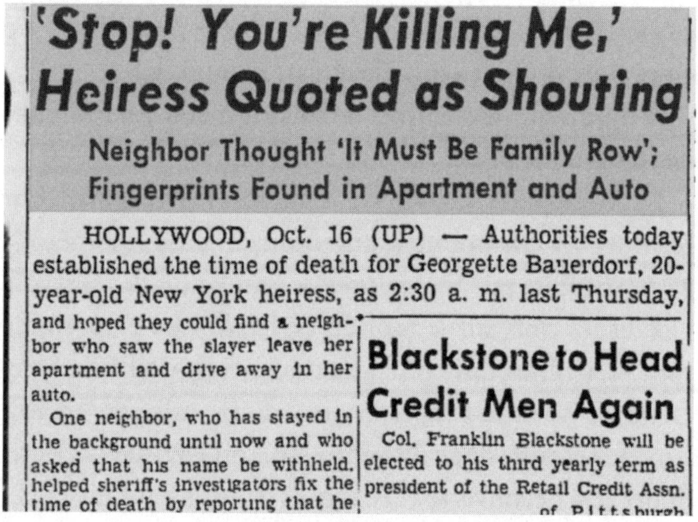

'Stop! You're Killing Me,' Heiress Quoted as Shouting

Neighbor Thought 'It Must Be Family Row'; Fingerprints Found in Apartment and Auto

HOLLYWOOD, Oct. 16 (UP) — Authorities today established the time of death for Georgette Bauerdorf, 20-year-old New York heiress, as 2:30 a. m. last Thursday, and hoped they could find a neighbor who saw the slayer leave her apartment and drive away in her auto.

One neighbor, who has stayed in the background until now and who asked that his name be withheld, helped sheriff's investigators fix the time of death by reporting that he

Blackstone to Head Credit Men Again

Col. Franklin Blackstone will be elected to his third yearly term as president of the Retail Credit Assn. of Pittsburgh

Interrogée par l'inspecteur Penprase, June Zeigler évoque, « un très grand soldat, plutôt mince, qui était venu au Canteen avec un ami militaire que Georgie connaissait déjà. Un type bizarre, silencieux, qui ne dansait pas du tout, comme les autres. Je crois qu'il buvait beaucoup, il devait avoir une flasque sur lui, car on ne sert pas d'alcool au club. Il ne prenait part à aucune activité. Il était juste là, en retrait. C'était il y a un mois environ. Georgie l'a vu à plusieurs reprises, mais elle en avait peur et ne voulait plus du tout le voir. » La nervosité inhabituelle qu'elle manifeste le 11 octobre 1944, avant d'être assassinée quelques heures plus tard, est peut-être causée par un éventuel rendez-vous avec cet inconnu ? D'autres témoignages d'habitués du Hollywood Canteen confirment la présence de cet individu qui mesure à peu près un mètre quatre-vingt douze.

Le meurtre de Georgette Bauerdorf relève de la juridiction du département du shérif de Los Angeles et celui d'Elizabeth Short du L.A.P.D., deux entités voisines, jalouses de leurs prérogatives et qui ne communiquent quasiment jamais entre elles. Cette absence de communication a peut-être été préjudiciable à l'absence de rapprochement entre les deux cas ? Le shérif adjoint A.L. Hutchinson arrive à midi dix alors que son collègue William Penprase fait déjà les premières constatations. Voici comment Hutchinson relate le crime dans son rapport au Los Angeles Sheriff's Department : « Dès réception de l'appel, je me suis rendu sur place avec l'appareil photo. À mon arrivée, il y avait déjà deux gars du commissariat d'Hollywood, ainsi que Mrs. Gilbert (la secrétaire de Mr. George Bauerdorf) et deux voitures de patrouille. Je suis allé au deuxième étage, dans la salle de bains, où j'ai découvert le corps de la victime, face contre le fond de la baignoire et légèrement inclinée sur son flanc gauche. À ce moment-là, il n'y avait pas d'eau dans la baignoire. Elle portait une veste de pyjama. Celle-ci était mouillée, et sur le sol, le long de la baignoire, il y avait une serviette turque qui paraissait sale et humide. Dans la chambre, le lit n'était pas en désordre. Les deux draps étaient en place, seule la couverture était rabattue. Il y avait une marque sur l'oreiller. Quelqu'un s'était allongé, sur les draps, avec la couverture par-dessus. Il y avait un exemplaire du *Daily News* près de l'oreiller, toujours plié, et qui n'avait pas été ouvert. Sur le plancher de la chambre, entre le lit et la salle de bains, on remarque une tache de sang, je l'ai touchée, elle était encore humide, du moins, le tapis tout autour, comme si quelqu'un avait voulu la retirer avec une serviette mouillée. Son agenda se trouvait par terre, près du lit. Il y avait beaucoup de bijoux sur la table de nuit, certains d'une grande valeur, ainsi qu'une montre, qui n'ont pas été touchés. Je n'ai vu aucune indication de lutte. Ni sur le lit ni dans la chambre à coucher. Rien n'était dérangé, pas de traces de fouilles. Seul cet agenda par terre, ainsi que plusieurs cendriers encore remplis de mégots et qui n'étaient pas renversés. Les lumières étaient éteintes dans l'appartement et l'éclairage devant la porte d'entrée ne fonctionnait plus, l'ampoule étant dévissée. L'intrus connaissait déjà l'appartement et la victime. À mon avis, le mobile est le viol, et non pas le meurtre. L'auteur a gardé son sang-froid, ce n'est pas un novice. Il a certainement déjà commis d'autres actes criminels. »

La correspondance, le journal intime et l'agenda de Georgette Bauerdorf sont épluchés. Elle a correspondu avec vingt-quatre militaires sur tous les fronts d'opération. Tous leurs emplois du temps du mercredi 11 octobre 1944 ont été vérifiés. Aucun ne peut être considéré comme un suspect.

Des centaines d'empreintes différentes sont recueillies dans l'appartement d' El Palacio où Georgette a l'habitude de recevoir presque tous les soirs des militaires en permission et/ou des amies. Malgré tous ces éléments, l'enquête n'avance pas jusqu'en décembre 1944, où un jeune homme de vingt-deux ans se présente de son propre chef au bureau du F.B.I. de San Francisco pour s'accuser du meurtre de Georgette Bauerdorf. John Lehman Sumter déclare qu'il a croisé l'héritière dans la rue pour lui demander de l'argent afin de boire un café. Elle l'aurait invité à manger à Ocean Beach, avant de l'accompagner à son domicile où elle aurait refusé ses avances. Ancien marin dans la Navy, Sumter est interné deux ans dans un hôpital psychiatrique, avant de s'engager dans l'U.S. Army, puis d'être incarcéré au pénitencier de Leavenworth pour des chèques sans provision. Lorsque l'inspecteur Frank Ahern lui demande comment il a assassiné Georgette, le suspect lui répond que tout figure dans un magazine de faits divers qu'il porte sur lui. « Lisez-le, tout y est. »

Il est finalement absous de toute participation dans le crime. Il admet avoir « voulu mourir sur la chaise électrique car je n'avais plus aucune raison de vivre. Et j'avais trop peur de me suicider. »

Kenneth Raymond, un déserteur de vingt-trois ans, est un temps suspecté par le F.B.I. qui le considère comme « un criminel né ». Aussi connu sous l'identité de Raymond Pulaski, il est arrêté en 1946 pour le kidnapping et le meurtre de la petite Rochelle Gluskoter, âgée de six ans. Son casier judiciaire comprend des vols à main armée, des agressions et des violences sexuelles. Questionné sur l'assassinat de Georgette Bauerdorf,

KENNETH RAYMOND

il n'y a pas suffisamment de preuves pour l'inculper. Qualifié de « bon danseur de boîtes de nuit », il a fréquenté le Hollywood Canteen. C'est un individu mince dont la taille approche le mètre quatre-vingt-dix.

Un an plus tard, une étudiante découvre un courrier tapé à la machine et adressé à la police, qu'elle transmet aux autorités. « Après le 11 octobre, celui qui a assassiné Georgette Bauerdorf fera son apparition au Hollywood Canteen. Il sera en uniforme. Depuis qu'il a commis ce meurtre, il a été sur le front à Okinawa. Le meurtre de Georgette Bauerdorf a été une vengeance divine. Que la police de Los Angeles arrête le criminel, si elle en est capable. »

Un autre suspect, Robert George Pollock White, est arrêté à San Diego pour une tentative de meurtre sur une femme de soixante-cinq ans, alors qu'il tente de lui enfoncer un chiffon dans la gorge. Il ne possède pas d'alibi pour la nuit de l'assassinat de Georgette, mais il n'y a aucune preuve à son encontre.

Quelques jours après l'autopsie, le corps de Georgette Bauerdorf est rapatrié par train vers New York, où il est enterré dans le carré de famille du cimetière de Woodland, à Long Island. Constance (« Connie »), la sœur de la victime, réside toujours à New York avec son mari qui est un ancien agent spécial du F.B.I. À ce jour, l'assassinat de Georgette Bauerdorf n'est toujours pas résolu et aucun militaire de grande taille, à l'exception de Kenneth Raymond, n'a jamais été interrogé par les forces de l'ordre concernant sa participation à ce meurtre.

CHAPITRE

UN SUSPECT CRÉDIBLE ?

XVI

La piste qui mène au tueur d'Elizabeth Short est à porter au crédit de l'auteur John Gilmore dans son livre *Severed*, mais elle trouve, à nouveau, son origine dans la ténacité d'une journaliste du *Los Angeles Herald-Examiner*, Aggie Underwood. Considérée comme le meilleur reporter de faits divers de Los Angeles, elle pousse les enquêteurs qui travaillent sur l'affaire du Dahlia Noir à rouvrir le dossier d'un meurtre non résolu, celui de Georgette Bauerdorf, commis trois ans plus tôt. Une semaine après l'assassinat de la jeune femme, Aggie apprend par des sources internes au Sheriff's Department que leurs hommes et ceux du L.A.P.D. ont sonné aux portes de personnes qui habitent dans les pâtés de maisons autour de 20th et 30th Street, proches de San Pedro et de Trinity, puisque l'Oldsmobile de Georgette est retrouvée sur East 25th Street. Des témoins indiquent avoir aperçu un homme mince et de grande taille s'éloigner du quartier avec une démarche hésitante, « comme s'il traînait la patte. » L'individu apparaît comme un militaire, même s'il ne porte pas la veste traditionnelle. Son « teint est basané, mais ce n'est pas un Négro, » affirme un habitant du coin. En 1947, la journaliste est persuadée que le meurtrier d'Elizabeth Short travaille ou vit entre San Pedro et East 25th Street qui sont en droite ligne de 39th Street et South Norton Avenue où son cadavre est déposé. Voici un extrait d'un mémo non daté de 1949, écrit de sa main (et dont j'ai gardé volontairement le style brouillon) :

« black dahlia

« Le lieu de torture du « Dahlia Noir » a été localisé, d'après les enquêteurs, le *Herald Express* va le dévoiler aujourd'hui, après que le County Grand Jury se prépare à examiner le mystérieux meurtre du boucher, qui est toujours non élucidé officiellement à ce jour, au bout de deux ans et demi.

« Des draps ensanglantés et des vêtements tachés de sang du même type que ceux portés par le « Dahlia Noir », Elizabeth Short, vingt-deux ans, auraient été vus dans cette pièce, selon les enquêteurs.

« La demeure où Miss Short aurait été assassinée se situe dans un édifice d'une artère très passante, à moins de quinze minutes en voiture du terrain vague où son cadavre a été trouvé en janvier 1947.

« Le lieu sur Norton Avenue, proche de Coliseum Drive, est en ligne directe avec la maison où la vie joyeuse de Miss Short a été brisée net dans une mort atroce. »

En discutant en off avec deux inspecteurs, Aggie se rend compte qu'elle n'est pas la seule à penser que ces deux meurtres de jeunes femmes sont liés. Georgette a été étranglée et violée, avant d'être retrouvée sur le ventre dans une baignoire, un morceau de tissu enfoncé au fond de la gorge. L'une des théories avancées par les médecins légistes concernant Elizabeth Short tend à prouver qu'elle a été assassinée, coupée en deux et lavée dans une baignoire.

Si l'enquête policière est au point mort faute d'avoir pu retrouver ce « témoin » intéressant, celle de la journaliste Aggie Underwood est carrément stoppée net sur les ordres du propriétaire du quotidien, le magnat de la presse William Randolph Hearst. Ami proche de la famille Bauerdorf, il souhaite leur éviter une exposition médiatique des détails sordides de la mort de leur fille. Pour prix de son silence, Aggie Underwood est promue deux jours après au poste prestigieux de City Editor à la rédaction du *Los Angeles Herald-Examiner*. En 1949, elle avait déjà bouclé un article de Une pour le quotidien : « Will Dahlia Slaying Join Album of Unsolved Murders ? » (« Le massacre du Dahlia va-t-il rejoindre la longue liste des meurtres non élucidés ? »). Évidemment, il ne sera jamais publié, même si une copie figure dans les archives personnelles d'Aggie Underwood à Cal State Northridge. Elle y fait le lien entre l'assassinat de Beth Short et ceux de Georgette Bauerdorf, Ora Murray et Gertrude Landon, avec la photo de ces quatre jeunes femmes.

Le fiasco causé par l'initiative du docteur Joseph Paul de River et du L.A.P.D. d'arrêter et de séquestrer Leslie Dillon en décembre 1948, pour ensuite annoncer aux médias qu'il est très certainement le meurtrier de Beth

Short, cause un tremblement de terre au sein de l'institution policière. Clemence Horrall, le chef de la police du L.A.P.D., déjà suspecté de corruption, est obligé de démissionner en 1949 et il entraîne dans sa chute bon nombre d'enquêteurs, ainsi que le Dr. de River. Une commission d'enquête (County Grand Jury) est mise sur pied pour savoir pourquoi l'assassinat du Dahlia Noir et d'autres crimes sexuels de femmes n'ont pas trouvé de solution depuis de nombreuses années à Los Angeles :

LA COMMISSION D'ENQUÊTE DE 1949

« Le Grand Jury de 1949 a examiné les investigations concernant le meurtre d'Elizabeth Short, connue sous le nom du « Dahlia Noir ». Ce n'est qu'un des nombreux crimes non élucidés qui se sont déroulés à Los Angeles ces six ou sept dernières années, comme ceux de Mary Tate, Mrs. Jeanne French, Evelyn Winters, Rosenda Montgomery, Mrs. Laura Trelstad, Gladys Kern et Louise Springer.

« Les témoignages de certains des officiers de police, qui se sont montrés très évasifs, sont, à notre avis, affligeants. Les criminels ont utilisé différentes techniques pour assassiner, faire disparaître des personnes, comme Mimi Boomhower et Jean Spangler, et commettre d'abominables crimes sexuels. La plupart d'entre eux a pu échapper aux forces de l'ordre.

« L'étude des dossiers de cette vague de crimes qui a submergé le Comté de Los Angeles ces dernières années nous a amplement prouvé que quelque chose ne fonctionne pas dans le présent système.

« Le nombre alarmant de meurtres non élucidés et d'autres types de crimes reflète l'inefficacité des diverses juridictions des forces de l'ordre et des Cours de justice, ce qui est intolérable.

« Dans certains cas, les problèmes de juridiction et de jalousies internes, couplés à un manque de communication, ont profité aux criminels (...) Nous, Grand Jury, constatons une absence de coopération dans la présentation des preuves (...) et une certaine forme de réticence à mener les enquêtes ou à poursuivre des suspects en justice. »

Ce constat sans appel oblige les autorités à des changements, notamment dans la direction des opérations. Les médias fustigent le Los Angeles Police Department pour sa volonté de secret dans l'assassinat d'Elizabeth Short. En retour, les policiers blâment les journalistes qui ont piétiné leurs plates-bandes. Comme les journaux ont fait la une sur cette affaire et d'autres faits divers, les aveux de « faux coupables » ont afflué, ce qui explique le désir des forces de l'ordre de garder pour eux un certain nombre de détails, comme le contenu du rapport d'autopsie.

Ce lien éventuel entre les deux meurtres reste en sommeil jusqu'en 1970 lorsqu'un informateur du nom d'Arnold Smith joint l'écrivain John Gilmore qui, à son tour, contacte John St. John, le responsable de l'affaire du Dahlia Noir au sein du L.A.P.D.. St. John est en semi-retraite après avoir travaillé sur des dizaines d'affaires de meurtres. Il est le héros d'un livre et d'une série de la télévision américaine, *Jigsaw John*. John Gilmore vient tout juste de publier chez Dial Press, *The Tucson Murders*, où il relate l'odyssée sanglante du serial killer Charles Schmid Jr.. Fils unique gâté d'une riche famille de Tucson, Charles Schmid présente l'image d'un rebelle auprès des adolescents de la ville. En 1964 et 1965, il tue, devant témoins, deux jeunes filles et s'en vante ouvertement auprès de ses camarades. Il est poignardé à vingt reprises en prison et décède le 30 mars 1975. Gilmore est interviewé dans un talk-show où, à la fin de l'entretien, on lui demande la nature de son nouveau projet. Il indique qu'il a toujours été fasciné par le Dahlia Noir et qu'il compte bien en faire un livre un jour. À sa sortie du studio, la standardiste lui transmet un message d'une femme qui a laissé son numéro. « Elle connaît un ami qui fréquentait le Dahlia Noir. Je la rappelle et elle m'invite à dîner pour rencontrer cette personne. C'était sur Sayer Lane. Il y avait deux autres invités, un type corpulent prénommé Eddie et ma source, un individu mince et de grande taille qui se présente sous l'identité d' « Arnold Taylor ». Il n'a pas trop parlé lors de cette soirée. Eddie l'interpellait à chaque fois en disant « Jack » et, à la fin de la soirée, « Arnold » m'a dit que son nom était « Smith ». Il était vraiment étrange, comme s'il s'était arrêté de vivre dans les années 1940. On s'est revus pour boire des coups, c'est toujours moi qui réglais la note et il me téléphonait parfois cinq ou six jours de suite. Puis, je restais des mois sans avoir de nouvelles. Un jour, je l'ai fait suivre pour me rendre compte qu'il habitait à la limite de Skid Row au Holland Hotel. »

John Gilmore divorce et il déménage, voyage en Europe. Il reste deux ans sans nouvelles de « Smith ». En novembre 1981, son ex-épouse lui téléphone pour lui dire qu' « Arnold » a cherché à le joindre à plusieurs reprises, afin de lui donner d'importantes informations. Gilmore met un peu de temps à le joindre car le numéro de téléphone qu'il lui a laissé est celui d'un bar. À cette époque, l'écrivain collabore sur un ouvrage concernant l'assassinat de Beth Short avec le journaliste Ron Kenner. Les deux hommes ont écrit un ouvrage en 1971, *The Garbage People*, sur Charles Manson et sa secte. Kenner et Gilmore rencontrent « Arnold Smith » à plusieurs reprises, mais ce dernier, paranoïaque, exige de parler seul à seul avec Gilmore. Il demande à recevoir de l'argent en échange de ses « informations ». Kenner parvient à dégotter mille cinq cent dollars que Gilmore lui donne petit à petit. Le projet de livre sur le Dahlia Noir prend du plomb dans l'aile à cause de projets de scenarii de Gilmore et de commandes d'articles pour Kenner. Mais aussi à cause de la réception d'étranges menaces de mort, reçues à la fois par Gilmore et Kenner. Ces missives exigent qu'ils arrêtent d'enquêter sur l'affaire. Les enveloppes et les courriers sont faits à partir de mots et de lettres découpés dans des journaux, comme l'ont été les envois du Black Dahlia Avenger en 1947. Mais ce projet d'ouvrage est uniquement connu

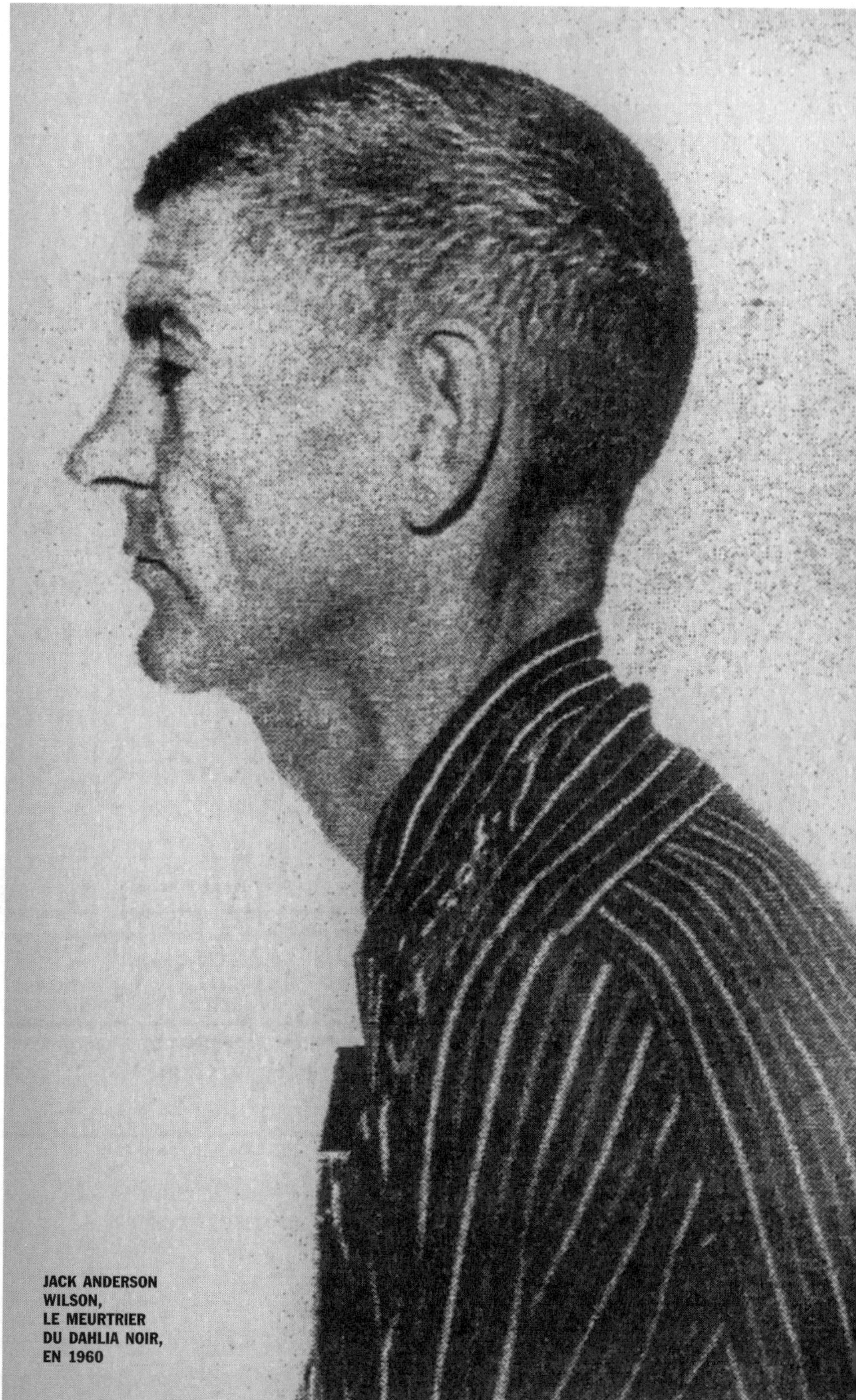

JACK ANDERSON WILSON, LE MEURTRIER DU DAHLIA NOIR, EN 1960

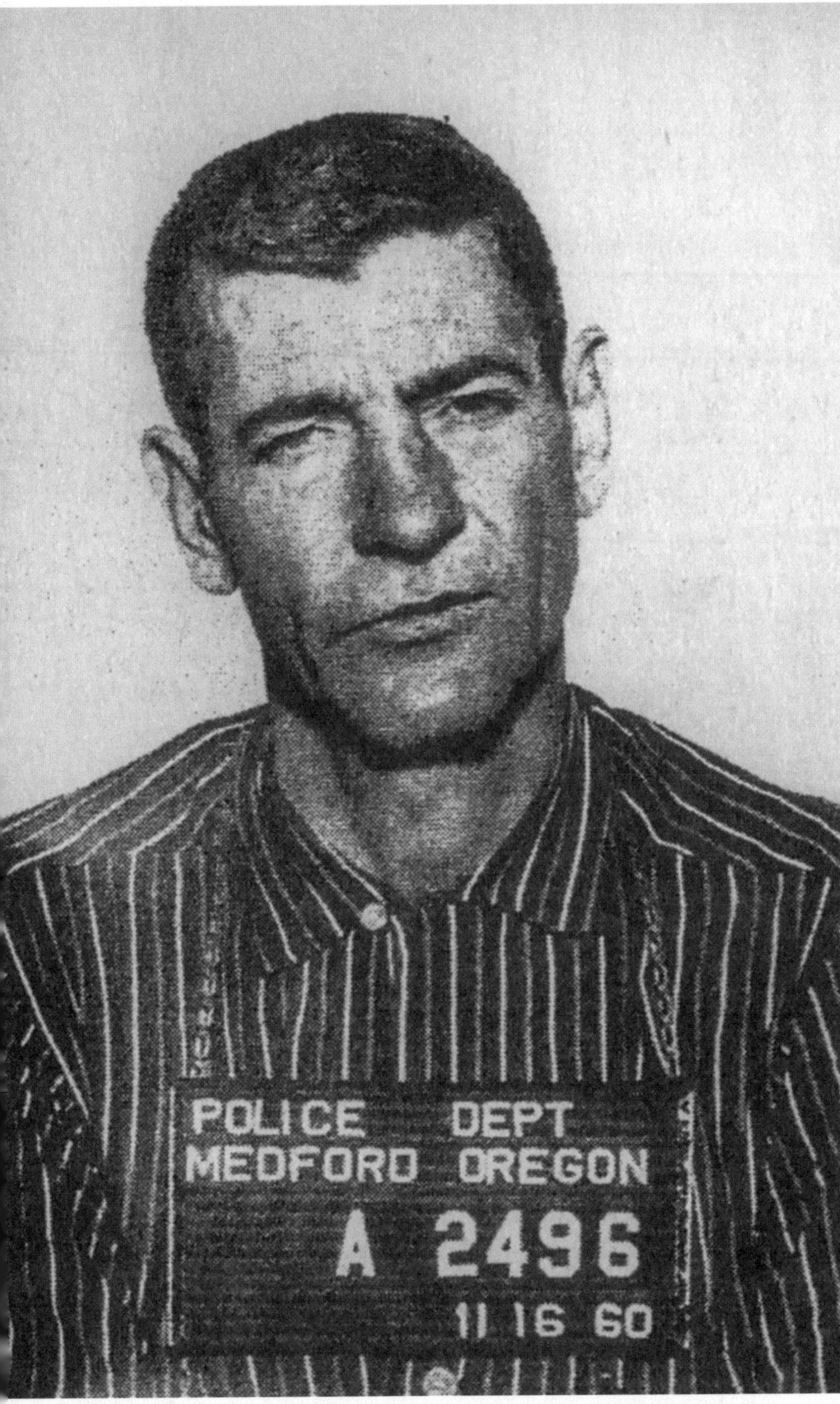
POLICE DEPT
MEDFORD OREGON
A 2496
11 16 60

de John Gilmore, de Ron Kenner et de leurs épouses, de leur éditeur Lyle Stuart, ainsi que d' « Arnold Smith », bien sûr.

Dans leurs échanges, « Arnold Smith » affirme avoir obtenu les confessions d'un certain « Al Morrison ». Il lui montre plusieurs objets ayant appartenus au Dahlia Noir, ainsi qu'une photo d'un night-club où Beth Short est accompagnée d' « Arnold Smith » et du supposé « Al Morrison ». Il lui confie aussi plusieurs bandes audio qui seront perdues par la suite, mais dont le contenu a fait l'objet d'une retranscription. Dans ces enregistrements, « Smith » prétend qu'une de ses connaissances, un pervers sexuel connu sous le nom de « Al Morrison » est l'assassin du Dahlia Noir. Pour John St. John et John Gilmore, « Arnold Smith » et « Al Morrison » sont une seule et même personne. Les bandes audio expliquent comment « Morrison » a fait la connaissance d'Elizabeth Short. Un jour, elle vient trouver « Morrison » dans son hôtel car elle n'a nulle part où dormir. Mais Beth refuse de boire et de coucher avec son hôte qui la conduit jusqu'à une maison sur East 31st Street, près de San Pedro et Trinity Street. Là, furieux, il la frappe et l'empêche de s'enfuir. Pendant qu'elle est à moitié consciente sur le plancher, « Morrison » tente de la sodomiser, mais Beth se débat à nouveau. Cette fois-ci, elle s'évanouit sous les coups de son tortionnaire. Lorsque « Morrison » revient dans la chambre, il a un couteau de cuisine, une lame de boucher et une corde à la main. Beth tente de crier au secours, mais il lui enfonce son slip dans la bouche, avant de l'attacher. Nue et ligotée, elle doit subir d'innombrables coups de couteau. Il lui tranche les joues jusqu'aux deux oreilles et la frappe violemment à la tête. C'est à ce moment-là qu'elle décède.

Dans la salle de bains, « Morrison » étend des planches sur les bords de la baignoire et y dépose le corps d'Elizabeth Short, après avoir attaché ses membres aux robinets. Il la coupe en deux avec le couteau de boucher et la vide de son sang dans la cuvette du bain. Ensuite il enveloppe les deux morceaux dans une toile cirée et le rideau de douche pour les enfourner dans des sacs de ciment, et de les placer dans le coffre de sa voiture pour les déposer sur le terrain vague où on les trouve.

John St. John découvre que ce même suspect, « Al Morrison », a été l'objet de soupçons de la

part de l'inspecteur Joe Lesnick du County Sheriff's Department pour le meurtre de Georgette Bauerdorf. Il est peut-être ce militaire de grande taille qu'elle fréquente et dont elle a peur. Lesnick a appris qu' « Al Morrison » et « Arnold Smith » figurent parmi les nombreux noms d'emprunt d'un multirécidiviste alcoolique, Jack Anderson Wilson, né le 5 août 1920, à Los Angeles. Son casier judiciaire comprend cinq pages complètes remplies d'agressions sexuelles, de vols, de conduite en état d'ivresse, de braquages, de vagabondage, de sodomie, en tout cinquante-cinq arrestations. Parmi ses différentes identités, il y a Arnold Smith, Al Morrison, Grover Loving Jr., Jack Anderson Wilson, Jack Olsen, Hanns Anderson Von Cannon, Jack A. Taylor, John D. Ryan, Eugene Devilen, Jack McCurry, Jack H. Wilson, Grov Loving Wilson, Jack Anderson McGray, et peut-être d'autres encore. Il possède au moins trois cartes de sécurité sociale, ainsi que de nombreux papiers d'identité aux dates de naissance variables. Lorsqu'on regarde avec attention la photo de son arrestation à Medford, dans l'Oregon, qui date du 16 novembre 1960, on a du mal à croire qu'il est né en 1920. Son visage ressemble beaucoup plus à celui d'un homme âgé de cinquante-cinq ans, voire plus. Jack Wilson est aussi connu pour fréquenter le monde interlope des boîtes de travestis et de transsexuels, des « she-he clubs » comme il les qualifie lui-même lors de ses conversations avec John Gilmore. Une condamnation pour sodomie à Johnson City, dans l'Etat du Tennessee, mentionne que Jack Anderson Wilson est né à Canton, dans l'Ohio — et non pas à Los Angeles. La ville de Canton se situe à quatre-vingt-quinze kilomètres de Cleveland et à cent kilomètres de New Castle et de Stowe Township, en Pennsylvanie, où ont eu lieu les crimes du « Boucher » et ceux perpétrés à bord des wagons. Ce certificat de naissance est raturé à la main pour le nom du père, Grover Loving étant remplacé par Alex F. Wilson. Autre fait étrange, la case pour le nom de l'enfant, né le 5 août 1920, est vide. Grâce à des sites payants de généalogie et la Sutro Library de San Francisco, il est possible de retracer certains déplacements de Jack Anderson Wilson et de sa mère, Minnie Buchanan Wilson. Le casier judiciaire de Wilson liste les dates, lieux et natures des condamnations et arrestations, ce qui permet par le Freedom of Information Act d'obtenir des détails encore plus précis. Entre 1939 et 1942, Minnie Wilson a quitté l'Ohio pour s'installer à Wilmar, dans la banlieue de Los Angeles, tandis que son fils apparaît sous le nom de Jack A. Wilson dans l'annuaire de L.A., à une adresse située à Hill Street. Et Hill Street est à un quart d'heure à peine de South Norton Avenue et du terrain vague où le Dahlia Noir est déposé ; et à douze minutes de l'endroit où l'Oldsmobile de Georgette Bauerdorf est retrouvée. Il faut se souvenir que le « Tueur aux torses » n'a plus tué à Cleveland depuis l'été 1938 (la découverte des derniers cadavres date du 16 août 1938) et que les ultimes victimes de Pennsylvanie sont découvertes le 3 mai 1940 à Stowe Township, mais qu'elles ont été assassinées des mois auparavant à Youngstown, dans l'Ohio, probablement vers la fin de l'année 1939 ou au tout début de l'année 1940. En 1941 et 1942, Jack A. Wilson travaille comme poseur d'enseignes pour la Cogar Brothers Sign Company à Los Angeles et il a rejoint sa mère à Wilmar. Le 22 mars 1943, il est arrêté par le L.A.P.D. pour une infraction routière. Entre le 12 janvier 1944 et le 15 mars 1945, Wilson est engagé dans l'U.S. Army, il peut donc être ce soldat mince, introverti et de grande taille qui fréquente Georgette Bauerdorf au Hollywood Canteen où seuls les militaires ont accès, à l'exception des hôtesses volontaires et du tout Hollywood. D'après le témoignage de June Zeigler, cette rencontre a lieu en septembre 1944, soit un mois avant l'assassinat de la riche héritière, le 11 octobre. Mais entre le 15 mars 1945 et le 9 mai 1948 où Jack Anderson Wilson est arrêté par le L.A.P.D. pour vagabondage et exhibition sexuelle dans un parc, on perd complètement sa trace. Il n'a plus d'adresse fixe, ce qui peut expliquer son inculpation pour vagabondage. A-t-il utilisé une autre identité ? Ou est-il hébergé par quelqu'un d'autre ? Le mystère reste entier. Par la suite et jusqu'à son décès en 1982, Jack Anderson Wilson ne semble plus travailler, à l'exception d'un poste de cuisinier, où il est chargé notamment de la découpe des quartiers de viande livrés dans un hôpital pour vétérans de l'U.S. Army, à Medford, dans l'Oregon, en 1960. Il y est arrêté le 16 novembre 1960 pour « état d'ébriété ». Là encore, je remarque une étrange coïncidence du destin. Elizabeth Short est née à Medford, dans le Massachusetts, et son supposé assassin a vécu, travaillé et a été arrêté à Medford, mais dans l'Etat de l'Oregon.

Pendant son incarcération à l'Oakland City Prison à l'automne 1958, en Californie, Jack Wilson se confie à un autre détenu. Il raconte sa fascination pour le moulage de la tête coupée d'un « pédé » qu'il a vu à la Great Lakes Exhibition à Cleveland pendant l'été 1936. Il ajoute également qu'il a « joui dans son falzar » en voyant la célèbre strip-teaseuse Sally Rand s'effeuiller lors de cette même foire. Je rappelle qu'en septembre 1936, les inspecteurs Emil Musil et Orley May du Cleveland Police Department sont alertés par une informatrice, qui souhaite rester anonyme, d'une piste qu'ils prennent très au sérieux. Alors qu'elle se trouve dans un foyer pour travailleurs, une autre ouvrière, Helen O'Leary, dont le compagnon a été assassiné, se confie à elle pour lui affirmer qu'elle connaît le meurtrier de Florence Polillo, un ancien boucher du nom de Jack Wilson qui travaillait dans le marché à viandes de St. Clair. Cet individu de grande taille, doté d'une force prodigieuse, se balade toujours armé d'un couteau à grande lame — similaire à celui dont le « Tueur aux torses » s'est servi. Connu comme un « déviant », Jack Wilson a la réputation d'être un « sodomite ». Et le Wilson en question parsème toujours ses récits de remarques homophobes, mais partout où il habite, il fréquente des clubs miteux connus pour être des lieux de rencontres de la population gay ou des « she-he », comme il le dit, où se retrouvent travestis ou transsexuels. Son casier judiciaire comporte de nombreuses condamnations pour sodomie et des témoignages indiquent qu'il a vécu en concubinage avec des travestis, notamment à Indianapolis, la capitale de l'Indiana, un état proche de l'Ohio. Il y est un habitué des bars Pair of Jacks ou du Jud Logan's Bar où il vient accompagné d'un travesti.

CRIME SEXUEL À INDIANAPOLIS

MAOMA RIDINGS

Le samedi 28 août 1943, le caporal des W.A.C. (Women's Army Corps) Maoma L. Ridings, trente-deux ans, est trouvée égorgée dans la chambre 729 de l'hôtel Claypool d'Indianapolis, trois heures après qu'elle a loué cette chambre. La 729 se situe à la jonction de deux couloirs qui donnent tous les deux vers un escalier de secours. Ridings est en service au camp militaire d'Atterbury, à quarante kilomètres au sud d'Indianapolis depuis le mois de mars de cette année. Physiothérapeute et divorcée, Ridings est l'infirmière favorite du Président Franklin D. Roosevelt lorsque celui-ci est hospitalisé à Warm Springs, en Géorgie, au Infantile Paralysis Foundation Hospital. En débarquant d'un autobus dans le centre d'Indianapolis, elle s'achète une bouteille de whisky de 75cl avant de se rendre à son hôtel favori, où elle règle la note à dix-sept heures jusqu'au lundi suivant, le 30 août au matin.

Trente minutes plus tard, le groom Alfred Bayne Junior lui apporte six bouteilles de soda. Ridings paraît de bonne humeur et lui donne un pourboire. Bayne remarque qu'une femme âgée d'une trentaine d'années, entièrement habillée de noir et le visage caché par un voile, est allongée sur le lit. Vers dix-huit heures trente, une autre commande arrive au standard de l'hôtel pour cette même chambre 729. Le chasseur d'hôtel Robert Wolfington se charge d'apporter de la glace. Une voix féminine en provenance de la salle de bains lui indique de déposer la glace sur la table de nuit et d'y prendre la pièce de vingt-cinq cents comme pourboire. Il n'y a personne d'autre dans la chambre à coucher. Pas de femme en noir en tout cas.

Quelques minutes plus tard, un client prévient une opératrice au standard qu'elle a entendu des cris de femme en provenance d'une chambre du septième étage. D'autres personnes font état d'une dispute entre la caporale Ridings et une femme dans la chambre 729, affirme l'inspecteur Noel Jones au journal *The Indianapolis Star*. Lorsqu'un employé est envoyé pour constater ce qui se passe, tout paraît calme et la chambre est vide de tout occupant.

Une heure après, le caporal Emanuel Fisher, qui fait également son service dans la base d'Attenbury, appelle la chambre 729 du standard de l'hôtel mais le téléphone sonne dans le vide et il quitte les lieux, pensant que Ridings s'est absentée.

Vers vingt heures, la femme de chambre Lilian McNamara frappe à la porte de la chambre 729 pour apporter des serviettes de toilette. Personne ne répond. Elle veut ouvrir la porte, mais celle-ci résiste à ses efforts. Lorsqu'elle force l'ouverture, elle aperçoit un cadavre de femme ensanglanté allongé sur le dos, les bras tendus en arrière, entre le lit et la porte. Le bas du corps est entièrement dénudé. Les traits de son visage baignent dans le sang et le cou, les bras et les poignets arborent de larges entailles. C'est le cou qui est le plus profondément touché : elle a eu la gorge tranchée. La bouteille de whisky est brisée près d'elle, sur le sol et il s'agit certainement de l'arme du crime. Les murs de la chambre sont éclaboussés de sang. Il n'y a pas de traces de lutte. Fait curieux, un quarter, une pièce de vingt-cinq cents, a été déposé dans la flaque de sang autour de la tête de Maoma Ridings.

Le lit n'est pas défait, à l'exception d'un coin du drap qui est replié vers le bas. Les sous-vêtements de la victime et la cape de son uniforme sont pliés avec soin sur la couverture. Pendant que les policiers procèdent aux premières constatations, le téléphone sonne. Une voix d'homme demande si Mrs. Ridings est là. Comme on lui répond par la négative, le correspondant raccroche brusquement. Après enquête, il est identifié comme le caporal Emanuel Fisher qui avait rendez-vous avec

WOMAN DRESSED IN BLACK IS KEY TO WAC'S DEATH

INDIANAPOLIS, Aug. 31—(AP)—A "woman in black", unknown but eagerly sought after, today was believed to be holding the key to the slaying of WAC Corp. Maoma L. Ridings Saturday in a downtown hotel.

Police Chief Clifford R. Becker, investigating a bellboy's report of seeing the woman in black in Corp. Ridings' room when he took soft drinks up there the night of the murder, said, "I feel certain when

sa collègue pour la soirée. Il est exempté de tout soupçon. Les médecins légistes E.H. Hare et Roy B. Storms mentionnent dans leur rapport d'autopsie que la caporale a d'abord été frappée sur le côté gauche du crâne, probablement avec la bouteille de whisky, avant d'avoir la gorge tranchée. La mort résulte de cette blessure à la veine jugulaire. Les entailles sur les bras et les poignets sont effectuées après que le cœur s'est arrêté de battre, peut-être dans un vain effort de faire croire à un suicide. Maoma Ridings a été violée ou a eu une relation sexuelle consentie, avant d'être assassinée.

Dans l'édition du 31 août de *The Indianapolis Star*, le chef Clifford L. Becker du Indianapolis Police Department affirme « être certain de résoudre l'affaire dès que nous aurons identifié cette femme en noir. » La présence de sperme dans le vagin de la victime implique une relation sexuelle consentie ou non, mais ante-mortem. Peu de temps s'est écoulé entre les livraisons des deux grooms, le bruit de la dispute, suivi de la visite d'un employé — qui trouve une chambre vide — et la découverte du corps à vingt heures. En l'espace de trente à quarante-cinq minutes à peine, Maoma Ridings a pris un bain, eu une relation sexuelle et s'est fait assassiner. Seule une autre femme, l'inconnue en noir, a été aperçue dans la chambre 729 par l'un des employés. Pour le lieutenant Noel Jones, « il pourrait s'agir d'un homme déguisé en femme. » Appelé à témoigner, le chasseur Alfred Bayne Junior précise : « Cette femme en noir aurait pu être un travesti, mais elle m'a plutôt donné l'impression d'être très féminine. » Deux jours après le meurtre, une jupe militaire de W.A.C. de la taille du caporal Maoma Ridings est trouvée par un laitier à un coin de rue, relativement éloigné de l'hôtel Claypool. Robert Wolfington, l'un des grooms qui a livré de la glace à l'occupant de la chambre 729, est un moment suspecté d'être l'auteur du crime. Un jeune homme, âgé de dix-huit ans, concessionnaire d'un débit de boissons gazeuses à New Castle, dans l'Indiana, se dénonce. « Je lui ai tranché la gorge mais je ne pensais pas qu'elle était morte. » Le 1er septembre 1943, Marie Simpson, vingt-sept ans, se fait conduire en taxi au commissariat central d'Indianapolis pour s'accuser du meurtre. Elle est relâchée quelques heures plus tard et mise en examen pour ivresse et vagabondage. En octobre 1944, une femme arrêtée pour cambriolage à Knoxville, dans le Tennessee, est accusée par son mari d'être la femme en noir. Lui-même est incarcéré pour un vol dans la prison d'État de l'Indiana. Lorsqu'il est confronté à son épouse, le détenu réitère ses accusations devant l'inspecteur Virgil Quinn. L'accusée frappe du poing sur la table en hurlant : « Mensonges ! Mensonges ! Mensonges ! S'il a dit ça, c'est parce qu'il était là, ou qu'il connaît quelqu'un qui l'a tuée. Tu veux que je passe à la chaise électrique. Rien ne pourrait te faire plus plaisir ! »

À cause de sa proximité avec le Président Franklin Roosevelt, l'assassinat de Maoma Ridings est très médiatisé et, comme dans le cas du Dahlia Noir, les faux coupables affluent en nombre. En 1949, six ans après le meurtre, le journal *The Indianapolis Star* propose une récompense de cinq mille dollars pour toute information menant à l'arrestation du coupable : « Quelque part, quelqu'un connaît l'identité du tueur. Toute information peut être gardée secrète. » En vain. À ce jour, le crime reste toujours un « cold case », même si le journal lance à nouveau un appel à témoins le 5 octobre 2013.

Au moment du meurtre de Maoma Ridings, Jack Anderson Wilson habite à Indianapolis où il fréquente les boîtes de travestis et vit un temps avec l'un d'eux. Il a aussi la réputation d'aimer se déguiser en femme.

Moins de quarante-huit heures après la découverte du corps, il quitte précipitamment l'Indiana pour retourner à Los Angeles. Jack Anderson Wilson ne remettra plus jamais les pieds à Indianapolis.

BACK TO L.A.

Après l'écoute des confessions d' « Al Smith », John St. John tente de retrouver « Al Morrison ». Et, comme il le soupçonne, le policier ne découvre aucune preuve de son existence. « Al Morrison », « Arnold Smith » et « Jack Anderson Wilson » sont une seule et même personne qui est devenue le principal suspect du meurtre d'Elizabeth Short. Le temps presse car des journalistes ont eu vent d'un nouveau suspect dans l'affaire du Dahlia Noir et John Gilmore ignore à ce jour l'adresse de Smith qu'il rencontre toujours dans des bars — et pourtant, dans son ouvrage *Severed*, il affirme, dans un autre chapitre, avoir fait suivre « Arnold Smith » jusqu'à l'établissement où il réside, le Holland Hotel. Gilmore laisse des messages dans différents établissements fréquentés par l'alcoolique. Au bout d'un certain temps, Jack Anderson Wilson accepte le principe d'un rendez-vous avec John Gilmore. Tenue au courant, la police se tient prête à questionner le suspect sur son implication dans le meurtre de janvier 1947.

Malheureusement, quelques jours plus tard, Jack Anderson Wilson meurt dans l'incendie de sa chambre d'hôtel, le 2 février 1982. Le jour précédent, il a reçu et encaissé un chèque mensuel de la sécurité sociale de Caroline du Nord. Lorsqu'il retourne au Holland

Hotel, où il séjourne depuis quatre ans dans la chambre 202, qui est à peine plus grande qu'une cellule de prison, le réceptionniste l'aperçoit avec un sac rempli de bouteilles d'alcool. Il décède allongé sur son lit, asphyxié par les émanations toxiques d'un feu déclenché par une cigarette mal éteinte. Les flammes ont aussi détruit les photos et les effets personnels supposés appartenir à Beth Short. Autopsié sous l'identité de « John Doe #51 », la mort est qualifiée d'accidentelle, d'autant plus qu'il y a déjà eu quatre départs de feu depuis qu'il est installé dans cette chambre 202, causés, à chaque fois, par une cigarette mal éteinte et son état d'ébriété.

Man dies in L.A. hotel fire

LOS ANGELES (UPI) — A fire on the second floor of a four-story downtown hotel spread through the hallway early today, killing one man and injuring four others.

About 75 people were routed from the Holland Hotel when the blaze broke out shortly after midnight, Fire Department spokesman Jim Wells said.

Plusieurs semaines après que le corps de Jack Wilson a été incinéré, le bureau du Los Angeles District Attorney effectue une synthèse, qui n'est pas rendue publique, de l'affaire du Dahlia Noir. En voici un extrait, tel qu'il est publié dans *Severed*, l'ouvrage de John Gilmore : « Le cas ne peut pas être officiellement classé à cause du décès de cet individu considéré comme un suspect. Le faisceau de présomptions de preuves est de telle nature qu'une enquête intensive aurait été déclenchée, si le suspect était toujours en vie. Il est concevable que le suspect Jack Wilson aurait été mis en examen pour l'assassinat d'Elizabeth Short — aussi connue sous le nom du Dahlia Noir. »

AFFAIRE CLASSÉE ?

Peut-on pour autant clore le dossier sur le meurtre du Dahlia Noir, avec les aveux et la mort de Jack Anderson Wilson ? Même si l'hypothèse est séduisante, on ne peut pas répondre par un « oui » franc et massif. Pourquoi ? Je dirai que c'est en partie lié à la personnalité controversée de son auteur John Gilmore. Ami de James Dean, fils d'un policier du L.A.P.D., Gilmore est une figure hollywoodienne plus vraie que nature. Acteur à ses heures et scénariste occasionnel, il affirme s'être fait voler le script original du cultissime *Easy Rider* avec Peter Fonda, Dennis Hopper et Jack Nicholson. À l'image d'un Kenneth Anger, Gilmore déterre les dessous pas toujours ragoûtants d'Hollywood et il décortique avec brio les carrières criminelles de serial killers psychopathes tels que Charles Manson ou Charles Howard Schmid Jr. Mais il a aussi parfois la tentation de romancer les faits, de les embellir au détriment de la vérité, voire à publier des inexactitudes et à se donner le beau rôle. Il affirme ainsi avoir connu Elizabeth Short alors qu'il est un jeune garçon et qu'ils se sont promenés main dans la main. Des exemples ? Dans *Severed*, son ouvrage sur le Dahlia Noir, il invente le personnage de l'inspecteur Willis qui assiste à l'autopsie des docteurs Newbarr et Cefalu. Or aucun document officiel ne fait état de la présence d'un tel individu durant cette autopsie, et il ne figure même pas dans les archives du personnel de la police de Los Angeles. D'où sort-il ? Mystère. Dans un entretien paru dans le *Los Angeles Herald-Examiner* du 17 janvier 1982, l'inspecteur John St. John contredit clairement certaines des affirmations que John Gilmore lui prête dans *Severed*.

Autre erreur grossière, John Gilmore et d'autres écrivains tels que William T. Rasmussen ou Donald H. Wolfe affirment qu'Elizabeth Short et Georgette Bauerdorf se connaissent à Los Angeles, car elles fréquentent toutes les deux le Hollywood Canteen. Tous les déplacements d'Elizabeth Short entre 1944 et 1946 sont connus et ont été établis dans un rapport du F.B.I.. Elle n'a jamais été à Los Angeles durant cette période. Lorsqu'elle arrive à Hollywood, en 1946, Georgette Bauerdorf est morte depuis deux ans et le Hollywood Canteen est fermé depuis le 22 novembre 1945 !

Autre problème qui tient à la volonté de Jack Anderson Wilson de brouiller les pistes et à ses innombrables identités, pour mener à bien ses escroqueries et sa vie de criminel patenté. Il possède un grand nombre de permis de conduire, de cartes de sécurité sociale et de certificats de naissance. La photo de sa fiche d'arrestation à Medford, dans l'Oregon, en novembre 1960, est censée nous dépeindre un homme âgé de quarante ans, ce qui semble inconcevable. L'individu en question paraît en avoir au moins dix de plus. Est-il né en 1920 ? Ou bien avant ? S'il est né en 1920, Jack Wilson ne peut pas être l'auteur des crimes du Boucher de Cleveland puisque la série démarre par la Dame du lac en 1934. Un témoin dénonce un « Jack Wilson », boucher et sodomite, pour l'assassinat de Florence Polillo fin janvier 1936, ce qui fait très jeune pour démarrer une carrière de serial killer, à moins d'avoir été le complice d'un homme plus âgé ? Ou d'être né avant 1920. Deux des autres identités de Jack Anderson Wilson indiquent des dates de naissance dans les années 1910, ce qui rend l'hypothèse plus probable.

Que savons-nous de la proximité géographique et temporelle de Jack Anderson Wilson par rapport aux séries criminelles de Pennsylvanie (1936-1940 ; j'exclus les meurtres de 1921 à 1925), de Cleveland (1934-1938 ; 1950), d'Indianapolis (1943) et de Los Angeles (1944 et 1947) ? Né à Canton, dans l'Ohio, il se trouve à Cleveland en 1936 où il assiste à la Great Lakes Exhibition durant l'été. L'assassin est dépeint comme un individu très fort, qui a des connaissances en anatomie, qui tue à la fois des hommes et des femmes et les sodomise parfois. Les seules victimes identifiées (Edward Andrassy, Florence Polillo, Rose Wallace, Robert Robertson) sont des alcooliques qui fréquentent des débits de boissons de seconde zone, proches de Kingsbury Run. Un témoin dénonce un « Jack Wilson » comme l'assassin de Florence Polillo, un boucher « sodomite ». Jack Wilson est condamné à plusieurs reprises pour sodomie, c'est un alcoolique notoire qui donne toujours rendez-vous dans des bars, qui a travaillé comme cuisinier et préposé à la découpe de viande à Medford, dans l'Oregon.

En août 1943, Jack Wilson est à Indianapolis lorsque le caporal Maoma Ridings est assassinée et il vit en compagnie d'un travesti, alors que lui-même aime à se parer des atours de femme. L'hypothèse d'un assassin déguisé en femme est avancée de manière officielle par l'inspecteur Noel Jones dans les médias locaux. Et vingt-quatre heures après la parution de ces articles, Jack Anderson Wilson quitte la capitale de l'Indiana pour s'installer en Californie dans la Cité des Anges.

À Los Angeles, Georgette Bauerdorf et Elizabeth Short fréquentent assidûment les boîtes de nuit et les bars. Le signalement du principal suspect du Hollywood Canteen correspond à celui de Jack Wilson. L'ampoule qui illumine la porte d'entrée de l'appartement de Georgette Bauerdorf est dévissée par un individu de très grande taille. Et l'assassin, qui abandonne l'Oldsmobile de la riche héritière, est aperçu s'enfuir en boitant, non loin du domicile de Jack Wilson en 1944. Les détails fournis par « Arnold Smith » à John Gilmore correspondent aux constatations médico-légales du rapport d'autopsie du Dahlia Noir, qui est gardé secret par le L.A.P.D.. Son meurtrier fait preuve de connaissances anatomiques et il y a des actes post-mortem commis sur Elizabeth Short, comme cela s'est produit pour certaines des victimes du Boucher de Cleveland. Des lacérations et mutilations génitales sont présentes à Los Angeles en janvier 1947, et il en est de même pour le « Tueur aux torses ». La ritualisation des lieux des crimes est un fait essentiel et un élément indispensable pour l'assassin qui tue à un endroit, avant de transporter les cadavres ailleurs, afin qu'ils soient « exposés » à la vue de tous. Rappelons cette spécificité très rare de vouloir laver les cadavres et de les drainer de leur sang, et cette eau qui est également présente pour douze des quatorze victimes du Boucher de Cleveland et de Georgette Bauerdorf. Sa volonté de choquer et de provoquer est évidente.

LE PLAFONNIER DEVANT L'ENTRÉE DE L'APPARTEMENT DE GEORGETTE BAUERDORF

Dans ce type d'investigations, je m'efforce de toujours garder l'esprit ouvert et de ne pas tomber dans les mêmes travers que certains de mes prédécesseurs qui, pour faire cadrer certains faits avec leur hypothèse de départ, vont souvent « oublier » d'en mentionner d'autres pour ne pas gêner leur théorie. Voilà pourquoi au fil de ce livre, je n'hésite pas à me faire l'avocat du diable, même si ma conviction est faite. Avec ce livre, je ne prétends pas détenir la vérité absolue mais d'avoir mis à jour un faisceau de présomptions qui, toutes, pointent vers le même individu. Cette hypothèse, qui ne pourra jamais être prouvée de manière définitive à cause de l'absence d'ADN, d'empreintes digitales ou de preuves scientifiques, est le résultat de plus de vingt années de recherches, puisque je l'évoque déjà dans le numéro 44-45 de la revue *813* de décembre 1993 et dans ma préface au livre omnibus d'Eliot Ness, *Les Incorruptibles*, paru dans la collection « Super Poche » au Fleuve Noir, en janvier 1994, soit bien avant la parution des ouvrages anglo-saxons de John Gilmore (1994), Janice Knowlton & Michael Newton (1995), Mary Pacios (1999), James Jessen Badal (2001), Steve Hodel (2003), Jacque Daniel (2004), William T. Rasmussen (2005) et Donald H. Wolfe (2005).

Malgré quelques éléments qui restent à éclaircir, je suis profondément convaincu que Jack Anderson Wilson est non seulement l'assassin du Dahlia Noir, mais qu'il est aussi le serial killer responsable de quatre crimes en Pennsylvanie, de quatorze meurtres du Boucher de Cleveland, du décès de Maoma Ridings à Indianapolis et de l'homicide de Georgette Bauerdorf. Soit en tout vingt-et-un forfaits. Et que ce routard, arrêté ou condamné dans de nombreux Etats — l'Ohio, la Californie, le Tennessee, la Caroline du Nord, l'Indiana, l'Oregon, etc. — est peut-être responsable d'autres crimes ailleurs aux États-Unis.

L'AVIS DES POLICIERS ET DU F.B.I.

Dans un chapitre précédent, nous avons déjà vu ce que pensent certains des enquêteurs concernant ces différents « cold cases », tels que l'inspecteur Peter Merylo.

Mais qu'en est-il des « best of the best », les membres de l'unité d'élite du F.B.I. le Behavioral Science Unit de Quantico, cette fameuse Unité des Sciences du Comportement, bref les profilers de l'agence fédérale, les vrais, pas ceux des héros d'opérette de séries tels que *Esprits criminels*. Sur les douze hommes qui composent le B.S.U. à son origine, trois se sont exprimés sur ces différents « cold cases ». Voici leurs opinions respectives, celle de John Douglas, de Gregg McCrary ou de Robert Ressler. Dans *The Cases That Haunt Us*, paru en 2000, l'ancien profiler John Douglas écrit : « À mon sens, il faut envisager très sérieusement la possibilité que le meurtrier de Beth Short ait aussi tué Georgette Bauerdorf. Ce sont dans les deux cas des crimes sexuels, commis à un intervalle de temps relativement bref, et qui font chaque fois intervenir une baignoire. » Pour ce qui concerne Gregg McCrary, qui a dressé le profil du meurtrier de Georgette Bauerdorf et du Dahlia Noir pour le site *The Crime Library*, « les deux meurtres de Bauerdorf et de Short se ressemblent beaucoup, les deux femmes ont des physiques similaires et des habitudes nocturnes qui se ressemblent, comme de se rendre dans des bars et des clubs où elles ont pu croiser l'assassin. Elles ont toutes deux été frappées avec beaucoup de violence et le mode opératoire démontre une grande colère et une hostilité vis-à-vis des femmes. S'il n'existe pas de crimes semblables que l'on pourrait attribuer à d'autres criminels, par la force des choses, ces deux assassinats deviennent uniques et la probabilité qu'ils soient liés augmente d'autant plus. « Mr. Smith » doit être considéré comme un suspect crédible pour le Dahlia Noir, ainsi que pour Ms. Bauerdorf. Physiquement, il correspond à la description de l'individu qu'elle fréquente, et dont elle a peur. La relation que « Mr. Smith » entretient avec celui qu'il dépeint comme le tueur supposé, « Mr. Morrison », n'est pas claire. Il est tout à fait improbable qu'un meurtrier solitaire et de surcroît sadique sexuel, se confesse à quelqu'un, en plus, en lui fournissant une foultitude de détails. Sauf, par exemple, s'il y a une complicité extrêmement étroite entre ces deux hommes, s'ils trempent ensemble dans d'autres crimes violents. Ou s'ils sont une seule et même personne, comme la police le suspecte à l'époque.

« Le point primordial est de savoir si « Mr. Smith » a fourni des informations qui ne sont pas disponibles par ailleurs. S'il a donné des détails connus seulement de l'assassin ou de la police, il est évident que ses révélations prennent une importance considérable. Le mobile du meurtre est particulièrement intéressant — le refus de la victime d'avoir des relations sexuelles avec l'assassin — et révélateur. Il donne une raison crédible à la colère manifestée par la brutalité de ce forfait.

« La personne qui a tué Elizabeth Short possédait un endroit adéquat pour agir en toute tranquillité et il devait avoir une certaine sophistication criminelle, engendrée par des expériences similaires du passé. Il était probablement plus âgé qu'elle et il n'a pas paniqué après avoir commis son acte. Il était certes en colère, mais c'était une rage contrôlée. Il a été capable d'élaborer un plan et de s'y tenir.

« Pourquoi elle, en particulier ? Elle incarnait très certainement ce qui a déclenché une étincelle chez lui. Il l'a frappée, mais il ne s'est pas juste contenté de la tuer et de se débarrasser du cadavre. Nous nous posons toujours cette question : qu'a-t-il fait de plus que nécessaire à la commission d'un acte meurtrier ? Ses faits et gestes représentent les besoins de cet assassin spécifique. Il lui a découpé le visage, l'a coupé en deux, il l'a mutilé, il l'a torturé et l'a humilié. C'était important pour lui d'agir ainsi, ce qui reflète une haine des femmes comme le Dahlia Noir, et une volonté affirmée de les annihiler. Peut-être s'est-elle rendue méprisable à ses yeux en se comportant comme une femme aux mœurs légères, tout en se refusant à lui par la suite. Il est aguiché puis il est rejeté comme un moins que rien. Cela a occasionné des sentiments très puissants chez lui.

« A-t-il tué à nouveau ? Si l'on examine les circonstances particulières de ce meurtre, nous ne sommes pas en présence d'un crime unique. Afin de réitérer son acte, il a besoin d'être replongé dans un contexte similaire. Bien sûr, il a manifesté une profonde psychopathologie, mais ce n'était pas le simple geste de tuer. Ses victimes doivent posséder un certain nombre de critères et les circonstances doivent être particulières. Si une situation semblable se présente à nouveau, il tuera encore. Sinon, ce ne sera peut-être pas le cas. »

Lorsque je rencontre Robert Ressler à l'Académie nationale du F.B.I. à Quantico, juste avant qu'il ne prenne sa retraite en 1990, je prépare à la fois le tournage de mon documentaire *Serial killers — Enquête sur une déviance* pour FR3 et l'écriture de la première édition de *Serial killers — Enquête sur les tueurs en série* pour Grasset. À cette époque, je connais déjà très bien l'affaire du Boucher de Cleveland pour m'être rendu dans le quartier de Kingsbury Run et je me suis également passionné pour le « cold case » du Dahlia Noir. Pour l'écriture de *Qui a tué le Dahlia Noir ?*, j'ai relu mes vieilles fiches de 1990, où j'ai consigné l'essentiel de ma discussion avec Robert Ressler. Je savais que Ressler avait travaillé au programme VICAP du F.B.I. dont le mentor était Pierce Brooks, un ancien inspecteur du L.A.P.D., qui a enquêté sur l'assassinat d'Elizabeth Short. Lors de nos échanges, j'aborde ces deux « cold cases ». Pour le profiler, comme pour l'inspecteur Merylo, le « Tueur aux torses » ne s'est pas arrêté à la série de Cleveland, il a continué à œuvrer ailleurs. « Il est probablement responsable d'au moins une partie des meurtres en Pennsylvanie, » me confie Ressler. « Cette lettre envoyée au chef de la police de Cleveland, où il indique être parti à Los Angeles, est intéressante et crédible car il annonce l'arrêt des crimes à Cleveland, et c'est en effet ce qui arrive. Est-ce une coïncidence ? Je ne le pense pas car il n'y a jamais de telles coïncidences dans les enquêtes criminelles. Le meurtrier de Beth Short avait déjà tué auparavant, j'en suis sûr, à cause de la sophistication de la scène de crime et de la signature psychologique de son forfait. Il maîtrise parfaitement la situation. C'est un tueur très organisé. Les similitudes avec le cas Bauerdorf sont plus importantes que les différences. Et, là aussi, je pense que ces deux meurtres de femmes sont liés. »

EN GUISE D'ÉPITAPHE

En venant à Hollywood en 1946, comme toutes les autres aspirantes au « bûcher des vanités », Elizabeth Short rêve de devenir célèbre. Paumée et laissée pour compte du rêve américain, elle va plonger en plein cauchemar le 15 janvier 1947. Inconnue de tous avant cette date, elle s'offre maintenant aux yeux du monde entier sur ce bout de terrain vague pelé de South Norton Avenue. Soixante-sept ans plus tard, la naïve et rouée provinciale Beth Short est oubliée pour ne plus être que le « Dahlia Noir », un mythe et une légende dans les annales de l'histoire criminelle américaine. Paradoxalement, c'est au travers de ses atroces souffrances et de sa mort qu'elle a fini par atteindre cette aura médiatique tant désirée et son Nirvana : le « Black Dahlia » reste à présent à tout jamais immortelle, un million de fois plus fascinante dans la Mort qu'elle ne le fut de son vivant.

BIBLIOGRAPHIE

OUVRAGES ENTIÈREMENT CONSACRÉS À L'AFFAIRE

Gilmore, John. *On l'appelait le Dahlia Noir.* L'Archipel, 2006. (*Severed: The True Story of the Black Dahlia Murder.* Los Angeles, Zanja Press, 1994. Une édition révisée et augmentée d'une postface paraît en 1998 chez Amok Books).

L'un des bons livres sur l'affaire. John Gilmore sait écrire et intéresser le lecteur, son suspect paraît crédible, même si de nombreux faits sont erronés.

Pacios, Mary. « *Childhood Shadows: The Hidden Story of the Black Dahlia Murder* ». Bloomington, Indiana, 1st Books Library, 1999.

Amie personnelle d'Elizabeth Short qu'elle a connue quarante ans plus tôt à Medford, dans le Massachusetts, Mary Pacios signe la meilleure biographie sur l'adolescence du Dahlia Noir. Sa théorie quant à l'identité du meurtrier n'est pas du tout convaincante.

Hodel, Steve. *L'affaire du Dahlia Noir*. Éditions Le Seuil & Points Seuil, 2004 & 2006 (*Black Dahlia Avenger : The True Story*. Titre de l'édition américaine en grand format. Arcade Publishing, 2003. *Black Dahlia Avenger : A Genius for Murder*. Titre de l'édition américaine en poche. 2004). Préface de James Ellroy.

Daniel, Jacque. *The Curse of the Black Dahlia*. Californie, 2004.
Jacque Daniel est la fille du psychiatre du Los Angeles Police Department, Joseph Paul de River, qui voit sa carrière brisée par l'affaire du Dahlia Noir. Le livre, publié à compte d'auteur, évoque plus le vécu personnel de la famille de River qu'une enquête rigoureuse, mais il apporte un éclairage intéressant sur les tiraillements politiques à l'intérieur de la machine policière.

Rasmussen, William T.. *Corroborating Evidence*, Santa Fe, New Mexico, Sunstone Press, 2004.
L'ouvrage de cet avocat tente de rapprocher le Boucher de Cleveland et le suspect désigné par John Gilmore, Jack Anderson Wilson. Il prétend aussi apporter la preuve de l'innocence du meurtrier en série William

Heirens, le « tueur au rouge à lèvres. » Un bon exercice intellectuel pour une théorie qui peine à convaincre.

Bourgoin, Stéphane & Deloux, Jean-Pierre (avec la collaboration de François Guérif). *Le Dahlia Noir : Autopsie d'un crime de 1947 à James Ellroy*, Edite. 2006.

Wolfe, Don. *Le dossier Dahlia Noir , la pègre, le nabab et le meurtre qui a changé l'Amérique*. Éditions Albin-Michel. 2006 (*The Black Dahlia Files: The Mob, the Mogul, and the Murder*. New York, Regan Books-HarperCollins, 2005).
Le propriétaire du journal *Los Angeles Times*, Norman Chandler, engage le gangster Bugsy Siegel pour liquider Elizabeth Short qui est enceinte. Parmi les complices, on retrouve Jack Anderson Wilson - qui est mis à toutes les sauces par bon nombre d'auteurs - et un certain docteur Scott. Bien documenté, l'ouvrage est un peu laborieux au niveau écriture. La théorie de la grossesse de la victime ne tient pas la route car le rapport d'autopsie est formel : le Dahlia Noir n'a jamais été enceinte.

Nelson, Mark & Sarah Hudson Bayliss. *The Exquisite Corpse : Surrealism and the Black Dahlia Murder*. 2006.

L'ouvrage est un véritable enchantement d'un point de vue iconographique. Il dresse un parallèle entre le meurtre d'Elizabeth Short et les œuvres d'art de différents surréalistes, tels Man Ray ou Salvador Dali. Le suspect désigné est George Hodel.

Hodel, Steve. *Most Evil : Avenger, Zodiac, and the Further Serial Murders of Dr. George Hill Hodel*. 2009.

Haugen, Brenda. *The Black Dahlia : Shattered Dreams*. 2010.

Johnson, A.T.. *I Killed the Black Dahlia (The Telephone) : A Theory That Finally Solves the Grusome Murder*. 2011. Édition Kindle.
Avec une faute d'orthographe dans le titre de l'ouvrage !

Gillis, George. *Crimes of the Century : Black Dahlia Murder*. 2012. Édition Kindle.

Dollard, Douglas. *The Black Dahlia Murders*. 2012. Édition Kindle.

Taylor, Troy. *Fallen Angel : The Tragic True Story of the Black Dahlia*. 2013. Édition Kindle.

Hodel, Steve. *Black Dahlia Avenger II 2014 : Presenting the Follow-Up Investigation and Further Evidence Linking Dr. George Hill Hodel to Los Angeles's Black Dahlia and other 1940s Lone Woman Murders*, 2014. Thoughtprint Press.

Scott, Charles. *Black Dahlia – The Whole Story*. 2014. Édition Kindle.

Spinos, Juanita. *The Soul of Beth – The Luminous Black Dahlia*. 2014.

Bankes, James. *The Black Dahlia*. 2014. Édition Kindle.

OUVRAGES PARTIELLEMENT CONSACRÉS À L'AFFAIRE

Joseph Paul de River, *The Sexual Criminal*, 1948. La réédition de l'ouvrage chez Bloat Press comprend une très longue préface de l'éditeur, Brian King, sur la vie du psychiatre de River et sa participation à l'affaire du Dahlia Noir.

Rogers, Agnes. *Women Are Here to Stay*. New York, Harper and Brothers, 1949.
Elizabeth Short fait l'objet d'un portrait dans le chapitre « Is There a Criminal Type », aux côtés de Bonnie Parker et de la meurtrière à la hache Winnie Ruth Judd.

Underwood, Agness Sullivan. *Newspaperwoman*. New York, Harper & Brothers, 1949.
La reporter star du *Los Angeles Herald Express* au moment du meurtre évoque ses souvenirs. Elle revient brièvement sur l'affaire et son interview, effectuée en prison, avec le suspect Robert « Red » Manley. (pages 6 à 10).

Radin, Edward. *12 Against Crime*. Bantam Publishing, 1950.
Le chapitre 5, « S-X Marks the Crime », est consacré au psychiatre Joseph Paul de River et à son enquête sur le Dahlia Noir.

Rice, Craig. *45 Murderers*. New York, 1952.
Réédition du texte sur le Dahlia Noir dans *Still Unsolved* en 1990.

American Weekly: *My Favorite True Mystery.*
New York, Coward-McCann, 1954.
Les auteurs de romans policiers se penchent sur des affaires criminelles. Craig Rice parle du cas dans le chapitre « Death of the Black Dahlia » (pages 238 à 242).

Richardson, James Hugh. *For the Life of Me.*
New York, Putnam, 1954.
L'autobiographie du légendaire rédacteur en chef du quotidien du groupe Hearst, le *Los Angeles Examiner*, la seule personne connue à s'être entretenue avec le meurtrier d'Elizabeth Short (pages 295 à 312).

Sterling, Hank. *Ten Perfect Crimes.* New York, Stravon, 1954.
L'ouvrage contient un chapitre sur l'affaire (pages 37 à 51).

Rowan, David. *Famous American Crimes. London*, Muller, 1957 (pages 11 à 27).

Webb, Jack. *The Badge.* New Jersey, Prentice-Hall, 1958. Écrit par l'acteur vedette de la série TV « Dragnet », cet ouvrage propose une version idyllique du Los Angeles Police Department, avec quatorze pages consacrées à l'affaire. Les informations ne sont pas très fiables. Le livre a été récemment réédité avec une préface de James Ellroy (pages 22 à 35).

Gribble, Leonard. *They Had A Way With Women*. Roy Publ., 1967.
L'auteur de romans policiers anglais résume l'affaire sur 13 pages.

Austin, John. *Hollywood's Unsolved Mysteries*. New York, Ace Star Publ., 1970.

Colby, Robert. *The California Crime Book*. Pyramid Books, 1971.
Le chapitre « Death Comes in Basic Black » est consacré au Dahlia Noir dans cet ouvrage consacré aux crimes californiens, tels Charles Manson ou le Zodiac.

Crimes and Punishment: A Pictorial Encyclopedia of Aberrant Behavior - Volume 16. Phoebus, 1973.
Textes recueillis par Jackson Morley. Pages 115 à 122.

Infamous Murders. Verdict Press, 1974.

Franklin, Charles. *A Mirror to Murder.*
Londres, 1974.

Henderson, Bruce & Summerlin, Sam. *The Super Sleuths.* New York, MacMillan, 1976.
Deux anciens journalistes de l'Associated Press présentent un chapitre entier sur l'affaire et sur l'enquête menée par l'inspecteur Harry Hansen (pages 75 à 98).

Smith, Jack. *Jack Smith's L.A. Pinnacle Books*, 1981.

Lamparski, Richard. *Lamparski's Hidden Hollywood.*
New York, Simon & Schuster, 1981.
Les lieux hantés et les sites mémorables de Hollywood.

Sifakis, Carl. *Encyclopedia of American Crime, Facts on File.* New York, Smithmark Publishers, 1982.
Cet important ouvrage de 800 pages contient un bref résumé de l'affaire.

Nash, Jay Robert. *Open Files.* 1983.

Anger, Kenneth. *Hollywood Babylon II.* New York, Penguin Books, 1984.

Le premier livre à avoir publié les photos de la scène de crime du Dahlia Noir (pages 126 à 133).

Wilson, Colin. *A Criminal History of Mankind*. Londres, Grafton Books, 1984.

Wolf, Marvin J./Katherine Mader. *Fallen Angels, Chronicles of LA Crime and Mystery*. New York, Ballantine Books, 1986.
Les meurtres les plus célèbres de Hollywood avec cinq pages sur le cas.

Whittington-Egan, Richard & Molly. *The Bedside Book of Murder. David & Charles, Londres*, 1988.
Le chapitre « Black Limelight USA » est une très bonne étude de 42 pages sur l'affaire.

Nash, Jay Robert. *Encyclopedia of World Crime*. Wilmette, Illinois, Crimebooks, 1989.
Contient quatre pages sur l'affaire.

Jones, Richard Glyn. *The Mammoth Book of Murder*. Londres, 1989.

Fowler, Will. *Reporters*. Malibu, California, Roundtable Publishing, 1991.

Bailey, Don & Unruh, Daile. *Great Canadian Murder and Mystery Stories*. Quarrie. Kingston, Canada, 1991.
24 récits sur des affaires criminelles, pour la plupart canadiennes, le chapitre « The Black Dahlia » est écrit par Fraser Sutherland (pages 28 à 34).

Marriner, Brian. *On Death's Bloody Trail: Murder and the Art of Forensic Science* (autre titre : *Forensic Clues to Murder*. New York, St. Martin, 1991.

Dossier Meurtre - Enquêtes sur les grands crimes de notre temps volume 2 n°18 : *Trois crimes sadiques - Neville Heath, Peter Kürten, l'assassin du Dahlia Noir*. ALP, 1991.
Cinq pages illustrées sur l'affaire dans cette revue vendue en kiosque.

Unsolved Crimes. Time/LIFE Books, Alexandria, Virginia, 1993.
Une page sur l'affaire intitulée « Death of the Dahlia ».

Smith, Leon. *Famous Hollywood Locations*. Jefferson, North Carolina, McFarland, 1993.
Une brève description de deux pages sur l'affaire.

Schessler, Ken. *This is Hollywood*. Redlands, California, Ken Schessler Publishing, 1993.
Un guide de voyage des lieux étranges de Los Angeles.

Everitt, David. *Human Monsters*. Chicago, Contemporary Books, 1993.

Keppel, Robert D. with William J. Birnes. *The Riverman: Ted Bundy and I Hunt for the Green River Killer*. New York, Pocket Books 1995.

Morton, James. *The Who's Who of Unsolved Murders*. London, Kyle Cathie, Ltd., 1995.
Deux pages sur le cas.

Freed, Donald and Raymond P. Briggs. *Killing Time: Who Murdered Nicole Brown Simpson and Ronald Goldman* ? New York, MacMillan, 1996.
Deux pages consacrées à l'affaire et au climat de corruption qui règne dans le Los Angeles Police Department.

Cyriax, Oliver. *Crime: An Encyclopedia*. Vermont, Trafalgar Square, 1996.

Douglas, John/Ann Burgess/Robert Ressler. *Sexual Homicide: Patterns and Motives*. New York, Free Press, 1996.

Ellroy, James. *My Dark Places*. New York, Knopf, 1996.

Harvey, Diana & Jackson. *Dead Before Their Time*. New York, Friedman-Fairfax Publishers, 1996. Deux pages sur le cas au travers d'un portrait d'Elizabeth Short.

Neff, Fred. *Mysterious Persons in History - Baffling Cases of Unsolved Mysteries*. Runestone Press, 1997. Un chapitre est consacré au Dahlia Noir, le reste de l'ouvrage raconte les crimes de Jack l'Éventreur, Lizzie Borden ou Dillinger.

Odom, Mel. *Black Dahlia*. Prima Pub, 1998. Un guide illustré sur le jeu PC « Black Dahlia » qui vous aide à résoudre les 70 énigmes proposées.

Blanche, Tony & Schreiber, Brad. *Death in Paradise - An Illustrated History of the Los Angeles County Department of Coroner*. General Publishing Group, Los Angeles, 1998.

Wilkes, Roger (anthologiste). *The Mammoth Book of Unsolved Crimes,* 1999.

Douglas, John & Olshaker, Mark. *Affaires non classées : de Jack l'Éventreur au Dahlia Noir*, Éditions du Rocher, 2006. (*The Cases that Haunt Us*, 2000).

Browne, Sylvia. *Visiteurs de l'autre monde : La vérité sur les apparitions, les esprits et les réunions avec les êtres chers disparus* (*Visits from the Afterlife*, 2004). Traduction française chez ADA, 2006.

Newton, Michael. *The Encyclopedia of Unsolved Crime*. Checkmark Books, 2004.

Gibson, Dirk C.. *Clues from Killers : Serial Murder and Crime Scene Messages*, 2004.

Gilmore, John. *LA Despair - A Landscape of Crimes and Bad Times*, 2005.

Zaballos, Nausica. *Crimes et procès sensationnels à Los Angeles 1922-1962 : Au-delà du Dahlia Noir*, Edite. 2011.

Epstein, Edward Jay. *The Annals of Unsolved Crimes*. 2013.

Pietras, David. *Unanswered Evidence*. 2014.

OUVRAGES SUR LE « BOUCHER DE CLEVELAND » ET LES MEURTRES DE PENNSYLVANIE

Ritt, William. *The Head Hunter of Kingsbury Run* in « Cleveland Murders » (Duell, Sloan and Pearce). 1947.

Martin, John Bartlow. *Butcher's Dozen and Other Murders*. 1949 (Harper's) & 1952 (Édition de poche, *A Signet Book* chez New American Library).

Ness, Eliot & Fraley, Oscar : *Les incorruptibles Quatre contre la pègre*. Presses de la Cité. 1965.

Nickel, Steven. *Torso.* Winston-Salem, North Carolina, J. F. Blair, 1989.
La vie d'Eliot Ness et la traque du Boucher de Cleveland contient un bref rappel de trois pages sur un lien éventuel avec le Dahlia Noir (pages 187à 190).

Bourgoin, Stéphane. *Eliot Ness – Les Incorruptibles*, Collection Super Poche, Fleuve Noir, 1993.

Bellamy II, John. *The Maniac in the Bushes : More True Tales of Cleveland Crime and Disaster*, 1997.

Wilson, Colin & Damon. *The Killers Among US Book II : Sex, Madness and Mass Murder*, 1997.

Heimel, Paul W.. *Eliot Ness : The Real Story*, 2000.

Badal, James Jessel. *In the Wake of the Butcher - Cleveland's Torso Murders*. Kent State University Press, 2001.

Brady, Ian. *Les portes de Janus : Anatomies de serial killers.* Éditions Camion Noir, 2011. (*The Gates of Janus : Serial Killing and its Analysis, by the Moors Murderer.* Feral House. 2001.)
Une passionnante analyse du Boucher fou de Cleveland par le serial killer Ian Brady.

Gibson, Dirk C.. *Clues from Killers : Serial Murder and Crime Scene Messages*, 2004.

Bellamy II, John Stark. *Death Ride at Euclid Beach : And More True Tales of Crime & Disaster from Cleveland's Past*, 2004.

Swint, Jack. *Who Killed ? Cleveland, Ohio.* 2007.

Boertlein, John. *Ohio Confidential : Sex, Scandal, Murder, and Mayhem in the Buckeye State*, 2007.

Badal, James Jessen. *Though Murder Has No Tongue: The Lost Victim of Cleveland's Mad Butcher*, 2010.

Martinelli, Patricia A.. *True Crime : Ohio.* 2011.

Capuzzo, Michael. *The Murder Room : The Heirs of Sherlock Holmes Gather to Solve the World's Most Perplexing Cold Cases*, 2011.

Bendis, Brian Michael & Andreyko, Marc. *Torso*, 2012.

Hughes, Kara. *Myths and Mysteries of Pennsylvania : True Stories of the Unsolved and Unexplained*, 2012.

Badal, James Jessen. *Hell's Wasteland : The Pennsylvania Torso Murders*, 2013.

Huddleston, Tim. *The Mad Butcher of Kingsbury Run : The Remarkable Account of the Cleveland Torso Murderer*, 2013.

Quackenbush, Janette R.. *Cleveland Ohio Ghost Hunter Guide : Haunted Cleveland, Cuyahoga County and Vicinity*, 2014.

Perry, Douglas. *Eliot Ness : The Rise and Fall of an American Hero*, 2014.

Dunne, John Gregory. *Sanglantes confessions.* Les Humanoïdes Associés, Collection Speed 17, 1980 (*True Confessions*). New York, E. F. Dutton, 1977.

Ellroy, James. *Le Dahlia Noir*, Éditions Rivages, collection Rivages Noir, 1988. (*The Black Dahlia*). New York, Mysterious Press, 1987.

Shah, Diane K. *As Crime Goes By*. Bantam Books, 1990.
1947, Hollywood. Fille d'un scénariste hollywoodien, Paris Chandler s'ennuie dans l'existence et elle accepte l'offre d'Etta Rice, chroniqueuse vedette du journal *Los Angeles Examiner*, pour l'aider à déterrer les secrets des personnes les plus influentes de la capitale du cinéma. Lorsque la femme d'un réalisateur est assassinée d'une balle dans la tête, Paris Chandler prend l'enquête en mains en compagnie d'un journaliste alcoolique, Walter Ainsley. Rapidement, elle se rend compte que le crime est étroitement lié à l'affaire du Dahlia Noir.

Cooke, John Peyton. *Torsos – A Novel of Dark Intent*. 1994.

Collins, Max Allan. *Angel in Black*. New American Library, 2001.
Une enquête du privé de Chicago Nathan Heller, qui vient d'ouvrir un cabinet à Los Angeles, et où il passe sa lune de miel. Son premier client est le *Los Angeles Examiner* qui l'engage pour enquêter sur le meurtre d'Elizabeth Short en compagnie du journaliste Bill Fowley. Il croise la route d'Eliot Ness, d'Orson Welles et du Boucher de Cleveland dans ce superbe roman, toujours inédit en France, extrêmement bien documenté. Max Allan Collins émet une théorie originale quant à l'assassinat du Dahlia Noir. Ce ne serait pas un crime sexuel, mais un avertissement adressé au gangster Bobby Savarino par le gang de Jack Dragna sur son projet d'assassiner le mafiosi Mickey Cohen, d'où cette blessure béante de la bouche de la victime que l'on réserve habituellement à ceux qui parlent trop. Mélange de personnages réels et fictifs, le roman est décrypté par Max Allan Collins dans une longue postface, toute aussi intéressante. Le journaliste « Bill Fowley » et l'écrivain « Gil Johnson » sont les noms déguisés de leurs modèles, Will Fowler et John Gilmore.

Lemaître, Pierre. *Travail soigné*. Éditions Le Masque, 2006.
Couronné par le prix du premier roman au festival de Cognac, l'ouvrage conte la traque d'un serial killer par Camille Verhoeven, un policier pas comme les autres, puisqu'il mesure un mètre quarante-cinq. Le tueur,

qui veut faire de l'assassinat l'un des beaux-arts, reproduit les meurtres les plus abominables de la littérature policière : *Le Dahlia Noir* de James Ellroy, *American Psycho* de Bret Easton Ellis, *Le Crime d'Orcival* d'Emile Gaboriau, etc.

Malmstrom, M.. *Witch 2 : Black Dahlia*, 2007.

Bernhardt, William. *Nemesis : The Final Case of Eliot Ness – A Novel*, 2009.

Hatmaker, Elizabeth. *Girl in Two Pieces*, 2010.

Tully, Justin. *Case Computer Black Dahlia*, 2010.
Édition Kindle.

Collins, Max Allan. *Butcher's Dozen* (Eliot Ness Book 2), 2010.

Oates, Joyce Carol. *Black Dahlia & White Rose: Stories*, 2011.
Un recueil de onze nouvelles.

Collins, Max Allan. *Angel in Black* (Nathan Heller Novels), 2011.

Ketchum, Philip. *The Black Dahlia and Others...*, 2012. Édition Kindle.
Un recueil de nouvelles des années 1940 d'un auteur de pulps qui comprend un texte de 1949 sur le Dahlia Noir.

Miles Hyman (illustrations), Matz (scénario) d'après James Ellroy. *Le Dahlia Noir*. Rivages/Casterman/Noir, 2013.
Une adaptation en roman graphique du texte de James Ellroy.

Humphrey, Joe. *Bette – Book 4.0 of the Bloodletting Series*, 2013.

Ashley & JaQuavis. *Murderville 3 : The Black Dahlia*, 2013.

Griffith, Josh. *Janie Dreams of the Dahlia*, 2014. Édition Kindle.

McDonald, Craig. *Toros & Torsos : A Hector Lassiter Novel*, 2014.

Methos, Victor. *Blood Dahlia* (Sarah King Mysteries – Volume 1), 2014.

EXQUISITE CORPSE

SURREALISM AND THE BLACK DAHLIA MURDER

MARK NELSON AND SARAH HUDSON BAYLISS

DOSSIER

MEURTRE

Enquêtes sur les grands crimes de notre temps

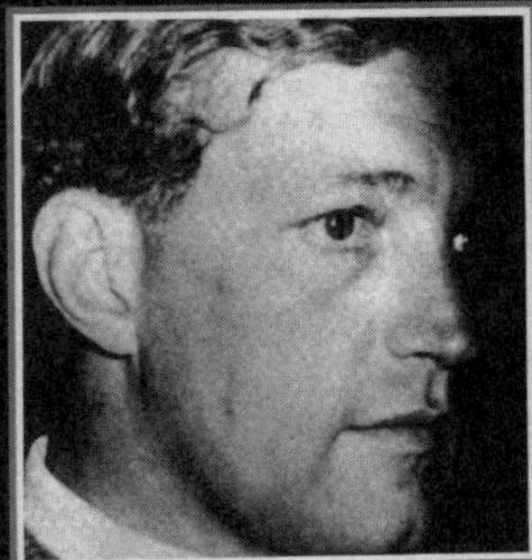

18

TROIS CRIMES SADIQUES

NEVILLE HEATH, PETER KÜRTEN, L'ASSASSIN DU « DAHLIA NOIR » :

Ils tuaient pour le plaisir

T 6830 - 18 - 19,00 F
120 FB-4,75 FS-3,95 $ Can

Chaque semaine ALP

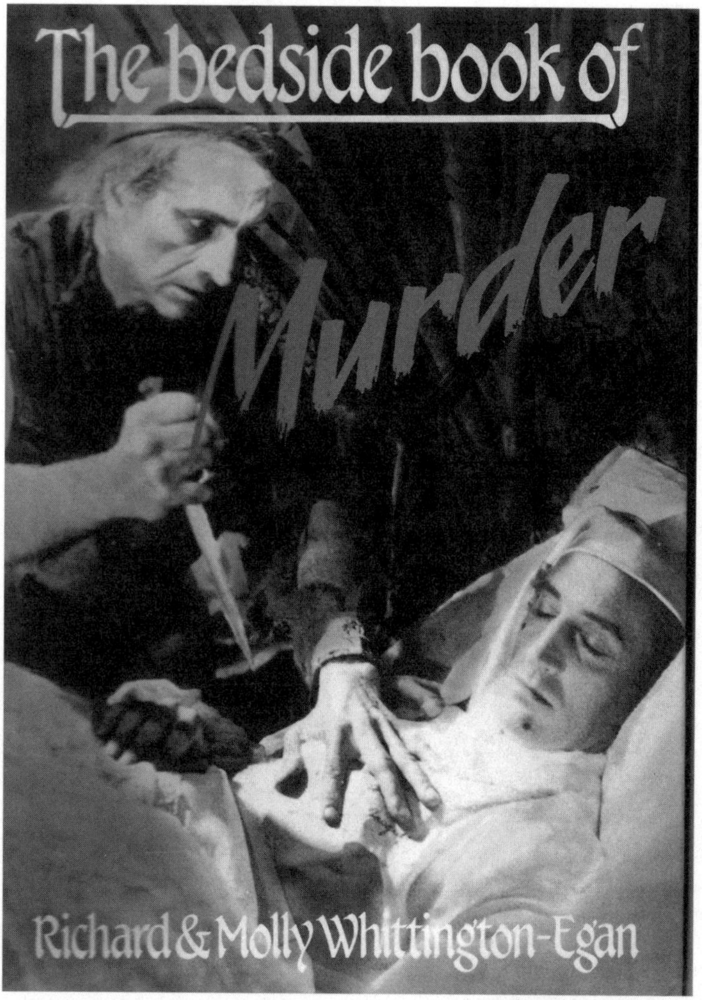
The bedside book of
Murder
Richard & Molly Whittington-Egan

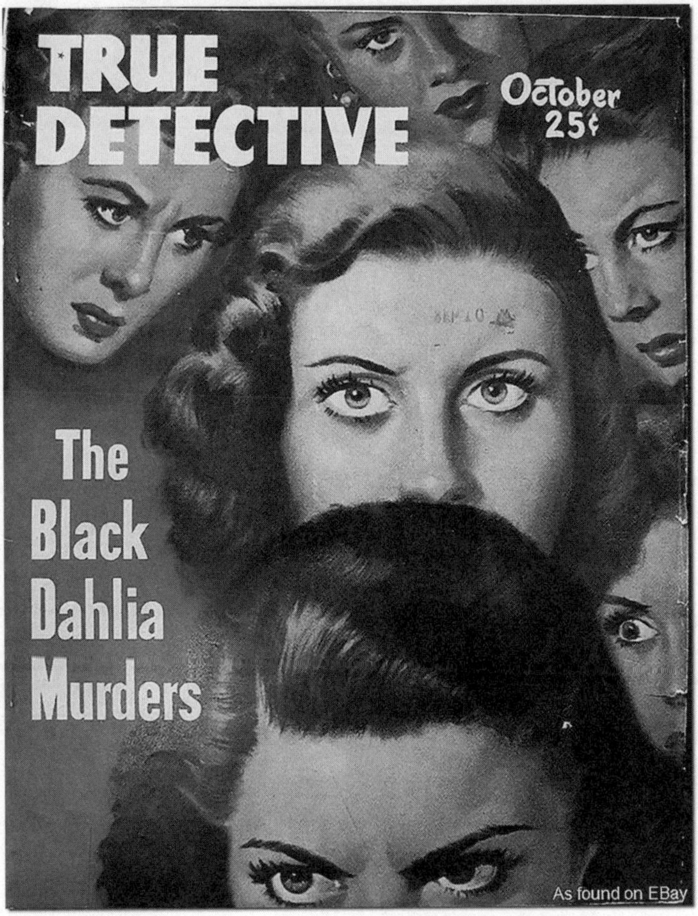
TRUE
DETECTIVE
October
25¢
The
Black
Dahlia
Murders
As found on EBay

DALIA negra
Nº 25
ES UNA PUBLICACION
MAS DE EDITORA
DE PERIODICOS,
S.C.L.
LA PRENSA
$1.00
EN LA REP.
MEXICANA
0.10 DOLARES EN EL EXTRANJERO.
PROPIA PARA ADULTOS
LOS ENTERRADORES
Via EBay

SPECIAL
DETECTIVE
THRILLING CASES FROM POL
25¢
TERROR SLAYING OF THE LOVELY BLACK DAHLIA

INSIDE THE HAREMS OF AMERICA!
PDC
WHISPER
THRU the KEYHOLE
1948 MARCH
True Facts Revealed
How Heiresses Buy Love
Shakedown Sweeties Exposed
Stage and Screen Go Brutal
Ferocious Fighting Femmes
High-Heel Pin-Up Queens
PETER DRIBEN
25¢

"Fast-paced...Intensely interesting...Chilling"
Cleveland Magazine
TORSO
STEVEN NICKEL
ELIOT NESS And The Hunt For The Mad Butcher of Kingsbury Run
A TRUE STORY
AVON BOOKS • 0-380-70987-2 • U.S. $4.95
(CANADA $5.95)
ELIOT
FOR MAYOR

FILMOGRAPHIE

CINÉMA & TÉLÉVISION

Sunset Boulevard (États-Unis ; 1950)
Dans le film réalisé par Billy Wilder avec William Holden, Gloria Swanson et Erich Von Stroheim, il y a un bref dialogue entre le personnage interprété par Holden et l'acteur Jack Webb qui montre l'importance du mythe du Dahlia Noir à Hollywood.

Who Is the Black Dahlia ? (*Le Dahlia Noir*)
(États-Unis ; 1975 ; 100 minutes)

RÉAL. Joseph Pevney
SCEN. Robert W. Lenski
PHOTO Al Francis
MUS. Dominic Frontiere
DIR. ART. James G. Hulsey
DÉCORS Anthony Mondello
MONT. Carroll Sax
COST. Carole Brown-James & Kent James
CONSEILLER TECHNIQUE Harry Hansen
PROD. Henry Colman

PROD. EX. Douglas S. Cramer & Wilford Lloyd Baumes
INT. Efrem Zimbalist Jr. (sergent Harry Hansen), Ronny Cox (sergent Finis Brown), MacDonald Carey (capitaine Jack Donahoe), Lucie Arnaz (Elzabeth Short), Tom Bosley (Bevo Means), Linden Chiles (Dr Waltere Coppin), Gloria DeHaven (policière), John Fiedler (patron du PX de Camp Clarke), Rick Jason (Miles Harmonder), Henry Jones (Lee Jones), June Lockhart (Mme Fowler), Mercedes McCambridge (la grand-mère d'Elizabeth Short), Donna Mills (Susan Winters), Murray McLeod (le soldat de l'autoroute), Frank Maxwell (le père d'Elizabeth Short), Brooke Adams (Diane Fowler), John Fink (un journaliste), Lee DeBroux (le directeur de casting), Ted Gehring (Redfield), Lana Wood (une pensionnaire), Don Keefer (Jim Richardson), Henry Beckman (le représentant), Randolph Roberts (le premier marin), Sid Haig (le tatoueur)
Première diffusion sur NBC-TV, le 1er mars 1975 ; en France, ce téléfilm a été diffusé sur la défunte Cinq.

Le téléfilm raconte l'enquête du détective Harry Hansen dont on entend la narration qui est régulièrement entrecoupée par des retours en arrière sur la vie d'Elizabeth Short. Le 15 janvier 1947, un petit garçon se promène en compagnie de son grand-père et ils découvrent le corps du Dahlia Noir.

26 janvier 1943, à Portland, dans le Maine. Betty annonce à sa grand-mère que son père lui a envoyé de l'argent et elle décide de partir le rejoindre en Californie. Elle n'a pas vue son paternel depuis l'âge de 6 ans.

Retour à la scène de crime.

3 février 1943, à Vallejo, en Californie. Short est surpris par la visite de sa fille. Il lui permet de rester quelques jours, le temps qu'elle trouve une location.

La morgue du Comté de Los Angeles. Un médecin légiste constate que le corps d'Elizabeth Short ne contient pas une seule goutte de sang.

17 février 1943, à Alameda, en Californie. Betty rencontre un homme marié qui lui offre une bague.

27 mars 1943, à Vallejo, en Californie. Mr Short donne de l'argent à Betty pour qu'elle rentre chez elle dans le Maine.

Los Angeles, janvier 1947. La police arrête un voleur dont le véhicule présente des taches de sang sur la banquette arrière. C'est une fausse piste.

30 mars 1943, Camp Clarke, en Californie. Betty Short est prise en stop par un militaire qui cherche à la draguer. Pendant ce temps, on entend - en voix-off - la teneur optimiste des lettres qu'elle envoie à sa grand-mère.

1er avril 1943, Camp Clarke, en Californie. Betty affirme que son mari est mort sur le front du Pacifique pour se faire engager comme vendeuse dans le magasin du camp militaire.

5 septembre 1943, Camp Clarke, en Californie. Betty quitte son emploi du jour au lendemain. À son supérieur, elle déclare vouloir suivre des cours de comédie à Hollywood.

Janvier 1947. Les empreintes de « Jane Doe », la femme inconnue découverte coupée en deux, sont envoyées au F.B.I. à Washington.

6 février 1944, à San Diego, en Californie. Betty est arrêtée pour avoir bu de l'alcool en tant que mineure.

Washington. Le FBI identifie les empreintes digitales d'Elizabeth Ann Short. (Il s'agit d'une erreur du F.B.I. car elle n'a jamais eu ce prénom d'Ann qui figure toujours dans les archives de l'agence gouvernementale.)

Janvier 1947, Los Angeles. Jack Owen, ivre dans un bar, se vante d'avoir tué une femme. Encore une fausse piste.

L'inspecteur Harry Hansen est hanté par l'affaire et il s'adresse même au portrait d'Elizabeth Short dans une séquence qui évoque le détective Dana Andrews fasciné par un tableau de Gene Tierney dans le « Laura » d'Otto Preminger. Les policiers enquêtent dans le milieu des entrepreneurs de pompes funèbres.

16 juin 1944, San Diego, en Californie. Betty est libérée de prison. Une policière lui offre dix dollars pour s'acheter un billet retour pour le Maine. Elle promet de partir, mais reste à Hollywood.

Janvier 1947. Les consignes des gares routières de Los Angeles sont fouillées et l'on retrouve la valise de Betty. Une fois ouverte, Hansen remarque une poupée avec l'inscription « Love Doc » sur le ventre.

14 septembre 1945, Hollywood. Betty veut visiter un studio hollywoodien, mais un garde lui en interdit l'accès. Elle s'installe dans un dortoir pour jeunes femmes à deux dollars la nuit.

12 mai 1946, Hollywood. Elle s'installe chez Miles Harmonder, un riche promoteur. Il y héberge de jolies jeunes filles en quête de gloire hollywoodienne. Elle reste un an sur place. Commentaire en voix off : « Tout ce qui est vivant et beau ne vit jamais longtemps. »

6 juin 1946, Santa Monica, en Californie. Betty se fait tatouer une rose sur l'épaule droite, mais elle part sans payer.

1947, Los Angeles. Un homme vu de dos dans une cabine téléphonique appelle le rédacteur en chef du *Los Angeles Herald-Examiner,* Jimmy Richardson. Il promet d'envoyer au journal des effets personnels d'Elizabeth Short, et il tient sa promesse.

17 juillet 1946, Hollywood. Betty vole le carnet d'adresses personnel de Miles Harmonder. Elle en profite pour se faire des contacts.

1947. Les enquêteurs du L.A.P.D. découvrent le mot « Doc » écrit de la main de Betty dans le carnet de Miles Harmonder.

14 septembre 1946, à Oxward, en Californie. Betty n'a plus d'adresse fixe et elle fait suivre son courrier jusqu'à un bar minable. Elle se fait payer sa note par un client qui lui demande en échange de l'accompagner, mais elle en profite pour prendre la poudre d'escampette par les toilettes du bistrot.

1947. Un journaliste qui a inventé le surnom du Dahlia Noir suggère à Harry Hansen l'hypothèse que le tueur est une femme.

8 septembre 1946, à Santa Barbara, en Californie. Betty semble attendre quelqu'un qui ne vient jamais devant une salle de cinéma. La jeune caissière prend pitié d'elle et l'héberge chez elle pendant un mois.

1947. Un employé d'une gare routière aperçoit Betty monter à bord d'un véhicule qui comporte une plaque de médecin. Les enquêteurs retrouvent la piste du Dr Wallace qui s'enfuit à leur arrivée. Ils l'arrêtent pour l'assassinat du Dahlia Noir. Après avoir rencontré la grand-mère de Betty qui s'est rendue à Los Angeles, les inspecteurs Harry Hansen et Finis Brown interrogent le suspect. Wallace admet avoir connu Betty, mais il nie énergiquement l'avoir tuée. Il a fait sa connaissance dans un bar de Santa Barbara et c'est lui qui lui a offert la poupée retrouvée dans la valise.

8 janvier 1947, à Santa Barbara, en Californie. Devant la gare routière, Betty demande au jeune médecin de la conduire jusqu'à Los Angeles. Elle exige qu'il lui dise qu'il l'aime. Ils discutent ivres dans un bar, mais leur dialogue se résume en fait à des monologues. Wallace dépose Betty devant le Mayfair Hotel. Elle affirme avoir rendez-vous avec une amie. Elle attend plusieurs heures dans le hall de l'hôtel. Vers 21h30, elle quitte l'établissement pour disparaître à tout jamais.

Voix off de Harry Hansen : « C'est ainsi que tout s'est passé. Nous avons mis plus de vingt ans à essayer de résoudre l'affaire du Dahlia Noir. Le dossier est toujours ouvert. Et ceci me hantera pendant longtemps. » Le véritable inspecteur Harry Hansen, qui était à la retraite, a servi de conseiller technique sur ce téléfilm. Dans une interview, il s'était déclaré satisfait de la première version du scénario, tout en manifestant son mécontentement de la version finale.

True Confessions (*Sanglantes confessions*). (États-Unis ; 1981 ; 108 minutes)

RÉAL. Ulu Grosbard
SCÉN. John Gregory Dunne & Joan Didion d'après le roman de John Gregory Dunne

PROD. Robert Chartoff & Irwin Winkler
PHOTO Owen Roizman
MUS. Georges Delerue
DÉCORS W. Stewart Campbell & Stephen B. Grimes
MONT. Lynzee Klingman
INT. Robert De Niro (Father Des Spellacy), Robert Duvall (Detective Tom Spellacy), Charles Durning (Jack Amsterdam), Kenneth McMillan (Frank Crotty), Ed Flanders (Dan T. Campion), Cyril Cusack (le cardinal Danaher), Burgess Meredith (Monsignore Seamus Fargo), Dan Hedaya (Howard Terkel), Jeanette Nolan (Mrs. Spellacy),

Rick Hunter : The Black Dahlia (*Le Dahlia Noir*) (États-Unis ; 1988 ; 50 minutes)

RÉAL. Michael Preece
SCÉN. Robert Hamner
PHOTO Bob Berry
DÉC. Robert J. Bacon
MUS. Mike Post & Pete Carpenter
Série créée par Frank Lupo
PROD. Stuart Segall
PROD. EX. Roy Huggins
PROD. ASS. David G. Phinney
INT. Fred Dryer (inspecteur Rick Hunter), Stepfanie Kramer (sergent Dee Dee McCall), Charles Hallahan (le capitaine Charles Devane), Lawrence Tierney (John Doyle), Jeannette Nolan (Edith Latimer), Macon McCalman (Wallace Latimer), Billie Bird (Marie Watson), Ian Abercrombie (George Cooper), Rudy Ramos (Reuben Garcia), John Finnegan (Bill Peterson), Jessica Nelson (le Dahlia Noir), Logan Ramsey (Adrian Latimer), Tom Jackman (le conducteur), Diana Lewis, Ines Pedroza.

Première diffusion sur NBC le 12 janvier 1988 ; en France, la série a été diffusée sur TF1 sous le titre de « Rick Hunter, inspecteur choc ». Il s'agit de l'épisode 13 de la quatrième saison.

En 1988, des ouvriers qui détruisent un bâtiment découvrent le squelette d'une femme coupée en deux. L'inspecteur à la retraite John Doyle, qui s'est occupé pendant 15 ans de l'affaire du Dahlia Noir, rend visite aux enquêteurs Rick Hunter et Dee Dee McCall, en charge de ce nouveau cas pour leur proposer ses services. L'édifice détruit a été construit en 1947, l'année même du meurtre d'Elizabeth Short.

L'autopsie prouve que les deux victimes ont été mutilées à l'aide d'un même couteau. Doyle montre à Hunter et à McCall les photos de la scène de crime du Dahlia Noir. Il reconnaît volontiers que pour lui, « cette affaire est une drogue ». Hunter et McCall acceptent l'aide de Doyle.

Les enquêteurs rouvrent les dossiers de femmes disparues en 1947. Ils questionnent le frère de Myra Peterson qui s'est évanouie sans laisser de traces à l'âge de dix-huit ans. Rick Hunter retrouve Florence Johnson, soit disant disparue le 14 janvier 1947, le jour qui précède l'assassinat du Dahlia Noir.

Une piste plus sérieuse les mène vers Sally Beaumont disparue en février 1947 alors qu'elle travaille au service des Latimer, une richissime famille de Los Angeles. La maîtresse de maison, Edith Latimer, demande à son fils Wallace de protéger son frère Adrian des recherches des policiers. Apparemment, Adrian souffre de problèmes mentaux qui nécessitent son enfermement dans une pièce de la demeure des Latimer. Lorsqu'il aperçoit l'inspecteur McCall, la partenaire de Rick Hunter, Adrian Latimer s'imagine voir Elizabeth Short.

Après avoir été interrogée par les enquêteurs, Mary Watson, une ancienne amie de la disparue Sally Beaumont, contacte les Latimer. Elle cherche à monnayer son silence car elle sait qu'Adrian « embêtait » Sally. « Elle exige cent mille dollars. Si nous la payons, nous ne nous débarrasserons jamais d'elle, » explique Wallace à sa mère. De retour chez elle, Mary Watson regarde un vieux film à la télévision lorsque des pas d'homme se font entendre. Elle est asphyxiée avec un coussin et sa maison incendiée avec de l'essence.

Le lendemain, Adrian regarde un film d'horreur avec des meurtres à la hache dans sa chambre quand Hunter et McCall sonnent au domicile des Latimer. Ils savent que Mary Watson a passé un coup de fil aux Latimer peu de temps avant son décès. Mais ceux-ci affirment ne rien savoir sur cet assassinat. Adrian s'imagine encore une fois voir Elizabeth Short.

Il quitte la maison familiale pour suivre Dee Dee McCall chez elle. Il la menace d'un couteau en l'appelant « Elizabeth » et en lui expliquant qu'il n'accepte pas qu'elle se moque de lui. McCall parvient à désarmer Adrian et à lui passer les menottes. Pendant ce temps, Rick Hunter arrête George Cooper, le valet de chambre des Latimer, qui a pris l'initiative de tuer Mary Watson pour protéger le renom des Latimer. Adrian Latimer est déclaré irresponsable avant d'être interné. Un carton du générique final indique : « L'affaire n'a jamais été résolue à ce jour. »

Pendant une bonne partie de l'épisode, la version française fait référence à la « femme en noir ».

Le Dahlia Noir (*The Black Dahlia*) (États-Unis ; 2006 ; 121 minutes)

RÉAL. Brian De Palma
SCÉN. Josh Friedman d'après le roman de James Ellroy
PROD. Rudy Cohen, Moshe Diamant, Avi Lerner & Art Linson
PHOTO Vilmos Zsigmond
DÉCORS Dante Ferretti & Christopher Tandon
MUS. Mark Isham
MONT. Bill Pankow
INT. Josh Hartnett (Dwight « Bucky » Bleichert), Scarlett Johansson (Kay Lake), Aaron Eckhart (Lee Blanchard), Hilary Swank (Madeleine Linscott), Mia Kirshner (Elizabeth Short), Mike Starr (Det. Russ Millard), Fiona Shaw (Ramona Linscott), Patrick Fischler (D.A. Ellis Loew), James Otis (Dolph Bleichert), John Kavanagh (Emmett Linscott), Gregg Henry (Pete Lukins).

« *Elizabeth Short* » (Canada ; 2006)

Un court-métrage de sept minutes écrit et réalisé par Deco Dawson.

Black Dahlia (États-Unis ; 2006)

RÉAL. & SCÉN. Ramzi Abed
INT. Kristen Kerr (Lisa Small/Elizabeth Short), Lizzy Strain (Lizzy Strain/Elizabeth Short), Trent Haaga (Red/Bobby Manley), Sarah M. Scott (Grace), Cinqué Lee (Joe), Amie Decker (Jeanette Bauer), Masuimi Max (Masuimi), Gidget Gein (Detective Jeffrey Mourir), Julie Strain (Julie), Robert Williams (Dr. John Rozzell), Stephen Polk (Detective Earl Holiday), Eric Fleming (Basil Rathbone), Khris Kaneff (Fatty Arbuckle), Lloyd Kaufman (le père de Lisa), Will Keenan (Buster Keaton)

Quand Lisa Small est choisie pour interpréter le rôle d'Elizabeth Short, un tueur en série sévit à Los Angeles alors que le soixantième anniversaire de la mort du Dahlia Noir approche. Rêve et réalité se mêlent pour

Lisa Small qui se prend à vivre de plus en plus fort les derniers jours du Dahlia Noir.

The Curse of the Black Dahlia (États-Unis ; 2006) (Titre de production : *The Ghost of the Black Dahlia*)

Ecrit et réalisé par Dan Goldman.
INT. Kate Siegel (Jennifer), Laura Penn (Lucy), Austin Brooks (Karl), Roy Werner (Lyle), Lenora Chu (Jessica), Daniel Spangler (Zach), Geneva Somers (Stephanie), Serge Palmieri (Tony), Daren A. Herbert (Mondo), Thomas Garner (Ralph).

Ulli Lommel's Black Dahlia (États-Unis ; 2006 ; 81 minutes)

RÉAL. Ulli Lommel
SCÉN. Ulli Lommel, Jeff Frentzen
INT. Sutton Christopher (Rick), Elissa Downing (Kate), Jack Quinn, Christian Behm, Jed Rowen, Nola Roeper, Patrick Faucette.

Un film exécrable sorti directement en vidéo par l'ex acteur de Rainer Werner Fassbinder où un copycat tue des femmes à Los Angeles en imitant le meurtre et les mutilations du Dahlia Noir de 1947.

American Horror Story : Afterbirth & *American Horror Story : Spooky Little Girl* (États-Unis ; 2011)

INT. Dylan McDermoitt (Ben Harmon), Connie Britton (Vivien Harmon), Evan Peters (Tate Langdon), Taissa Farmiga (Violet Harmon), Jessica Lange (Constance Langdon), Mena Suvari (Elizabeth Short).

The Black Dahlia Haunting
(États-Unis ; 2012 ; 80 minutes)

Écrit et réalisé par Brandon Slagle
PROD. Patrick Henry
MUS. Isaias Garcia
PHOTO Jean-Pierre Lefevre
MONT. Maximillian Williams
INT. Devanny Pinn (Holly Jenson), Britt Griffith (Dr. Brian Owen), Noah Dahl (Tyler Jenson), Alexis Iacono (Elizabeth Short), Cleve Hall (« The Black Dahlia Avenger »), Brandon Slagle (Malcolm).

Une jeune femme mène des recherches sur l'assassinat de son père par son jeune frère aveugle. Elle a le malheur de déranger l'esprit vengeur du Dahlia Noir. Tourné pour un budget microscopique d'environ deux mille dollars.

The Black Dahlia Ballet
(États-Unis ; 2013 ; 8 minutes)

Écrit et réalisé par Steven Espinosa
PHOTO Daniel Lynn
PROD. Avi Quijada
MONT. Hannah Rutherford Beavers
INT. John Grady, Morrison Keddie, Adrianne Richards.

Un superbe film de danse que le réalisateur et chorégraphe cherche à développer en long-métrage*.

*https://www.youtube.com/watch?v=dSoybgNa25o

Death Scenes
Une brève séquence sur le meurtre du Dahlia Noir dans ce documentaire gore sur l'âge d'or du crime à Hollywood. Wavelength Video 1989. Durée : 86 minutes.

Historic L.A.
Magazine en deux parties présenté par George Fischbeck. Interviews avec l'inspecteur du L.A.P.D. John St. John, l'écrivain Mary Pacios et le journaliste Will Fowler. KABC-TV, Los Angeles, mai 1990. Durée : 7 minutes.

Inside Edition
La théorie de Janice Knowlton, qui affirme que son père a tué le Dahlia Noir, est examinée dans ce talk-show très populaire. Interviews avec le détective John St. John et la nièce d'Elizabeth Short, Valerie Reynolds. Kingworld. Première diffusion le 16 août 1991. Durée : 7 minutes.

Unsolved Mysteries
Présenté par l'acteur Robert Stack qui examine la théorie de l'auteur Lawrence P. Scherb d'un unique assassin

pour les meurtres attribués au Boucher de Cleveland et celui d'Elizabeth Short. NBC. Première diffusion le 7 décembre 1992. Durée : 13 minutes.

Medford Girl: The Black Dahlia Murder
Un documentaire de Kyle J. Wood sur la vie et la mort d'Elizabeth Short, avec une emphase particulière sur son existence dans le Massachusetts. Rockinghorse/ Kyle J. Wood, 1993. Durée : 35 minutes.

Hollywood Babylon : The Black Dahlia
(États-Unis ; 1993 ; 30 minutes)

INT. Allison Bibicoff (The Black Dahlia), Allison Petroff (Lita Grey).

Une série documentaire sur les scandales d'Hollywood qui est souvent présentée par Tony Curtis.

Street Wise : Elizabeth Short, The Black Dahlia Murder Victim
La journaliste Carol Queen questionne l'écrivain Mary Pacios. San Francisco Public Access Cable. Diffusion en novembre 1997. Durée : 30 minutes.

Sex, Death and The Hollywood Mystique
(États-Unis ; 1999)

RÉAL. Larry Wessel

Un documentaire avec Forrest J. Ackerman, Curtis Harrington et John Gilmore.

Black Dahlia Confidential: 48 Hours
Une enquête sur le suspect George Hodel présentée par le journaliste Erin Moriarty. Interviews avec les écrivains James Ellroy, Steve Hodel et Mary Pacios, les experts en police scientifique Sunni Chapman et John Osborn. CBS. Diffusions le 27 novembre 2004 et le 7 juin 2005. Durée : 60 minutes.

The Black Dahlia: 50th Anniversary
Présenté par le journaliste de Fox News Tony Valdez. Ce documentaire en deux parties comporte des interviews très rares avec la mère et la soeur d'Elizabeth Short, le détective du L.A.P.D. Harry Hansen, les auteurs Mary Pacios et James Ellroy. FOX Television, KTTV Channel 11 Los Angeles. Première diffusion le 15 & 16 janvier 1997. Durée : 15 minutes.

Hollywood's Mysteries and Scandals : The Black Dahlia Murder
Interviews avec l'inspecteur Brian Carr, les reporters Will Fowler, Larry Harnisch et Tony Valdez, les écrivains John Gilmore et Mary Pacios, le profiler Kris Mohandie et le réalisateur Kyle J. Wood. E! Channel. Diffusion le 15 juin 1998. Durée : 22 minutes.

Case Reopened : The Black Dahlia, (États-Unis ; 1999)
L'écrivain de romans policiers et ex-flic au L.A.P.D., Joseph Wambaugh, présente l'affaire avec des reconstitutions convaincantes et d'excellentes interviews de Larry Harnisch, Mary Pacios ou John Gilmore. Un des meilleurs documentaires sur le sujet. Il a été diffusé en France sur la chaîne 13ème Rue.

Feast of Death ou *James Ellroy's Feast of Death*, (États-Unis ; 2001).

RÉAL. & PROD. : Vikram Jayanti
PROD. EXÉCUTIF : Anthony Wall
PROD. ASSOCIÉS : Aaron Weisblatt & Mike Snaith
MUS. : Robert Lane
PHOTO : Maryse Alberti
Avec James Ellroy, Nick Nolte, Mike Berchem, Brian M. Carr, Paul W. Coulter, Louis D. Danoff, Larry Harnisch, Karen Hilliker, Rick Jackson, Janet T. Klock, M. Brian Klock, Mindy Klock, David Lambkin, Tim Marcia, Frank Merriman, Eric J. Mosher, Ray Peavy, Rey Verdugo.

Ce documentaire de 95 minutes montre James Ellroy en train de dîner avec un certain nombre de policiers du L.A.P.D. pendant qu'ils discutent du meurtre du Dahlia Noir. Ces séquences alternent avec les différents lieux où un Ellroy adolescent a commis des cambriolages. L'écrivain évoque aussi la mort de sa mère et on le voit lire ses textes dans une librairie de Los Angeles. Ce documentaire est, en quelque sorte, une version filmée de *My Dark Places*.

America's Most Wanted: Black Dahlia
(États-Unis ; 2006)
Un épisode de la série documentaire sur les faits-divers, *America's Most Wanted*, avec John Walsh, Ken Arnold et Dan Binebrink.

The Fourteenth Victim – Eliot Ness & The Torso Murders (États-Unis ; 2006)

Réalisé et produit par Mark Wade Stone. Commenté et présenté par James Jessen Badal.

Cold Case Files : The Black Dahlia
(États-Unis ; 2006)
L'épisode 16 de la saison 5 documentaire de Bill Kurtis qui examine les différents suspects.

James Ellroy's Los Angeles : City of Demons : Dead Women Own Me, (États-Unis ; 2011)

RÉAL. Brian Coughlin & Gabe Torres

Une série documentaire de six épisodes avec James Ellroy, Caroline Burt, Sarah Delpizzo, Frank C. Girardot, Stephanie Gorman, Helen Knode, Zoey Taylor (Elizabeth Short).

Torso – Le boucher de Cleveland, (France ; 2011)
Un épisode de la série *Stéphane Bourgoin raconte* présenté par Stéphane Bourgoin. Produit par Patrick Spica Productions pour la chaîne Planète Justice.

L.A. Noire, (États-Unis ; 2011)
Un jeu vidéo avec un tueur qui ressemble à l'assassin d'Elizabeth Short et qui inscrit les initiales B.D. sur le corps.

Haunted Encounters : Black Dahlia, (États-Unis ; 2012)
Le « Syndicat du paranormal » investit une maison de Los Angeles où le Dahlia Noir aurait été assassiné.

Mysteries at the Museum : Black Dahlia, French Angel, Sterling Hall Bombing
(États-Unis ; 2012 ; 60 minutes)
L'épisode 19 de la saison 2 de cette série documentaire où Don Wildman examine le contenu d'une mystérieuse boîte qui pourrait résoudre le meurtre du Dahlia Noir avec Ilana Seagull dans le rôle de l'épouse de Houdini et du Black Dahlia.

DIVERS

Black Dahlia - A Game of Adventure and Dark Mystery
Un jeu PC de Take 2 Interactive sorti en 1998.

Réalisé par Eric Trow & Lance Laspina sur un scénario de Patrick Freeman & Steve Glasstetter.
Interprété par Dennis Hopper (Walter Pensky), Teri Garr (Madame Cassandra), Darren Eliker (Jim Pearson), Hillary Morris (Elizabeth Short), John Hall (Eliot Ness), Michael Battista, Kevin Vinay, Dan Frezza, Michael Bernosky, Robert Marinaccio, Bob Tracey, David Whalen, Bill Dalzell, Brad Moniz, Tom Yates, Collette Schreiber, Jared Pfennigwerth, Douglas Rees, Bill McCue, Kathryn Aronson, Rick Applegate, Linda Bisesti, Larry John Meyers, Amy Dommer, Michelle Mann, Philip Bower, Demetria Mellot.

Le jeu se déroule dans les années 1940 et vous êtes, en tant que joueur, l'agent Jim Pearson qui enquête sur un réseau de propagande nazie. Bientôt, Pearson se rend compte que le complot a des ramifications occultes. Il fait la connaissance d'Elizabeth Short qui possède une étrange pierre gravée connue sous le nom de « Black

Dahlia » que les Nazis souhaitent s'approprier en tant que source d'un pouvoir ultime. Lorsqu'elle est assassinée, la pierre disparaît et Jim Pearson est chargé de la récupérer. Pendant son enquête, il croise la route d'Eliot Ness et du Boucher de Cleveland.

En 2001, le jazzman Bob Belden sort un CD, *Black Dahlia*, qui s'inspire de la vie et de la mort d'Elizabeth Short. L'année suivante, le chanteur Marilyn Manson a peint une série de portraits basés sur le meurtre et les mutilations du Dahlia Noir. Un groupe de « black metal » porte le nom de « Black Dahlia Murder », tandis que le chanteur vedette du groupe « The Dwarves » utilise le nom de scène de « Blag Dahlia ». Dans son disque *4 AM*, la chanson *In California* de la musicienne Lisa Marr parle du Dahlia Noir. Il existe plusieurs modèles de lingerie féminine qui porte le nom de Dahlia Noir, des soutiens-gorges notamment. Dans un registre plus douteux, une poupée de la série « Living Dead Dolls » arbore les différentes mutilations avec le slogan « Je dors avec les asticots » inscrit sur la boîte. Une entreprise du Texas vend aussi un modèle de tête coupée avec sa chevelure noire intacte. Il existe plusieurs T-shirts à l'effigie du Dahlia Noir, des bijoux, ainsi qu'une bière américaine.

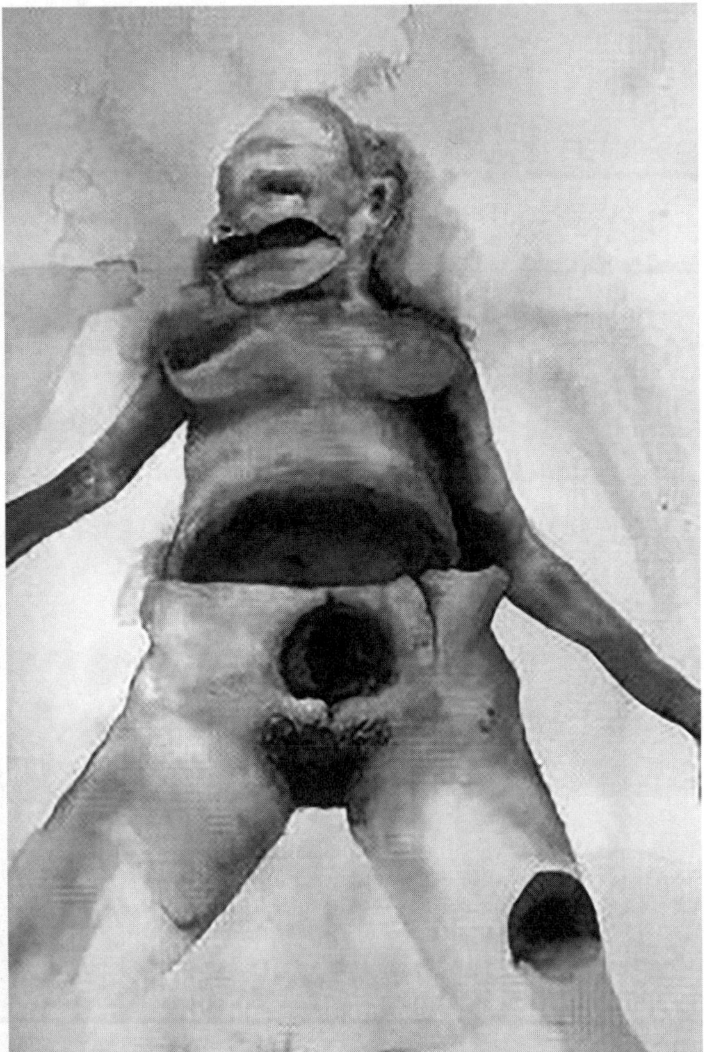

DITA VON TEESE

Black Dahlia Balconette Bra

$85.00

DEMI

Large scale black dahlia lace, bondage inspired strapping details, gorgeous and subtle palette contrast, and peek-a-boo detailing in the back make this a true pin-up stunner. **LEARN MORE**

COLOR: NudeBlack

SIZE: Select Size

QTY: 1

Home » GOTHIC COLLECTION » BLACK DAHLIA HAIR CLIP

ALCHEMY OF ENGLAND
BLACK DAHLIA HAIR CLIP

$45.00

BLACK DAHLIA HAIR CLIP BY ALCHEMY OF ENGLAND

An urbane reminder of the bizarrely gruesome, unsolved murder of 1947 California; black fabric flower with pewter skull centerpiece.

Black Dahlia Choker - Pewter Pendant

Condition New

An urbane reminder of the bizarrely gruesome, unsolved murder of 1947 California; black lace choker with black fabric flower, mounted with a polished pewter death's head & suspended with glass & pewter beads.

(Flowers are individually made and therefore may vary from one illustrated)

Sizes: One Size

Approx dimesions: 37cm x 10cm x 2.3cm

$68.00

Quantity:

1 − +

Add to cart

Add to my wishlist

Zoom

Black Dahlia Camisole

CA$39.00

Se Ten Deadly

Write a Review | No reviews yet...

Darken up your casual wardrobe with the Dahlia Camisole! This spaghetti strapped cami features an eerie woman in front of an old-style camera with cut and paste text reading "Here! Is Dahlia's belongings. Fame to follow." Pair this eye-catching top with a leopard print cardigan and cute flats for a great weekend look. This top runs small, so order up if you are between sizes.

Elizabeth Short was found naked and cut in two

WHO KILLED 'THE BLACK DAHLIA?'

Gruesome murder of sexy wanna-be actress turned into hot new Hollywood crime thriller

THE ORIGINAL SUSPECTS

I'm Dead
Pure Evil
CAST
Dahlia
PLAY Series 5
DIRECTOR Ed Long & Damien Glonek
SCENE Little Dahlia wanted to be on the big screen
As she would find out- the scene was quite mean
On the morning they found her, she had been cut in two
Just who had done this nobody Knew
I Sleep with the Worms
MEZCO

WIDESCREEN
FROM THE DIRECTOR OF THE BOOGEYMAN
ULLI LOMMEL'S
BLACK DAHLIA
BASED ON ONE OF AMERICA'S MOST DISTURBING UNSOLVED MURDERS
FULL LENGTH SCREENER

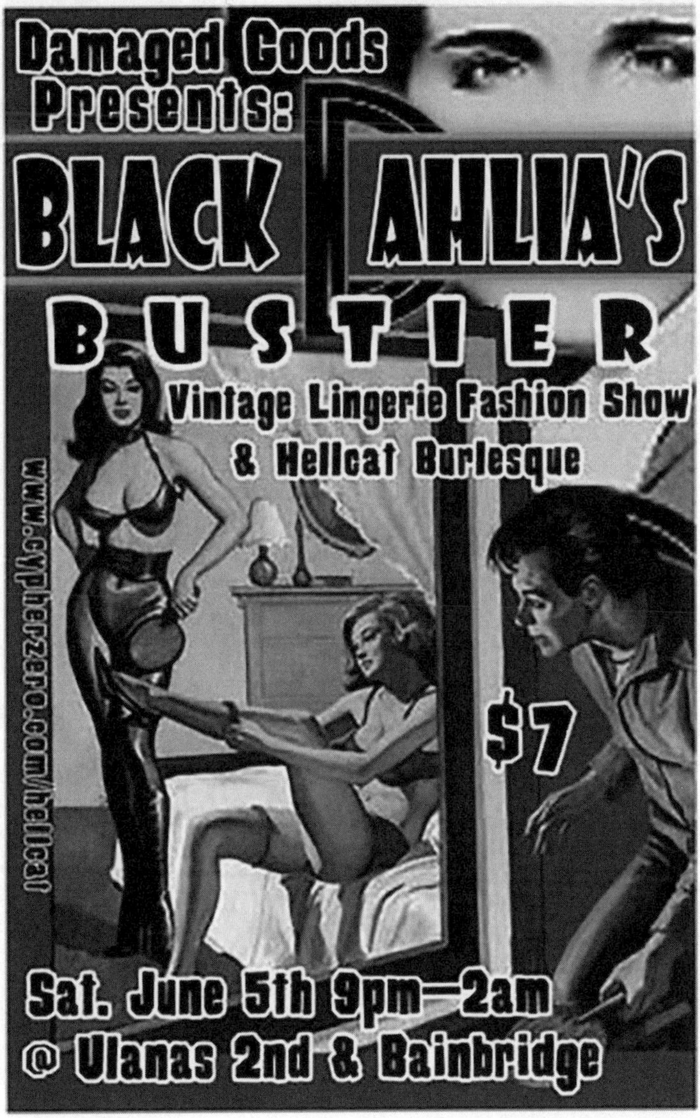
Damaged Goods Presents:
BLACK DAHLIA'S
BUSTIER
Vintage Lingerie Fashion Show
& Hellcat Burlesque
www.cypherzero.com/hellcat
$7
Sat. June 5th 9pm—2am
@ Ulanas 2nd & Bainbridge

THE INTERNATIONAL JOURNAL OF FILM & DIGITAL PRODUCTION TECHNIQUES • SINCE 1920
SEPTEMBER 2006
American Cinematographer
THE BLACK DAHLIA
VILMOS ZSIGMOND, ASC EXPOSES DARK SECRETS
THE ILLUSIONIST
DICK POPE, BSC DABBLES IN MAGIC
PLUS:
DANIEL PEARL, ASC BRAVES PATHFINDER
RICHARD CRUDO, ASC CALLS FOR DIGITAL PRINTER LIGHTS
$5.95 Canada $8.95

BARLEY FORGE BREWING CO.
7
ALC 11.0%
BY VOL
12 FL OZ
THE BLACK DAHLIA
BELGIAN-STYLE DARK ALE
COSTA MESA, CALIFORNIA

The Black Dahlia

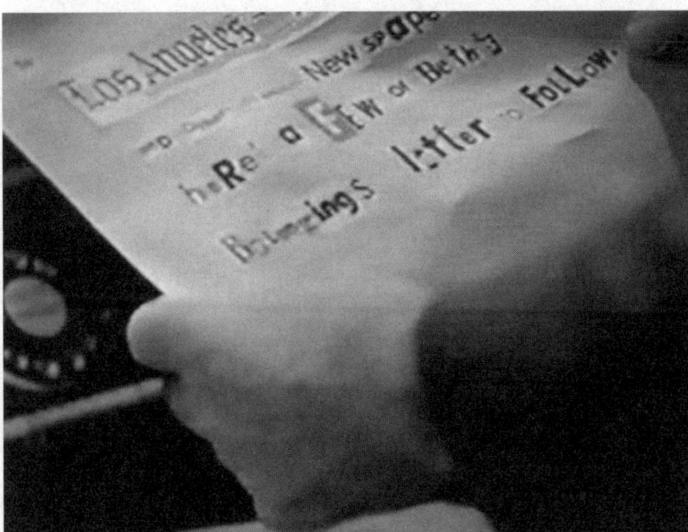

Los Angeles
New
follow.

REMERCIEMENTS

Los Angeles Police Department, Michael Newton, Robert Bloch, François Guérif, James Ellroy, Brigitte B., F.B.I. National Academy, Cleveland Police Department, la ville de Cleveland.

RING

Achevé d'imprimer sur rotative
PAR GGP MEDIA GMBH
en OCTORBE 2014

–

Dépot légal : OCTOBRE 2014
Numéro d'édition : 0018
Imprimé à Poessneck en Allemagne

–

Direction artistique
Jany Bassey

–

ISBN : 979-10-91447-25-6